인생길 밝히는
사자성어

인생길 밝히는
사자성어

ⓒ 김중양, 2024

초판 1쇄 발행 2024년 5월 15일
　　　2쇄 발행 2024년 7월 8일

지은이　　김중양
펴낸이　　이기봉
편집　　　좋은땅 편집팀
펴낸곳　　도서출판 좋은땅
주소　　　서울특별시 마포구 양화로12길 26 지월드빌딩 (서교동 395-7)
전화　　　02)374-8616~7
팩스　　　02)374-8614
이메일　　gworldbook@naver.com
홈페이지　www.g-world.co.kr

ISBN　979-11-388-3122-2 (03190)

인생길 밝히는
사자성어

김중양 지음

좋은땅

책을 펴내면서

우리는 살아오면서 때때로 "인간이 먼저 되어야 한다."는 말을 듣고 성장합니다. 인간이 되라고 하는 것은 인성(人性), 즉 사람의 성품을 바르게 가지라는 말과 같다고 생각합니다. 사람이 제아무리 많이 배우고 똑똑해도 인성이 바르지 못하면 별로 쓸모가 없습니다. 배우고 똑똑한 것이 오히려 남을 해치는 독(毒)이 될 수도 있습니다. 그래서 인생을 살아가는 데 있어서는 인성이 제일 중요하다고 말하는 것입니다.

이 책은 사자성어를 통하여 인성을 기르고자 하는 데 그 목적이 있습니다. 누구나 잘 아는 바와 같이 사자성어에는 선현들의 지혜와 생활철학이 담겨져 있습니다. 이러한 사자성어를 이해함으로써 자기의 인생을 되돌아보기도 하고, 또 현재 처한 어려움과 괴로움의 해결책을 모색해 보기도 합니다.

저자는 사자성어를 풀이함에 있어서 관련된 사서삼경(四書三經)과 제자백가(諸子百家)를 인용하기도 하고, 저의 인생 경험에 비추어 풀어 보기도 했습니다. 고전에는 좋은 내용들이 많이 담겨 있습니다. 좋은 글은 되도록 많이 읽음으로써 글의 내용과 비슷하게 됩니다.

공자께서는 세 사람이 길을 같이 가면 반드시 스승이 있다고 말했습니다. 이를 삼인행필유아사언(三人行必有我師焉)이라고 합니다. 같이 가는 사람 중에 어진 이가 있으면 그와 같아지기를 생각하고, 어질지 못한 이를 보면 자기를 되돌아보아 모두 자기 수양에 거울이 된다는 뜻입니다. 아무쪼록 이 책자가 인생의 참된 길을 찾아가는 데 조그마한 보탬이 될 수 있다면 저자는 더 이상 바랄 것이 없겠습니다.

여기 등장하는 사자성어는 저자가 그간 대신정기화물자동차주식회사의 아침일지에 올렸던 〈이번 주의 사자성어〉를 묶은 것입니다. 이 책의 발간을 격려해 주신 오홍배 회장님과 또 사진과 편집을 도와준 오영구 연구위원께 심심한 감사의 말씀을 드립니다.

차 례

・제5부・
인간관계(人間關係)가 좋은 사람이 성공한다

제1부

효도(孝道)가 근본이다

반포지효(反哺之孝)

반(反)은 '보답할 반'이고, 포(哺)는 '먹일 포'이다. 따라서 반포(反哺)는 '보답하여 먹이다'는 뜻이다. 지(之)는 '갈 지'인데 여기서는 소유격 조사로 쓰여서 '지효(之孝)' 하면 '~의 효도'를 의미한다.

따라서 반포지효(反哺之孝)라 하면 "까마귀가 자라서 어미에게 먹이를 물어다 주는 효도"를 말한다.

까마귀 어미는 알을 5~9개 낳아서 먹이를 물어다 주면서 정성껏 새끼들을 기른다. 어미가 늙어 힘이 떨어지면, 이제는 자란 새끼 까마귀가 어미에게 먹이를 물어다 먹인다. 이렇듯 까마귀도 생긴 모양과는 달리 효성이 지극하다. 그래서 까마귀를 효조(孝鳥: 효성스러운 새)라고 부른다.

박효관(朴孝寬)이라는 조선시대 학자는 까마귀의 이러한 효성을 시조로 읊었다.

'뉘라서 까마귀를 검고 흉타 하돗던고.
반포보은(反哺報恩)이 그 아니 아름다운가?
사람이 저 새만 못함을 못내 슬퍼하노라.'

인생길 밝히는 사자성어

까마귀도 이렇듯 효성이 지극한데, 만물의 영장이라고 하는 사람은 마땅히 부모의 은혜에 보답하는 것이 사람의 도리이다. 그래서 효도(孝道)는 백행(百行)의 근원(根源)이라고 부른다.

부모님 살아 계실 때 잘 모시고, 안 계시면 돌아가신 기일을 정성껏 추모하는 것이 도리이다. 예로부터 "효자 집안에 효자 나고 충신 집안에 충신 난다(忠孝傳家: 충효전가)."라고 했다. 효자 집안은 화목하고 번창하기 마련이다.

사친이효(事親以孝)

일 사(事), 친할 친(親), 사친이라 함은 '부모를 섬기는 것'을 뜻한다. 써이(以), 효도 효(孝), 이효라 함은 '효도로써~'라는 의미이다. 따라서 사친이효란 "어버이 섬김에 효도로써 한다."라는 의미이다.

친(親) 자를 파자(破字)해 보면, 설 립(立)과 나무 목(木)에 볼 견(見)이 합쳐진 글자이다. 타향에 나간 자식이 돌아온다고 하여 어버이가 동네 어귀에 나가 기다리다가 조바심이 나서 나무 위에 올라가 멀리 바라보는 그런 형국을 그린 글자이다.

따라서 한자의 친(親) 자는 친족관계인 어버이를 뜻함이 일반적이다. "자식이 부모를 모시고자 하나 부모는 이미 세상을 떠나 안 계신다."는 '자욕양이친부대(子欲養而親不待)' 할 때의 친(親) 자가 그러하다. 서로 간에 애절하게 그리워하고 보고 싶은 사이가 친구(親舊)이며, 친우(親友)이다. 그저 오다가다 만나 술이나 먹고 헤어지는 그런 사이에는 친(親) 자를 쓰기가 어렵다.

효(孝) 자를 파자해 보면, 노인을 자식이 업고 있는 형국이다. 그래서 공맹(孔孟)은 부모를 봉양하는 것을 효의 기본으로 하고 있다.

"어버이를 효로써 섬기라."라는 사친이효(事親以孝)는 세속오계(世俗五戒) 중의 하나이다. 세속오계란 신라 진평왕 때 원광법사가 지은 화랑의 다섯 가지 계율로서 ① 사군이충(事君以忠), ② 사친이효(事親以孝), ③ 교우이신(交友以信), ④ 임전무퇴(臨戰無退), ⑤ 살생유택(殺生有擇)이 그것이다.

무릇 부모의 사랑보다 더 높고 귀한 것이 그 무엇이 있겠는가? 좋은 음식은 자식에게 먹이고, 거친 음식이나 남은 음식은 당신이 잡수신다. 자식이 불구일 때는 평생 그 자식의 손발이 되어 준다.

이처럼 부모님의 사랑은 끝이 없고 희생적이다. 특히 어머니의 사랑은 무한대이고 지극정성일 뿐이다. 그래서 누구나 아프거나 괴로울 때는 어머니를 먼저 찾게 된다.

맹교(孟郊)라는 당나라 시인은 〈유자음(遊子吟)〉이라는 시에서 자기의 풀잎 같은 효도로써 햇볕 같은 어머니의 사랑을 도저히 보답할 수 없다고 다음과 같이 읊었다.

"누구라고 말할 수 있으리오. 한 뼘 풀같이 미약한 효심으로 봄날의 따사로운 볕 같은 어머니의 마음을 보답할 수 있다고."
(誰言寸草心 報得三春暉: 수언촌초심 보득삼춘휘)

자식의 미미한 효도를 한 뼘의 미약한 풀인 촌초심(寸草心)에 비유하고, 어머니의 큰 사랑을 봄날의 햇볕인 삼춘휘(三春暉)로 표현한 것이 절묘하다.

《소학(小學)》에서도 "부모의 은혜는 하늘처럼 높고(恩高如天: 은고여천), 그 은덕은 두텁기가 땅과 같다(德厚似地: 덕후사지)."고 표현하고 있다. 무릇 자식이 부모의 은혜를 갚자면 평생 힘쓰더라도 다 갚지 못할 것이다.

날짐승인 까마귀 같은 경우에는 자기를 낳아 준 어미가 늙으면 장성한 새끼가 봉양한다. 사람으로서 부모의 은혜를 모른다면 저 검은 까마귀보다 낫다고 어찌 말할 수 있겠는가? 부모의 은혜를 모른 채 제멋대로 산 사람이 사회적으로 성공한 예는 극히 드물다.

우리나라는 동방예의지국으로 일찍부터 효도를 강조해 왔다. 효도가 모든 행동의 근원이라고 했다(孝者百行之源: 효자백행지원).

고려 19대 명종 때 위초(尉貂)라는 효자가 있었다. 그의 아버지가 병을 앓아 근심했는데 의원이 이르기를 "사람의 살코기를 쓰면 고칠 수 있다."라고 했다. 위초는 서슴없이 자기의 넓적다리를 베어 만두 속에 넣어 드시게 했더니 아버지의 병이 차츰 나아졌다. 이에 나라에서는 "충신은 효자 가문에서 구한다."라고 하면서 위초에게 포상(褒賞)했다. 《고려사(高麗史)》에 등재된 사실이다.

신라 흥덕왕 때, 손순(孫順)은 너무 가난하여 아내와 함께 남의 집에서 품팔이하여 어머니를 봉양했다. 그런데 어린 아들이 늘 어머니의 음식을 빼앗아 먹곤 했다. 이를 본 손순은 "아이는 다시 낳을 수 있지만, 어머니는 다시 구할 수 없다."라고 하면서, 아들을 업고 취산(醉山) 기슭에 가서 땅을 파고 묻으려고 했다. 그런데 이상하게도 아들을 묻으려고 판 구덩이 속에서 신기한 석종(石鐘)이 나왔다. 부부는 "이 종을 얻은 것은 아이의 복이니 아이를 묻어서는 안 되겠다." 하면서 다시 집으로 돌아왔다. 이 소문을 들은 흥덕왕은 "손순의 효성이 하늘을 감동시켜서 그 아들을 살리게 했다."라고 하며 해마다 쌀을 내려 그의 효성을 표창했다고 《삼국유사》에서 전하고 있다.

시대가 변하고 가족제도가 달라진 오늘날, 위와 같은 효자 이야기는 잘 먹혀들어 가기가 어렵다. "아버지가 나를 낳으시고 어머니가 기르신 그 가없는 은혜를 어찌 갚을까?" 하고 읊으며 효도의 중요성을 강조해 보았자 큰 효과를 거두기 어렵다. 오히려 부모가 나한테 해 준 것이 무엇이 있냐고 반문(反問)하는 예도 있을 것이다.

시대가 많이 변했다. 핵가족이 보편화되었고 가부장제의 호주제도가 폐지되었다. 이러한 시대의 변화에 따라 효의 개념과 방식도 변화되어 가고 있다.

효(孝)는 강요한다고 해서 이루어지는 것은 아니다. 자발적인 동기에 의하여 부모에게 정성을 바칠 때 효도가 자연스럽게 이루어진다.

"효자 집안에서 효자가 나온다."란 말이 있다. 그러기 위해 부모가 솔선수범을 보여야 한다. 자식은 본 대로 따른다고 한다. 부모가 집안 어른들에게 잘하면 자식들도 그 본을 따르게 된다. 친정어머니가 어르신들을 잘 모시는 집에서 자란 며느리는 시부모에게도 잘하기 마련이다. 부전자

전(父傳子傳)이고 모전여전(母傳女傳)이다. 맞선을 볼 때 "신랑을 보려면 그 아버지를 보면 되고, 신부를 보려면 신부 어머니를 보면 된다."라는 말이 있다. 콩 심은 데 콩이 나는 법이다. 이를 종두득두(種豆得豆)라고 한다. 따라서 부모가 효도해야 자식들한테 효도받게 된다. 효를 가르치려 해서는 안 된다.

"내가 너를 어떻게 키웠는데."라든지, 또는 "내가 너만 했을 때는 어떻게 했는데…"라는 지나간 얘기를 해 본들 자식들의 귀에 제대로 들어갈 리가 없다. 그 대신 선산이라도 한 번 더 둘러보고, 조상 추념일이라도 정성껏 챙기는 것이 보다 효과적이 아닐까 생각된다.

단기지계(斷機之戒)

끊을 단(斷), 베틀 기(機), 단기라 함은 '베틀을 끊는다'라는 뜻이고, 어조사 지(之), 경계할 계(戒)는 '~의 경계함'을 말한다. 따라서 단기지계란 "베틀을 끊어 가르침을 주는 것"을 의미한다. 단기지교(斷機之敎)라고도 한다.

맹자는 가난한 선비의 집에서 태어났는데 아버지를 일찍 여의고, 홀어머니 밑에서 자랐다. 맹자가 어렸을 때 타지에서 학문을 닦다가 집으로 돌아왔다.
맹자의 어머니는 마침 베를 짜고 있다가 물었다.
"학문이 어느 정도 진척이 있었는가?"
맹자가 말했다.
"그저 그렇습니다."

그러자 맹자의 어머니는 짜고 있던 베를 칼로 잘라 버렸다. 맹자가 두려워하여 그 까닭을 물으니, 맹자의 어머니가 말했다.
"네가 배움을 그만두는 것은 내가 이 베를 끊어 버리는 것과 같다(子之廢學 若吾斷斯織也: 자지폐학 약오단사직야)."

어머니의 이 말에 맹자는 크게 깨달았다. 그길로 다시 배움의 길로 나서, 밤낮으로 부지런히 공부하기를 쉬지 않았다. 공자의 손자인 자사(子

思)를 스승으로 섬겨 면학에 열중했다. 맹자는 "공부를 열심히 하면 나날이 발전한다(好好學習 天天向上: 호호학습 천천향상)."는 것을 실천해 보였다. 그래서 마침내 공자 다음가는 아성(亞聖)이라는 칭호를 듣는 큰 학자가 되었다.

일찍이 맹자의 어머니는 아들의 교육을 위해 세 번씩이나 이사(移徙)하였다. 이를 삼천지교(三遷之敎)라고 한다. 이러한 교육열을 가진 맹자 어머니는 학문 중도에 아들이 집으로 돌아오자, 짜고 있던 베를 끊어서 아들에게 깨우침을 준 것이다. 이를 단기지계라고 하며,《열녀전(烈女傳)》에 실려 있다.

단기지계는 조선조, 한석봉(韓石峯)의 어머니가 불을 끄고 떡을 썰어 아들 글씨와 비교함으로써 한석봉으로 하여금 명필가의 길로 매진케 한 것과 유사하다.

한석봉의 글씨는 중국인들도 감탄할 만큼 명필이었다. "바위를 갉아내고, 목마른 천리마가 강가를 달리는 것과 같이 기(奇)하고 장(壯)하다."라고 품평한다. 임진왜란 때 명나라 장수 이여송(李如松)과 마귀(麻貴) 등도 한석봉의 글씨를 한 점씩 받아 귀국했다고 한다.

신라 때 김유신(金庾信)을 길러 낸 어머니와 이율곡(李栗谷)을 가르친 신사임당(申師任堂) 역시 유명하다. 이처럼 어머니들은 위대하다.

아내가 남편에게 가르침을 준 단기지계의 고사(故事)도 있다. 동한(東

漢) 시대 낙양자(樂羊子)의 부인 이야기이다.

낙양자가 멀리 학문을 닦으러 나갔다가 1년 만에 집으로 돌아왔다. 마침 베를 짜던 아내는 칼을 잡아 베틀의 베를 자르면서 말했다.

"이 천은 한 올, 한 올, 올이 쌓여 비단을 이룹니다. 저 베틀의 날을 자르면 그것은 이루어질 수 없습니다. 당신의 적학(積學)도 이 베틀의 날과 무엇이 다르겠습니까?"

낙양자는 그 말에 크게 감동하여 바로 돌아가 학문을 마치었다. 어머니가 아닌 아내가 단기지계(斷機之戒)로 남편을 바로잡아 준 것이다. 이처럼 어머니든 아내이든 여성들은 위대한 존재임을 알아야 한다.

잘되는 집안은 남자들의 노력도 있지만, 어머니의 정성과 아내의 내조 공이 크다. 고사성어가 역사적으로 이를 증명하고 있다.

결초보은(結草報恩)

맺을 결(結), 풀 초(草), 결초라 함은 '풀을 묶는다'라는 뜻이고, 갚을 보(報), 은혜 은(恩), 보은이란 '은혜를 갚는다'라는 의미이다. 따라서 '결초보은'이라 함은 "풀을 묶어서 은혜를 갚는다."라는 말이다. 은혜를 입은 사람이 "결초보은하겠습니다."라고 말한다면, 이는 은혜를 잊지 않겠다는 굳은 다짐을 의미한다.

결초보은은《춘추좌씨전(春秋左氏傳)》에 나오는 말이다. 2,500여 년 전중국 춘추시대 진(晉)나라 위무자(魏武子)와 그의 아들 위과(魏顆), 그리고 위과의 서모(庶母)에 관련된 이야기에서 비롯된다.

위무자에게는 사랑하는 첩이 있었는데, 그녀에게는 아들이 없었다. 어느 날 위무자가 병에 걸려 신음하게 되었다. 그래서 그는 본처의 아들인과(顆)를 불러서 이렇게 말했다.
"나의 사랑하는 첩을 반드시 개가(改嫁)하게 하도록 하여라."
병이 좀 더 악화되어 위독할 지경에 이르자, 위무자는 아들인 과에게 다시 이렇게 당부했다.
"나의 사랑하는 첩을 반드시 순사(殉死)하게 하라. 나를 따라 죽게 하라."
위무자가 죽자, 아들인 과는 서모를 개가시켜야 할지 아니면 순사시켜야 할지 망설였다. 그러다가 서모를 개가시키기로 결정한 후, 이렇게 말했다.

"사람은 병환이 위독해지면, 마음이 혼란해지기 마련이니, 아버지가 비교적 맑은 정신으로 하신 첫 번째 말씀을 따라야 한다."

그 후, 진(秦)나라의 환공(桓公)이 진(晉)을 공격하여 전투가 벌어졌다. 이 전투에 출전한 위과는 진(秦)나라의 이름난 맹장 두회라는 장수와 결전을 벌이던 중 위태롭게 되었다. 이때 한 노인이 나타나 풀을 엮어 적장 두회가 그 엮은 풀에 넘어지는 바람에 위과가 적장을 사로잡게 되었다.

그날 밤 위과는 그 노인을 꿈에서 보았다. 노인은 이렇게 말했다.

"나는 서모의 아비 되는 사람이오. 그대 아버지의 유언이 두 가지였는데, 그대가 올바른 유언에 따라 내 딸의 목숨을 구해 개가하게 해 주었소. 그리하여 나는 그 은혜에 보답하고자 풀을 엮어 적장을 사로잡게 도와주었던 것이오."

여기서 결초보은은 "죽어 혼령이 되어도 은혜를 잊지 않고 갚는다."라는 뜻으로 쓰이게 된 것이다.

사람은 한세상 살아가면서 은혜를 베풀기도 하고, 또 은혜를 입으면서 살아가게 마련이다. 《채근담》에 이러한 말이 있다.

"내가 남에게 베푼 것은 마음에 새겨 두지 말고, 남이 나에게 베푼 은혜는 잊지 말아야 한다."

(我有功於人不可念, 人有恩於我不可忘: 아유공어인불가념, 인유

은어아불가망)

《명심보감》에도 비슷한 구절이 나온다.

"은혜를 베풀거든 갚음을 구하지 말고, 남에게 주었거든 후회를 말아야 한다."
(施恩勿求報 與人勿追悔: 시은물구보 여인물추회)

불가에서는 베푼 것 자체를 잊어버리는 것을 무주상보시(無住相布施)라고 한다. 무주상보시는 '내가 무엇을 누구에게 베풀었다'라는 생각함이 없이 온전한 자비심으로 베푸는 것을 뜻한다.

그리고 일단 큰마음 먹고 남에게 재물을 주었으면 나중에 이를 후회하거나 애달프게 생각하지 말아야 한다. 재물이 인연 따라 옮긴 것으로 생각하면 족할 것이다.

사람이 받는 은혜 중 가장 큰 은혜는 부모의 은혜일 것이다. 부모의 은혜는 순수하면서도 감동적이다.

2022년 카타르 월드컵 3위·4위전의 경기가 끝난 후, 3위를 한 크로아티아의 시상식장에 아빠를 찾아 달려오는 앙증스러운 여자 어린이가 있었다. 크로아티아의 주장 선수인 '모드리치'가 여자 어린이의 아빠였다. 모드리치가 달려가 어린 딸을 번쩍 들어 올려 가슴에 안은 채 기념 촬영을 하는 모습은 참으로 감동적이고 아름다웠다. 자랑스러운 아빠의 품에 안

인생길 밝히는 사자성어

긴 여자 어린이는 평생을 두고 이 장면을 잊지 못할 것이다. 눈보라 치는 들판에서 얼어 죽을 상황에 부닥치자, 엄마가 품에 안은 아기에게 자기가 입었던 옷을 벗어 감싸 주고 자기는 동사(凍死)하는 모성애는 지고지순(至高至純)한 것이다. 부모의 자식에 대한 사랑은 이처럼 순수하고도 감동적이다.

바닷물이 마르고 강물이 흐름을 멈추어도, 자식을 사랑하는 부모님의 마음은 절대로 변하거나 줄지 않는다.

이를 조선시대 송강 정철 선생은 다음과 같이 시조로 읊었다.

아버님 나를 낳으시고, 어머님이 나를 기르시니,
두 분이 아니었으면 이 몸이 살 수 있었을까?
하늘 같은 은혜를 어디에다 갚을까?

효도는 부모님 살아 계실 때 하라는 송강 정철 선생의 시조도 유명하다.

어버이 살아 계실 때 섬김을 다 하여라.
돌아가신 뒤에는 애닯다 어찌하리.
평생에 고쳐 못할 일이 이뿐인가 하노라.

춘추시대의 노래자(老萊子)라는 사람은 나이가 일흔 살이 되어도, 부모 앞에서 색동옷을 입고 재롱을 피워 부모의 마음을 기쁘게 해 주었다고 한다. 부모에게 효도하는 방법은 어린 시절로 돌아가서 그 시절처럼 천진난만(天眞爛漫)하게 행동하는 것이다.

부모 앞에서는 순수하고 꾸밈이 없어야 부모 마음이 편안한 법이다. 외국 물 먹었다고 젊은 부부가 노인 있는 데에서 저희들끼리 '허니(honey), 달링(darling)' 하면서 혀 꼬부라진 소리를 남발하는 것도 도리가 아닐 것이다.

이런 이야기가 있다. 시골에 사는 아버지가 아들이 노후를 편안히 모시겠다고 성화여서 아들이 시키는 대로 서울에 올라와 아들과 함께 살게 되었다. 처음 한두 번은 아버지 방을 찾아보던 아들과 며느리가 자기 일이 바쁘다는 핑계로 한 주에 한두 번 정도밖에 얼굴을 대할 기회가 없게 되었다. 무슨 일이 그렇게도 바쁜지 출근할 때마다 허둥대고, 돌아와서는 피곤하다는 핑계로 자기들 방에 틀어박혀 얼굴 한번 내밀지 않았다.

그러던 어느 날 아들이 직장에서 집으로 돌아와 보니, 늙은 아버지가 개 목걸이를 하고 있었다. 아들이 깜짝 놀라 "아버지, 이게 무슨 짓입니까?" 하고 물으니, 아버지가 대답하기를 "개는 하루에 두 번씩이라도 너희들 얼굴을 보는데, 나는 너희들 얼굴 보기가 여간 힘드니, 오늘부터 내 신세와 개 신세를 바꾸기로 했다." 출퇴근할 때 개는 꼭 머리를 쓰다듬고 가면서도, 아버지는 거들떠보지도 않는 아들을 원망한 아버지의 마음을 풍자(諷刺)한 이야기이다.

노인에게는 김치와 된장이 그렇게 맛있는데도, 빵에 버터나 발라 먹는 것도 식성에 맞질 않았다. 결국 몇 달 못 가서 다시 시골집에 내려오고 말았다. 막혔던 숨통이 터지는 기분이었을 것이다. 원래 송충이는 솔잎을 먹고 사는데 갈잎을 먹으라면 고통스러운 법이다.

옛날 대가족 시대에는 저녁에는 반드시 부모의 자리를 살펴드렸다. 이를 혼필정욕(昏必定褥)이라고 한다. 그리고 새벽에는 반드시 밤사이의 안부를 여쭈어 보았다. 이를 신필성후(晨必省候)라고 한다.

오늘날처럼 복잡하고 바쁜 세상에서는 이러한 말이 통용되기는 어렵다. 더욱이 핵가족 시대에 이 말이 지켜지기는 힘들다. 그러나 세월이 흘러도 부모의 은공이 태산 같음은 동서고금(東西古今)에 변함이 없다. 자식으로서는 모름지기 결초보은하여야 할 것이다.

제2부

부부(夫婦)는 하나다

금슬상화(琴瑟相和)

거문고 금(琴), 비파 슬(瑟), 금슬은 '거문고와 비파'를 뜻하고, 서로 상(相), 화목할 화(和), 상화는 '서로 화목함'을 의미한다. 따라서 '금슬상화'라 함은 "부부 사이가 다정하고 화목함"을 이르는 말이다. 흔히 정답게 사는 부부를 일컬어 금슬(琴瑟)이 좋은 부부라고 한다. 간혹 '금슬'을 '금실'로 읽는 수가 있으므로 발음에 유의할 필요가 있다.

"부부 사이가 좋아야 즐거움이 따른다."는 말이 있다. 이를 금슬지락(琴瑟之樂)이라고 한다. 거문고와 비파가 서로 조화를 이루어야 아름다운 음을 낼 수가 있으므로 금슬이 부부 사이를 의미하게 된 것이다.

금슬의 유래는《시경(詩經)》에서 비롯되고 있다.

"처자가 좋게 합하는 것이 거문고를 치는 것과 같고,
형제가 이미 모여 화락하고 즐겁다."
(妻子好合 如鼓瑟琴 兄弟既翕 和樂且湛: 처자호합 여고슬금 형제
기흡 화락차담)

슬(瑟)은 큰 거문고를 말하며, 금(琴)은 보통 거문고를 말한다. 큰 거문고 가락에 맞추어지듯, 아내와 뜻이 잘 맞는다는 것을 말한다.

인생길 밝히는 사자성어

또《시경》에 "요조숙녀를 금슬로써 벗한다(窈窕淑女 琴瑟友之: 요조숙녀 금슬우지)."라고 했다. 조용하고 얌전한 처녀를 아내로 맞아 거문고를 치며 서로 사이좋게 지낸다는 뜻이다.

여기서 부부간의 정을 금슬로써 표현하게 되었고, 부부간의 금슬이 좋은 것을 금슬상화(琴瑟相和)란 문자로 나타내고 있다.

금슬상화와 비슷한 말로 부창부수(夫唱婦隨)라는 말이 있다. 부창(夫唱)은 '남편이 부르다'라는 뜻이고, 부수(婦隨)는 '아내가 따르다'라는 뜻이다. 즉, 남편이 앞장서 부르면 아내가 따르는 것이 부부간의 화목한 도리라는 말로 부부의 화합을 가리키는 말이다.

남존여비(男尊女卑)의 봉건시대에 부창부수는 부부의 기본적인 도리로 받아들여졌었다. 그러나 양성평등의 오늘날의 가정에서는 아내가 주도권을 가짐이 보편화되어 가고 있다. 가정일도 그렇고 아이들 교육 문제도 그렇다. 아내의 발언권이 보다 강한 추세이다. 그래서 오늘날에는 부창부수(夫唱婦隨)의 한자어의 '지어미 부(婦)'가 '지아비 부(夫)'보다 앞서는 부창부수(婦唱夫隨)로 바뀌어야 할 것 같다는 생각을 해 보기도 한다. 세상이 그만큼 바뀐 것이다.

무릇 부부관계를 화합하게 하기 위해서는 초심(初心)으로 되돌아가야 한다. 처음 만났을 때 얼마나 아름답고 가슴을 두근거리게 했는지 모른다. 처음 만났을 때 얼마나 믿음직스럽고 든든했는지 모른다. 첫아이를 낳았을 때 얼마나 기뻤는지 모른다. 그러니 초심으로 돌아가야 한다. 그래서 처음 만난 사이인 것처럼 서로를 존중하고 배려해야 한다. 이제부터라도 서로 '고맙다', '미안하다'라는 말을 적극적으로 사용해야 한다. 그런 말은 아무리 많이 해도 괜찮다. 여전히 동반자를 사랑하고 있다는 것을 확인시켜 주고, 함께하는 시간을 많이 가져야 한다.

혼히 부부는 전생(前生)의 원수들이 만나서 사는 것이라고 한다. 그래서 금생(今生)에서 원수처럼 지지고 볶아대면서 살아간다고 한다. 이렇게 계속 다투면서 살아가면, 후생(後生)에 다시 부부로 만난다고 한다. 내생(來生)에 좋은 사람을 만나서 살려면 지금 부부관계를 사랑하고 화합해야 한다. 살아생전에 상대방과 사이좋게 살아야, 다음 세상에 다른 좋은 사람과 인연을 맺어 잘 살게 된다는 것이다. 이런 말을 믿거나 말거나는 각자의 생각에 달려 있다.

옛날에 남편의 얼굴에 상처를 낸 여자가 원님의 재판을 받게 되었다. 원님이 상처를 낸 여자에게 말하기를 "네가 어찌 풍속을 허물어뜨림이 이와 같으냐?" 하고 꾸짖었다.

그러자 그 여자를 따라와서 곁에 있던 남편이 변명하기를 "제 아내가 저의 얼굴에 상처를 낸 것이 아니라, 마침 저의 집 문짝이 넘어져서 다쳤을 뿐입니다(吾婦非傷吾面 適吾家門扉倒了耳: 오부비상오면 적오가문비도료이)."라고 했다.

그때 문 뒤에서 성깔이 있는 원님의 아내가 막대로 문짝을 두드리면서 크게 소리 질렀다.

"경박하고 한심한 영감아! 당신이 한 고을의 우두머리가 되어 공무를 하고자 하면 도둑에 관한 일도 있고, 토지에 관한 일도 있으며 살인과 치상에 관한 일도 있거늘, 어찌 아녀자의 일에 감히 나서려고 하는가!"

그러자 원님이 그 촌부에게 손짓을 하여 물러가게 하면서 말하기를 "내 집 문짝도 역시 장차 무너지려 하니 너희는 마땅히 속히 돌아가라(吾之門扉 亦將倒了 汝宜速去: 오지문비 역장도료 여의속거)."고 했다.

지엄한 원님조차도 성격이 강한 아내에게는 꼼짝 못 하는 것을 알 수 있다. 조선시대 〈처불항부(妻不抗夫)〉라는 이야기에 나오는 해학적(諧謔的)인 얘기이다.

옛날이 그러했을진대, 가부장(家父長)의 권위가 땅에 떨어진 요즘 세상에서야 더 말해 무엇 하겠는가? 필자 역시 마찬가지이다.

"세계를 정복하는 것은 남자이다. 그러나 그러한 남자를 지배하는 것은 여자이다."라는 말이 있듯이 세상 남자들은 애처가이면서 동시에 공처가이기도 하다.

부부간에는 지는 것이 이기는 것이라고 했다.

가정이 화평해야 모든 일이 잘 이루어지는 법이다. 이를 가화만사성(家和萬事成)이라고 한다.

금슬상화를 이루기 위해서는 다음과 같은 선각자들의 말을 귀담아들을 필요가 있다. 칸트는 "남편 된 사람은 아내의 행복이 자신의 전부인 것을 행동으로 보여주어야 한다."라고 말했다. 베이컨은 "아내는 젊은이에게는 연인이고, 중년 남자에게는 반려자이고, 늙은이에게는 간호사이다."라고 말했다.

동반자는 보석과 같은 존재이므로, 내 스스로 진심 어린 배려와 사랑을 베풀 때 부부 화합이 이루어진다. 금슬상화(琴瑟相和)가 돈독해질수록 행복 지수는 더욱 높아지게 된다.

인생길 밝히는 사자성어

조강지처(糟糠之妻)

지게미 조(糟), 겨 강(糠), 조강이라 함은 '지게미와 겨'를 뜻하고, 갈 지(之), 아내 처(妻), 지처는 '~의 아내'라는 의미이다. 따라서 '조강지처'라 함은 "지게미와 겨를 함께 먹은 아내, 즉 고생을 함께한 아내"를 말한다. 곤궁(困窮)할 때부터 어려움을 함께 겪은 본처(本妻)를 흔히 일컫는 말이다.

조강지처는《후한서(後漢書)》의 송홍전(宋弘傳)에 나오는 말이다. 후한(後漢) 광무제(光武帝)의 누님인 호양공주(湖陽公主)가 과부가 되었다. 광무제는 마땅한 사람이 있으면 누님을 다시 혼인시킬 생각으로 신하 중 누가 마음에 드는지를 물어보았다.

"송홍(宋弘) 같은 사람이라면 남편으로 우러러보고 살 수 있겠지만, 그 외에는 별로 생각이 없습니다." 그녀는 송홍이 아니면 재혼하지 않겠다는 뜻을 밝혔다. 송홍은 덕망이 높고 정직하기로 소문이 난 사람이었다.

"누님의 뜻은 잘 알았습니다. 그러면 어디 한번 힘써 보지요." 하고 약속한 광무제는 송홍이 공무로 어전에 들어오자, 호양공주를 병풍 뒤에 숨겨 두고 송홍과 자신의 대화를 엿듣게 했다.

이런저런 이야기를 하다가 광무제는 송홍에게 넌지시 다음과 같은 말을 했다. "속담에 이르기를, 지위가 높아지면 친구를 바꾸고, 집이 부유해 지면 아내를 바꾼다고 하는데 그럴 수도 있는 일이지요?"

그러자 송홍은 서슴치 않고 대답했다.

"신은 가난하고 친했을 때 친구는 잊어서는 안 되고, 지게미와 쌀겨를 먹으며 고생을 함께한 아내는 집에서 내보내지 않는다고 들었습니다(臣聞 貧賤之交不可忘 糟糠之妻不下堂: 신문 빈천지교불가망 조강지처불하당)."

이 말을 듣고 광무제는 송홍이 물러가자, 조용히 누님이 있는 쪽을 돌아보며 말했다. "일이 틀린 것 같습니다."

충무공의 경우에도 비슷한 일화가 있다. 《이충무공전서》에 보면, 당시 병조판서 김귀영(金貴榮)이 충무공의 사람됨을 알고, 자기의 서녀(庶女)를 이순신에게 소실(小室)로 보내려고 했다. 당시 사회에서는 축첩이 인정되던 시대였다. 무관에게 병조판서는 크나큰 후광이 될 수 있어 누구나 친밀한 관계를 가지고자 했다. 그러나 충무공은 망설이지 않고 거절했다. "아내가 있는 몸으로 어찌 다른 여자를 탐하겠는가? 내가 벼슬길에 처음 나온 마당에 어찌 권세 있는 집에 의탁하여 출세하기를 도모하겠는가!(吾 初出仕路 豈宜托跡權門: 오초출사로 기의탁적권문)." 강직하기로는 앞서의 송홍이나 충무공이나 매일반임을 알 수 있다.

조강지처의 조(糟) 자는 쌀 미(米) 변의 글자이다. 술을 거른 뒤 남은 찌꺼기를 의미한다. 1950년대의 한국은 그야말로 초근목피(草根木皮)로 살아가던 시절이었기에 술 찌꺼기도 맛이 있었다. 강(糠) 자 역시 옆에 쌀 미(米) 자가 붙어 있다. 쌀겨라는 뜻을 가진 한자이다. 가난한 시절에는 쌀겨 역시 죽을 쑤어서 먹으면 훌륭한 식량이 되었었다.

60년대, 70년대 한국은 국민 소득이 100달러도 안 되는 세계 최빈국(最 貧國) 중의 하나였었다. 그러니 그 가난했던 시절에 결혼한 세대들은 대 부분이 조강지처와 사는 셈이었다. 옛말에 집안이 가난하면 어진 아내를 생각하게 된다고 하였다. 이를 가빈사양처(家貧思良妻)라고 한다. 사치 나 하고 외모나 다듬는 아내는 집안을 든든하게 할 수가 없다. 반면에 근 면하고 검소한 아내를 두면 집안이 일어서게 된다. 따지고 보면 한국이 한강의 기적을 이루어 선진국의 문턱에 들어서게 된 것도 검소하고 부지 런한 한국 여인네들의 헌신적인 노력에 힘입은 바가 크다고 할 수 있다.

70년대에 결혼한 나는 박봉의 매우 어려운 공직 생활을 해 나갈 수밖에 없었다. 서울 변두리의 단독주택의 화장실은 재래식이었다. 수세식은 생 각할 수도 없었다. 비 온 뒤에 변소에 앉아 변을 보는 경우에는 궁둥이를 위로 들썩거려야 했다. 밑에서 똥물이 튀어 올라오기 때문에 이를 피하면 서 일을 보는 형국이었던 것이다.

그 가난한 환경에서도 아내가 아이들을 제대로 키워 주었기에 오늘날 이만큼 살게 된 것이다. 그래서 항상 나는 아내를 평생 은인으로 생각하 고, 아내 말에 순종(?)하면서 살아가고 있다. 가난을 같이한 아내를 떠받 들면서 생활해 가고 있다.

현명한 아내는 남편을 귀하게 만든다는 옛말이 있다. 이를 현부영부귀(賢婦令夫貴)라고 한다. 남편이 잘되는 것은 언제나 아내의 뒷받침이 있기 때문이다.

우리나라 실학의 대가로 다산 정약용 선생을 꼽는다. 다산이 유배살이 10년째 되던 해에 다산의 아내 홍씨 부인은 다산에게 시집올 때 입고 왔던 다홍치마 여섯 폭을 귀향지인 강진으로 보냈다. 그걸 보고 자기를 잊지 말라는 은근한 사랑의 표현이었던 것이다.

다산은 그 치마에 글을 써서 아들과 딸에게 보냈다. 이를 제하피첩(題霞帔帖)이라고 한다. 현명한 부인 덕에 다산은 5백 권이 넘는 저서로 학자의 대업을 이룩하게 되었던 것이다.

세월의 흐름에 따라 조강지처라는 말도 퇴색되어 가는 감이 있다. '조강지처불하당'의 '불하당(不下堂)'은 '집 밖으로 끌어내서는 안 된다'는 의미이다. 즉, '집 밖으로 내쳐서는 안 된다'는 뜻이다. 이는 봉건시대의 가부장 시절에 통용되던 말이다. 오늘날같이 호주제도 자체가 없어진 양성평등의 시대에는 '누가 누구를 쫓아낸다'는 말이 통용되기 어렵다.

일본에서는 졸혼(卒婚)이니 황혼이혼(黃昏離婚)이니 해서 남자들의 신세가 초라하게 되어 가고 있다는 것이 가끔 보도되고 있다. 이런 판국에서는 그저 이사 갈 때 반려견 곁에 꼭 붙어 있어야 그나마 쫓겨나는 것을 면하게 된다는 우스갯소리도 들린다. 그간 사회가 많이 변한 것이다.

아일랜드의 소설가 조지 무어(George Moore, 1852~1933)는 "인간은 자기가 갖고 싶은 것을 찾아서 세상을 여행하다가 결국엔 가정에 돌아와 그것을 발견한다."라고 말했다. 가정은 안식의 터전이며, 행복의 샘터이다.

행복하게 산다는 것이 마음의 평온함을 뜻한다면, 된장국에 밥 한 사발 비벼 먹어도 화목하게 지내는 것이 진수성찬(珍羞盛饌)을 가득 차린 집에서 다투며 사는 것보다 나을 수 있다. 그러니 조강지처를 잘 받들면서 한 세상 편안하게 살아가는 것이 인생의 큰 낙(樂)이 되는 것임을 알 수 있다.

운우지정(雲雨之情)

구름 운(雲), 비 우(雨), 운우라 함은 '구름과 비'를 뜻하고, 어조사 지(之), 뜻 정(情), 지정이라 함은 '~의 정'을 의미한다. 따라서 '운우지정'이라 함은 "구름과 비의 정"을 말하는데 '남녀 간의 사랑'을 뜻한다. 흔히 운우지정을 나눈 사이라고 하면 남녀 간에 정(情)을 통한 사이를 말한다.

입춘(立春)이 지나면 봄의 소리가 들려온다.

새봄이 오니 일기가 화창하고
온갖 꽃이 피어 봄 산이 마치 웃고 있는 것 같다.
만물이 소생하는 봄에는
온갖 생물들의 짝짓기가 분주하기도 하다.

신춘도래(新春到來)하니 일기화창(日氣和暢)하도다.
만화방초(萬花芳草) 속에 춘산여소(春山如笑)로구나.
만물소생(萬物蘇生)하니 음양화락(陰陽和樂)하도다.

운우지정에 있어서 남녀 중 누가 구름(雲)이고, 누가 비(雨)인가?
구름처럼 훌쩍 나타났다가 또 구름처럼 훌쩍 떠나는 것이 사내들의 버릇이다. 그렇다면 구름이 사내를 뜻하는 것인가? 다른 한편 생각하면, 남

인생길 밝히는 사자성어

자가 비를 흠뻑 내려야 논밭의 곡식이 잘 자라는 것이 아닌가. 기회만 있으면 꽃밭에서 놀고 싶어 하는 것이 사내들의 속성이 아닌가. 이로 미루어 보면 비(雨)가 남자인 것 같기도 하다. 도무지 알쏭달쏭하기만 하다.

그러나 조운모우(朝雲暮雨)라는 단어의 유래를 살펴보면, 운우지정도 그 본래의 의미를 알 수 있게 된다.

먼 옛날, 태양의 신 염제(炎帝)의 딸인 요희(瑤姬)는 너무나 아름다워서 사람들이 눈이 부셔 바로 쳐다보지를 못했다. 그러나 가인박명(佳人薄命)이라고 요희는 젊은 나이에 죽었다. 염제는 비통에 젖어 요희를 땅으로 내려보냈다.

요희는 무산(巫山) 땅에서 구름과 비를 다스리는 신녀(神女)가 되었다. 새벽이면 아름다운 구름이 되어 날아다니다가 저녁이면 비가 되어 마음속의 슬픔을 뿌리곤 했다. 여기서 아침 조(朝), 구름 운(雲), 조운(朝雲)과 저녁 모(暮), 비 우(雨), 모우(暮雨)가 합쳐져 조운모우(朝雲暮雨)라는 말이 이루어졌다.

어느 날 초나라 회왕(懷王)이 무산에 놀러 와서 고당(高唐)이라는 큰 다락에 머물게 되었다. 그곳에서 회왕은 어여쁜 여인과 열정적인 사랑을 나누다가 깨어 보니 그녀는 사라지고 없었다. 회왕이 오매불망(寤寐不忘), 그 여인을 그리워하자 꿈에 그녀가 나타나 자신은 무산의 신녀라고 하면서, 아침에는 구름이 되고 저녁에는 비가 되어 내린다고 알려주었다. 회왕은 그녀를 위해 조운(朝雲)이라는 사당을 지어 위로해 주었다.

이렇듯 회왕과 무산신녀(巫山神女) 사이의 즐거운 행위에서 유래되어 남녀가 사랑을 나누는 것을 운우지정(雲雨之情), 운우지락(雲雨之樂), 무산지락(巫山之樂), 무산지운(巫山之雲), 무산지몽(巫山之夢)이라고 한다.

구름과 비는 맺히고 풀어지는 행위를 뜻한다. 여기에는 사랑을 그리워하는 마음이 고여서 맺혔다가 쏟아지는 비처럼 풀어진다는 의미가 깃들어 있다.

이 이야기는 초(楚)나라 사람 송옥(宋玉)의 〈고당부(高唐賦)〉에 나오는 것이다.

무릇 천지 만물은 짝을 이루어 번성해 나간다. 인간 세상에 남녀가 서로 그리워하고 사랑함으로써 인류가 존재해 나간다. 서로 미워하고 외면한다면 이는 핵폭탄보다도 더 무서운 인류의 절멸(絶滅)이라는 결과를 초래하게 된다.

남녀 간의 사랑은 지고지순(至高至純)할수록 우리에게 감동을 준다. 신라시대 박제상의 아내가 그러하다. 박제상은 왜에 들어가 볼모로 잡혀간 왕자들을 귀국시키고, 자신은 왜국(倭國)에서 죽임을 당한다. 박제상의 아내는 바다를 바라보며 남편을 기다리다 망부석(望夫石) 옆에서 숨을 거둔다. 《삼국유사》에 나오는 이야기이다.

〈와호장룡(臥虎藏龍)〉이라는 중국 영화에도 애절한 사랑 얘기가 나온다. 무당파라는 무림에서 어릴 때부터 같이 무예를 익히던 리무바이(주윤

발 분)와 유수련(양자경 분)은 서로 마음속으로 사모하면서도 입으로는 표현을 못하고 지냈다.

그러다가 리무바이가 무당파 스승을 독살한 마녀와 대적하여 마녀를 꺾었으나, 마녀의 독침(毒針)에 맞아 독이 온몸에 퍼져 죽어간다. 리무바이는 죽어가면서 유수련에게 처음으로 사랑을 고백한다. 이 말을 들은 여주인공이 따라 자결한다. 이루지 못한 애절한 사랑이 저 세상에서 맺어지기를 희원(希願)한다. 죽음을 마다하지 않는 진실한 사랑을 시현(示顯)한 것이다.

서양에서도 마찬가지이다. 1912년 타이타닉호가 빙하에 부딪쳐 침몰했을 때, 사랑하는 여인을 구명보트에 앉혀 놓고 자기는 차거운 바닷물 속에서 얼어 죽는 젊은 청년의 사랑은 감동적인 장면이었다.

동서양을 불문하고 남녀 간의 사랑은 고귀하면서도 영원한 화두이기도 하다. 모든 문학작품과 예술 분야가 남녀 간의 사랑을 주제로 하고 있음이 이를 반증하는 것이다.

운우지정(雲雨之情)이라는 말은 남녀 간의 사랑 표현에 적정한 것 같다. 구름(雲)도 시적(詩的)인 낱말이고, 비(雨)도 감성적(感性的)인 낱말이다. 그래서 두 글자가 합쳐진 운우(雲雨)라는 말은 낭만적이고 아름다운 느낌을 준다. 거기에 정(情)까지 곁들어 있으니 사랑 표현으로는 금상첨화(錦上添花)의 사자성어라고 생각되기도 한다.

해로동혈(偕老同穴)

함께할 해(偕), 늙을 로(老), 해로(偕老)라 함은 '같이 늙는다'라는 뜻이고, 같을 동(同), 구멍 혈(穴), 동혈(同穴)이라 함은 '같은 구멍, 같은 무덤'이라는 의미이다. 따라서 '해로동혈'이라 함은 "살아서 같이 늙고, 죽어서 같은 무덤에 묻힌다."는 뜻이다. 생사를 같이하자는 부부의 다짐, 부부의 금슬이 좋음을 이르는 말이다. 해(偕)는 사람 인(亻)과 모두 개(皆)를 합친 글자이다. 부부가 머리가 희게(白) 되도록 다 함께(比) 오래도록 산다는 의미로 '함께'라는 뜻이다. 남녀가 백년해로(百年偕老)하자고 할 때는 죽을 때까지 함께하자는 의미이다. 백년을 약속하고도, 10년도 채 안 되어 헤어지는 것은 해로(偕老)라고 할 수 없다.

요즘 세상은 너무 쉽게 만나서 너무 쉽게 헤어지는 것 같다. 인스턴트 사랑을 하는 것만 같아 안쓰럽기만 하다. 웬만하면 참고 해로함이 마땅하다.

해로라는 말은 《시경(詩經)》에서 비롯된다. 《시경》 격고(擊鼓)편에 "그대와 손잡고 해로하자고 하였노라(執子之手 與子偕老: 집자지수 여자해로)."라고 나와 있다. 동혈(同穴)이란 말은 대거(大車)편에 "살아서는 집을 달리하나, 죽어서는 묘혈을 함께하리라(穀則異室 死則同穴: 곡즉이실 사즉동혈)."라고 나와 있다. 여기서 곡(穀)은 '곡식'이라는 뜻이 아니라 '살다'라는 뜻으로 쓰이고 있다.

이 두 구절 중 앞 구절의 해로(偕老)와 뒷 구절의 동혈(同穴)을 합하여, '해로동혈(偕老同穴)'이라는 말이 이루어진 것이다.

산행을 하다 보면 깊은 산속에서 연리지(連理枝)를 보는 경우가 있다. 두 줄기 나뭇가지가 자라다가 하나로 붙어서 한 개의 나무줄기로 되어 자라는 것을 연리지라고 한다. 한 남자와 한 여자가 만나서 일심동체의 부부를 이루는 것과 흡사하다.

전설의 새, 비익조(比翼鳥)도 이와 비슷하다. 비익조라는 새는 눈과 날개가 한쪽에만 달려 있어 암수가 합쳐져야 하늘을 날 수 있는 새이다. 남녀가 합쳐져야 가정이 이루어지는 것과 같다.

백거이(白居易)라는 당나라 시인은 당 현종과 양귀비의 사랑을 연리지와 비익조에 비유하여 읊었다. 백거이는 〈장한가(長恨歌)〉에서 "우리가 하늘에서 만나면 비익조가 되고, 땅에서 만나면 연리지가 되리라."라고 했다. 그래서 연리지나 비익조는 남녀 간의 사랑이나 부부간의 애정을 나타내는 상징어이다.

나이가 칠십 고개를 넘어서니, 새삼 아내와 나는 동체(同體)라는 생각이 든다. 젊어서는 그저 출세하느라고, 또 고시 동기생들에게 밀리지 않으려고, 가정은 뒷전이고 오직 일에만 매달리는 생활을 했다. 빨리 입신

출세(立身出世)해서 가문을 빛내는 것이 인생의 목표라고 생각했던 시절이다. 세월이 흘러 퇴직하고, 또 나이가 들고 보니, 젊은 시절에 추구하던 것이 별것 아닌 것으로 보이기 시작했다. 그게 뭐 대단해서 가정을 돌보지 아니하고 몰두할 가치가 있는 것이었던가? 세상에 태어나 부부의 연을 맺었으면 서로 아끼고 행복하게 인생을 살아가는 것이 가장 소중한 것이 아니었던가? 늙은 아내의 자는 얼굴을 바라보면서 새삼 고마움과 후회스러움이 교차된다.

모범수로 출옥(出獄)하는 죄수에게 교도관이 물었다. "나가면 무엇을 제일 하고 싶은가요?" 죄수는 말했다. "나도 남들처럼 아내와 말다툼 한번 하고 싶습니다." 왜 그러냐고 묻자, "언젠가 교도소 담장 너머로 두 남녀가 걸어가면서 부부 싸움을 하는데, 그 소리가 얼마나 그립고 부러운지 눈물을 흘린 적이 있습니다. 세상에 나가면 아내와 아옹다옹하면서 살아가는 것이 소원입니다."

그렇다! 누구에게나 가정이 가장 소중하고 행복의 원천이다. 그래서 "즐거운 곳에서는 날 오라 해도 내 쉴 곳은 작은 집 내 집뿐"이 아닌가! 살아서 세상 구경 같이 하다가, 언젠가 소풍이 끝나는 경우에는 같은 무덤에 묻히는 것이 해로동혈이다. 해로동혈과 유사한 의미로 금슬상화(琴瑟相和), 조강지처(糟糠之妻), 천생연분(天生緣分), 천정배필(天定配匹) 등이 있다.

인생길 밝히는 사자성어

제3부

친구(親舊)가 있어 행복하다

막역지우(莫逆之友)

아닐 막(莫), 거스를 역(逆), 막역이란 '거스르지 않음'을 뜻하고, 어조사 지(之), 벗 우(友), 지우는 '~의 친구'라는 의미이다. 따라서 막역지우라 함은 "서로 거스르지 않는 친구"라는 뜻으로, "더할 나위 없이 친한 허물없는 친구"를 가리키는 말이다. 이 말은 《장자(莊子)》의 대종사편(大宗師篇)에 나온다.

《장자》에서는 똑같은 형태의 두 가지 이야기가 등장한다.

어느 날 자사(子祀)·자여(子輿)·자려(子犁)·자래(子來) 네 사람이 서로 이야기를 나누었다.

"누가 능히 무(無)로써 머리를 삼고, 삶(生)으로써 등을 삼고, 죽음으로써 엉덩이를 삼겠는가. 누가 생사존망(生死存亡)이 일체(一體)임을 알겠는가? 내 이런 사람과 더불어 벗이 되리라."

네 사람이 서로 보며 웃고 마음에 거슬리는 게 없어서 마침내 서로 벗이 되었다(四人相視而笑 莫逆於心 遂相與爲友: 사인상시이소 막역어심 수상여위우).

그 뒤로 이들은 병이 들고 죽음을 맞이하면서도 초연한 모습이 이어진다.

또 하나의 이야기는 다음과 같다.

어느 날 자상호(子桑戶)·맹자반(孟子反)·자금장(子琴張) 세 사람이 서로 더불어 말하였다.

"누가 능히 서로 사귀는 게 아니면서도 서로 사귀고, 서로 돕는 것이 아니면서도 서로 도울 수 있을까. 누가 능히 하늘에 올라 안개 속에서 놀고 무한한 우주 속에서 자유롭게 다니며, 서로 삶도 잊은 채 즐길 수 있겠는가?"

세 사람이 서로 보며 웃고 마음에 거슬리는 데가 없어 마침내 서로 벗이 되었다(三人相視而笑 莫逆於心 遂相與爲友: 삼인상시이소 막역어심 수상여위우).

위의 두 이야기는 가상의 도인(道人)들이 주고받은 말이기 때문에 이해하기가 다소 어렵다. 흡사 불경의 반야심경(般若心經)과 그 내용이 유사하다. 다만 사물에 얽매이지 말고 자유로운 삶을 추구하라는 점에서는 공통적이다.

하여튼 '마음에 거스르지 않는다'는 막역어심(莫逆於心)에서 막역지우(莫逆之友)니 막역(莫逆)이니 하는 말이 생겨나 '절친한 친구'를 가리키게 된 것이다. 이와 같이 막역지우란 본래 천지의 참된 도를 깨달아 사물에 얽매이지 않는 마음을 가진 사람 간의 교류를 뜻하는 것이었으나, 오늘날에는 서로 허물없는 친구 사이를 모두 가리키게 되었다.

인생을 살아감에 있어서 누구나 행복을 추구하기 마련이다. 행복하려면 반드시 마음을 주고받는 친구가 곁에 있어야 한다. 친구가 하나도 없는 사람은 외톨박이가 되어 인생을 사막처럼 쓸쓸하고 외롭게 보내게 된다.

좋을 때나 나쁠 때나 한결같아야 친구라고 할 수 있다. 그저 술이나 먹고 노래방에 가 함께 어울려 노래한다고 친구가 되는 것은 아니다. 돈 떨어지면 외면당하기 일쑤이다.

자기에게는 생사고락(生死苦樂)을 같이하는 친구들이 수도 없이 많다고 자랑하는 아들에게 아버지가 돼지를 한 마리 잡아 거적에 싸서 지게에 짊어지라고 했다. 그리고 아들의 친구 집에 가 보도록 했다. "내가 술 먹다가 실수로 사람을 죽였는데 산에 같이 가서 묻어 버리세."라고 말하자, 문을 열어 준 아들 친구는 변색하면서 "미안하지만, 나는 허리를 다쳐 꼼짝도 못 하네. 다른 데 가 보게나." 하면서 대문을 닫아 버렸다. 그다음 친구들도 냉정하게 거절하기는 마찬가지였다.

그걸 보고 아버지가 대신 시체를 지고 아버지 친구 집을 방문했다. 아버지 친구는 "이 사람아~ 어쩌다가 그런 실수를 했는가, 내가 괭이를 가져옴세." 하고는 아버지 뒤를 따라나서는 것이었다. 아버지는 산으로 가지 않고 당신 집으로 함께 가서 돼지요리를 해서 친구와 술을 마시며 껄껄 웃었다고 한다.

물론 시체를 암매장하는 것은 법적으로 사체유기(死體遺棄)가 되고, 범인은닉(犯人隱匿)도 될 수 있다. 그러나 친구의 곤경을 어떻게든지 돕겠다고 나서는 그 우정이 핵심이다.

이처럼 곤경에 처했을 때 손을 내미는 친구가 진짜 친구인 것이다. 좋을 때는 '형님', '아우님' 하다가도, 돈 떨어지고 형편이 나빠지면 돌아서 버리

인생길 밝히는 사자성어

는 그러한 사이에서는 진정한 친구 관계가 이루어질 수 없다.

  우리나라 철학 교수 1세대에 김태길, 안병욱, 김형석 교수가 유명하다. 그중 두 분은 작고하시고, 김형석 교수만이 100세가 넘는 고령임에도 활동하고 있다. 최근의 인문학 강좌에서 김형석 교수의 말이 인상적이었다.

  세 사람의 철학 교수들은 오십 년이 넘도록 절친하게 지냈는데, 먼저 김태길 교수가 세상을 떠나면서 "나중에 남는 사람이 외로울 거야."라는 말을 남겼다고 한다. 그다음 안병욱 교수도 세상을 떠나면서 "내가 먼저 가면 김형석 교수가 혼자 남아 외로울 텐데."라고 했다고 한다. 세상을 떠나면서도 혼자 남을 친구를 생각하는 그 마음씨가 보석처럼 아름답다.

  군자의 사귐은 담백한 물과 같고(君子之交淡如水: 군자지교담여수), 소인들의 사귐은 달기가 꿀과 같다(小人之交甘如蜜: 소인지교감여밀)고 한다. 군자의 특징이 담백이라면 소인의 경우에는 달콤한 것만을 추구한다. 세 분 철학자들의 50년 사귐은 담여수(淡如水)와 같은 사귐이라고 생각된다.

  필자는 서울법대 재학 시절(1965년)에 안병욱 교수의 카랑카랑한 철학 강의를 수강한 적이 있다. 김형석 교수는 평남 출생이기 때문에 필자가 이북오도청 평안남도지사로 근무할 때(2019년), 직접 뵙고 이야기를 나눈 적이 있다. 김태길 교수는 수필집을 통하여 많이 접했다. 참으로 존경하고 본받을 만한 분들이라고 생각된다. 세 분의 교우 관계야말로 막역지우이며 금란지교(金蘭之交)라고 생각된다.

　　장수자들의 공통점 하나는 친구들을 얼마나 가졌 지가 관건이 된다고 한다. 행복한 사람일수록 주위에 친구들을 많이 가지고 있다. 좋은 친구를 얻기 위해서는 친구에게 항상 마음을 열어 놓아야 한다.

　　영국의 경험주의 철학의 비조(鼻祖)인 베이컨은 이런 말을 남겼다.
"최악의 불행은 참된 우정이 없는 것이다."

　　막역지우(莫逆之友)란 변함이 없이 마음을 주고받을 수 있는 참된 친구를 말한다. 그런 친구가 나에게 과연 몇 사람이나 있는지 한 번쯤 생각해 보았으면 한다.

관포지교(管鮑之交)

대통 관(管), 절인 어물 포(鮑), 여기서 '관포'란 어떤 뜻이나 의미가 아니라, 사람 이름의 첫 자를 따서 만든 단어이다. 즉 관포란 제(齊)나라의 관중(管仲)과 포숙아(鮑叔牙)를 약칭해서 부르는 말이다. 두 사람은 죽마고우로 가까운 친구였다. 지교란 '~의 사귐'을 의미한다. 따라서 '관포지교'란 "관중과 포숙아 같은 절친한 친구 관계"를 말한다.

지금으로부터 2,500여 년 전 춘추전국시대, 제나라 임금 환공(桓公)이 노나라를 정벌한 후, 자기를 적대한 관중을 처형하려 했다. 이때 포숙아가 나서서 관중의 목숨을 구해 주었다. 그 후 관중은 제나라에 등용되어 대부(大夫) 벼슬에 올라 환공을 도와 큰 공을 세우게 된다.

사마천이 쓴《사기(史記)》에 따르면, 관중은 자기 절친한 친구 포숙아에 대하여 다음과 같이 얘기하고 있다.

"나는 전에 가난했기 때문에 포숙아와 함께 장사했었는데, 내가 이익 분배에서 몫을 많이 취했지만, 포숙아는 나를 욕심쟁이라고 말하지 않았다. 그것은 내가 가난하다는 사실을 알고 있었기 때문이다.

또 나는 포숙아를 위하여 일하다가 그를 도리어 곤궁하게 만들었는데 포숙아는 나를 바보라고 말하지 않았다. 때로는 이익이 되기도 하고 불리한 일도 있다는 것을 알아주었기 때문이다.

또 나는 일찍이 세 번씩이나 벼슬하였으나 그때마다 임금에게 쫓겨났다. 그러나 포숙아는 나를 보고 못났다고 말하지 않았다. 그는 내가 아직 때를 만나지 못한 것을 알고 있었기 때문이었다.

또 나는 세 번 싸워서 세 번 도망친 일이 있었다. 그러나 포숙아는 나를 비겁한 사람이라고 말하지 않았다. 나에게는 늙으신 어머니가 계신다는 것을 알고 있었기 때문이다. 그러니 나를 낳아 주신 것은 부모님이지만 나를 알아준 사람은 포숙아였다.”

그렇다! 우정은 이렇게 서로를 위하고 서로를 배려하는 마음씨가 원천이 된다. 형세가 나빠지면 돌아서 버리는 그러한 사이에서는 진정한 친구 관계가 이루어질 수 없다.

속담에 “친구를 잃어버리고자 하면 돈을 빌려주라.”라고 했다. 돈을 빌려주고 재촉하면 야속하다고 한다. 이자를 받으면 친구끼리 너무하다고 말하기도 한다. 금전 관계에 얽히면 친구 관계가 틀어지고, 형제간에도 다툼이 생기기도 한다.

그런데 관중과 포숙아의 경우에는 동업하고, 관중이 더 이익을 많이 취해도, 포숙아는 이를 넉넉한 마음으로 이해해 주었다. 그래서 관포지교는 우정이 매우 깊은 관계를 나타내는 말이 되었다. 이러한 친구가 있다면 세상이 아무리 각박해도 즐겁고 편안한 생활을 할 수 있다.

조사에 의하면, 외로운 사람이 수명이 짧고 건강하지 못하다고 한다. 오스트레일리아 대학의 연구 자료를 보면, 가족보다 친구를 사귀는 편이 수명 연장에 도움이 된다고 나와 있다.

65세 이상의 남녀 2,800명을 대상으로 한 다른 연구를 보면, 친구가 많은 사람이 건강 관련 문제가 더 적었으며, 질병에 걸려도 더 빨리 회복된다고 한다. 예일 대학이 1만 명의 노인을 대상으로 한 연구에서는 사망 원인과 상관없이 외로운 노인들의 사망률이 두 배나 높다는 사실을 알아냈다.

그래서 행복한 사람일수록 주위에 친구들을 많이 가지고 있다. 좋은 친구를 얻기 위해서는 친구에게 항상 마음을 열어 놓아야 한다. 이해타산이나 하고 자기중심적인 사람, 걸핏하면 화를 내는 사람, 거친 말과 모난 소리만 하는 사람, 남의 단점만을 들추어내는 사람에게는 사람들이 따르지 않는다. 따라서 이러한 사람들은 친구가 없이 외롭게 지내기 마련이다.

관즉득중(寬則得衆)이라는 말이 있다. 관대한 사람이 많은 사람을 얻을 수 있다는 뜻이다. 《논어》에 나오는 말이다. 많은 사람을 얻을 수 있다는 것은 많은 사람의 존경과 사랑을 받게 된다는 의미이다. 송곳같이 날카로운 모진 사람은 사람들이 피하게 마련이다.

포숙아는 이해심이 많고 관대한 사람이었다. 포숙아는 관중을 천거(薦擧)한 뒤, 그 자신은 관중보다 아랫자리에 들어가서 경의를 표하였다. 포숙아의 자손은 대대로 제나라의 녹을 받으면서 10여 대에 걸쳐 이름 있는 대부로서 세상에 알려졌다. 이런 면에서 사람들은 관중의 현명함보다 포숙아의 관대함을 더 높이 평가하고 있다.

허물없이 지내는 친구가 많을수록 행복하다. 새로운 친구가 삶의 활력소라면 옛 친구는 삶의 뿌리라고 할 수 있다. 새로운 친구이든 옛 친구이든 그 우정은 끊임없이 손질하며 지켜나가야 함이 당연하다.

에이브러햄 링컨(Abraham Lincoln)이 말했다.
"만약 누군가를 당신의 편으로 만들고 싶다면, 먼저 당신이 그의 진정한 친구임을 확신시켜라."

인생길 밝히는 사자성어

백아절현(伯牙絶絃)

맏 백(伯), 어금니 아(牙), 백아(伯牙)는 사람 이름이고, 끊을 절(絶), 거문고 현(絃), 절현(絶絃)이라 함은 '거문고라는 악기 줄을 끊는다'라는 뜻이다. 따라서 '백아절현(伯牙絶絃)'이라 함은 "백아라는 사람이 거문고의 줄을 끊는다."라는 뜻이다. 백아라는 사람이 친구의 죽음을 슬퍼하여 거문고 줄을 끊어 버렸다는 뜻이다.

지금으로부터 2,500여 년 전 춘추시대에 유백아(兪伯牙)라는 거문고의 명인이 있었다. 그는 어느 날 산에서 종자기(鍾子期)라는 나무꾼을 만났다. 종자기는 평생 산지기로 살았는데 신통하게도 거문고에 실린 감정을 정확하게 알아맞혔다.

백아가 거문고를 연주해서 높은 산을 표현하려고 하면 "아, 굉장하다. 높이 치솟는 느낌인데 마치 태산과 같도다." 하고 칭찬해 주었다. 또 백아가 흐르는 물의 기상을 표현하려고 하면 "정말 좋다. 양양하게 물이 흐르는 느낌인데 마치 장강이나 황하와 같구나." 하고 기뻐해 주었다. 이런 식으로 거문고에 실린 감정을 종자기는 정확하게 들어서 틀리는 법이 없었다.

어느 날 두 사람은 함께 태산 깊숙이 들어가게 되었다. 그런데 도중에 갑자기 큰 비를 만나 어느 바위 밑에 은신했다. 아무리 시간이 지나도 비는 그치지 않았고, 물에 씻겨 흐르는 토사(土砂) 소리만 요란했다. 겁에 질려 떨면서도, 백아는 언제나 떼어 놓는 일이 없는 거문고를 집어 들고 서서히 타기 시작했다. 처음에는 임우지곡(霖雨之曲)을 탔다. 장마 임(霖), 비 우(雨), 임우(霖雨)라 함은 '장맛비'를 말한다. 백아가 장맛비 곡조를 연주하자, 종자기는 '비가 주룩주룩 내리는 것 같다'라고 말했다.

다음에는 붕산지곡(崩山之曲)을 탔다. 무너질 붕(崩), 뫼 산(山), 붕산(崩山)이란 '산이 무너져 내리는 것'을 뜻한다. 백아가 산이 무너져 내리는 곡을 연주하자, 그 소리를 들은 종자기는 '태산이 우르르 무너지는 것과 같다'라고 표현했다. 이처럼 한 곡을 끝낼 때마다 종자기는 그 곡의 취지를 알아맞히고는 칭찬해 주었다.

그것은 항상 있었던 일이었으나, 비가 쏟아지는 상태에서도 하나도 틀리지 아니하고 자기의 음악을 알아주는 종자기에게 크게 감격한 백아는 거문고를 내려놓고 말했다.

"아아, 정말 자네의 듣는 귀는 굉장하네. 자네의 그 마음의 깊이는 내 맘 그대로가 아닌가. 자네 앞에 나오면 나는 거문고 소리를 속일 수가 없네."

두 사람은 그만큼 마음이 통하는 친구이었다. 둘은 뒤늦게 서로를 알게 된 것을 탄식하면서 의형제(義兄弟)를 맺었다.

하지만 그로부터 얼마 되지 않아 종자기가 병을 얻어 죽고 말았다. 그러자 백아는 그토록 거문고에 정열을 기울여 일세의 명인으로 일컬어졌음에도 불구하고, 그 애용하던 거문고의 줄을 끊어 버렸다. 그리고 죽을 때까지 두 번 다시 거문고를 타지 않았다. 자기 거문고 소리를 정확하게 들어주는 친구를 잃었기 때문이다. 여기서 자기를 알아주는 친구를 지음(知音)이라고 표현하는 말이 비롯되었다. 《열자(列子)》의 탕문편(湯問篇)에 나오는 말이다.

진정한 친구는 말하지 않아도 자기의 뜻을 이심전심(以心傳心)으로 알아주는 사람이다. 그리고 어떤 상황에서도 변치 않고 신뢰를 보내주는 사람이다.

사마천이 쓴 《사기(史記)》에 다음과 같은 말이 나온다.

> "선비는 자기를 알아주는 사람을 위해서 목숨을 바치고, 여인은 자기를 기쁘게 해 주는 사람을 위해 화장을 한다."
> (士爲知己者死 女爲悅己者容: 사위지기자사 여위열기자용)

사람은 누구나 안정감과 자존심을 가지고 인생을 살아간다. 자신을 제대로 알아주는 친구가 있다면 그는 행복한 사람이다. 과연 나에게도 백아절현(伯牙絶絃)과 같은 친구가 있는지를 한 번쯤 생각해 볼 필요가 있다.

문경지교(刎頸之交)

목 벨 문(刎), 목 경(頸), 문경이라 함은 '목을 벤다'란 뜻이고, 어조사 지(之), 사귈 교(交), 지교라 함은 '~과 같은 사귐'이라는 의미이다. 따라서 '문경지교'라 함은 "목이 베어져도 두려워하지 않는 친한 사귐"을 말한다. 그야말로 생사를 같이할 수 있는 아주 가까운 친구를 가리키는 말이다.

문경(刎頸)이라는 한자어가 다소 어렵다. 문(刎)이란 목을 베거나 찌르는 것을 뜻한다. 자기 스스로 목을 찔러 죽는 것을 자문사(自刎死)라고 한다. 경(頸)이란 한자는 목덜미 부분을 지칭하는 것이다. 흔히 경추부(頸椎部)라고 하면 목등뼈, 즉 척추의 가장 윗부분을 가리키는 말이다.

문경지교라는 말은 다음과 같은 일화에서 유래되고 있다. 지금으로부터 2,500여 년 전인 춘추전국시대 조(趙)나라 혜문왕(惠文王) 때 인상여(藺相如)라는 신하가 있었다. 그는 진(秦)나라 소왕에게 빼앗길 뻔했던 명옥(明玉)을 가지고 돌아온 공적으로 종일품의 벼슬에 올랐다.

인상여의 지위가 염파(廉頗) 장군보다 더 높아지자, 염파는 화가 나서 말했다. "나는 싸움터에서 목숨을 걸고 성을 빼앗고, 적을 무찔러 공을 세웠다. 그런데 인상여가 나보다 윗자리에 앉다니…"

이 말을 들은 인상여는 염파를 피해 다녔다. 이에 실망한 부하가 작별 인사를 하러 오자, 인상여는 그를 만류하며 이렇게 말했다.

인생길 밝히는 사자성어

"자네들은 염파 장군과 소왕 중 어느 쪽이 더 무섭다고 생각하는가?"

"그야 물론 소왕이지요."

"소왕도 두려워하지 않는 내가 염파 장군을 두려워하겠는가? 진나라가 쳐들어오지 않는 것은 염파 장군과 내가 버티고 있기 때문이야. 만약 이 두 호랑이가 싸우면 결국 모두 죽게 돼. 그래서 나라의 위기를 생각하고 염파 장군을 피하는 거야. 이처럼 내가 염파 장군을 피하는 것은 국가의 위급을 먼저 생각하고 개인의 원한을 뒤로하기 때문이다."

이 말을 전해 들은 염파는 인상여를 찾아가 자기의 좁은 소견을 진심으로 사과했다. 그날부터 두 사람의 우정이 시작되었다는 데서 문경지교라는 말이 비롯되었다. 《사기(史記)》에 나오는 이야기이다.

서양에서도 문경지교와 같은 유명한 일화가 있다. 옛날 로마 시대에 데이먼과 피시어스의 우정이 그것이다. 사형선고를 받은 피시어스가 사형이 집행되기 전에 왕 디오니소스에게 고향에 있는 노모를 보고 죽겠다고 잠시 고향에 다녀올 수 있게 해 달라고 요청했다. 왕은 그가 속임수를 써서 도망갈 것이라고 하면서 허락하질 않았다.

이 소식을 들은 데이먼은 왕에게 무릎을 꿇고 간청했다. "대왕께서 피시어스가 도망가리라 의심하신다면 저를 대신 옥에 가두고 그의 소원을 들어주소서." 왕은 간절한 데이먼의 요청을 들어주었다. 그런데 약속한 날짜가 다가왔는데도 피시어스는 돌아오질 않았다. 결국 데이먼이 사형장에 끌려 나왔다. 처형장에 나온 데이먼은 그의 심정을 말했다.

"피시어스에게 피치 못할 사정이 생겼을 것이다. 내가 죽는다 해도 조금도 원망하지 않겠다."

사형 집행을 알리는 세 번째 북이 울리는 순간, 먼 곳에서 소리를 지르며 뛰어오는 사람이 있었다. 바로 피시어스였다. 그는 고향에 도착하여 노모에게 마지막 인사를 하고 바로 출발했다. 그러나 폭우가 쏟아져 강을 건널 수가 없어서 늦었던 것이다. 천신만고 끝에 사형 집행 직전에 겨우 당도했다. 왕은 두 사람의 우정과 신의에 깊은 감동을 받고, 피시어스의 죄를 용서해 주었다. 학창 시절에 데이먼과 피시어스의 이야기를 읽고 깊은 감동을 받았던 기억이 새롭다.

세상을 살아가는 데 있어서 친구는 소금과 같이 귀중한 존재이다. 부모에게 말 못 하는 고민도 친구에게는 머뭇거리지 않고 모두 말한다. 영국의 철학자 베이컨은 친구가 없는 세상을 황야(荒野)에 비유했다. 황야를 혼자 걸어가는 사람의 모습을 상상해 보라. 얼마나 쓸쓸하고 처량한 모습인가. 우리는 고독하지 않기 위해서 친구가 필요하다. 친구 없는 인생은 오아시스 없는 사막과 같다.

친구도 친구 나름이다. 좋은 친구를 만나면 인생이 즐겁고 넉넉하게 된다. 그러나 좋은 친구를 갖기란 말처럼 쉬운 일이 아니다. 예로부터 참된 친구는 세 손가락을 꼽기 힘들다고 했다. 문경지교와 같은 친구를 가지기는 어렵다는 것이다. 좋은 친구를 얻는 유일한 방법은 스스로가 남의 참된 친구가 되는 것이다. 친구를 이용하거나 덕을 보려는 사람은 참된 친구를 가지지 못한다. 이해관계를 떠나서 순수하고 진실된 마음으로 사귈 때 참된 친구를 얻게 된다.

인생길 밝히는 사자성어

죽마고우(竹馬故友)

대나무 죽(竹), 말 마(馬), 죽마라 함은 '대나무로 만든 말'을 뜻하고, 옛 고(故), 벗 우(友), 고우라 함은 '옛 친구'라는 의미이다. 따라서 '죽마고우' 라 함은 "대나무로 만든 말을 타며 함께 놀던 옛 친구"라는 뜻이다. "어릴 때부터 오랫동안 깊은 우정을 나누는 친구"를 일컫는 말이다. 죽마지우 (竹馬之友)라고도 한다.

죽마고우라는 말은 《세설신어(世說新語)》에 나오는 말이다. 진(晉)나 라 때 은호(殷浩)와 환온(桓溫)은 어릴 적부터 함께 지냈다. 두 사람은 벼 슬길에 나갔는데, 은호가 전쟁에 패하여 귀양 간 다음, 환온이 말하기를 "나는 어릴 때 은호와 함께 죽마(竹馬)를 타고 놀았는데, 내가 죽마를 버 리면 은호가 언제나 그것을 가지고 놀았다."라고 했던 말에서 죽마고우라 는 말이 나왔다.

나의 어린 시절은 50~60년대의 가난한 시절이었다. 할 수 있는 놀이는 제기차기와 자치기가 고작이었다. 배고프면 둑의 풀숲에 나가 나뭇가지 로 개구리를 잡아 뒷다리를 구워 먹던 시절이었다. 그 시절의 제기차기에 진 팀은 담벼락에 한 녀석이 기대서고 그 앞으로 내기에 진 팀의 녀석들 이 등을 구부리고 앞머리를 들이박고 등 줄을 세운다. 그러면 이긴 팀의 녀석들이 달려와서 등 위에 올라타는 놀이를 하곤 했다.

중국에서는 대나무로 만든 말을 가지고 놀았지만 우리는 그저 엎드리면 그 등 위에 올라타고 즐거워했었다. 이러한 어릴 적의 친구들은 순진무구(純眞無垢)하다. 순진하고 때 묻지 않았던 친구들이기 때문에 어린 시절의 추억은 아름답기만 하다.

당송 팔대가의 한 사람인 유종원(柳宗元)은 그의 고향 친구 유몽득(劉夢得)이 변방험지(邊方險地)로 발령이 나자, 조정에 건의하여 자기가 임명된 살기 좋은 곳인 유주자사(柳州刺史)의 자리에 친구가 가도록 하고, 대신 자기는 친구가 갈 험지로 갔다. 죽마고우인 유몽득은 병든 노모를 모시고 있어 도저히 험지에서 생활하기가 어려웠기 때문이었다. 이처럼 곤란에 처한 친구를 서슴없이 도와주는 것이 진정한 친구 관계이다.

보통은 술 먹으면서 노래하고 형, 동생 하다가도, 털끝만 한 이해관계라도 얽히면 얼굴을 붉히고 눈을 부라리며 언제 보았느냐 하는 것이 세상인심이다. 그래서 옛날부터 말하기를 술을 먹을 때 형, 동생 하는 친구는 많아도(酒食兄弟千個有: 주식형제천개유), 급하고 어려울 때 도움을 주는 친구는 없다(急難之朋一個無: 급난지붕일개무)고 했다.

어릴 때부터 같은 마을에서 자라고, 학교도 같이 다녔던 두 사람이 군대에도 동시에 입대했다. 전쟁이 발발(勃發)하자, 둘은 같은 전선에 배치되었다. 어느 날 밤 적으로부터 급습을 받았다. 총알이 사방으로 날아다니는 가운데 어둠 속에서 한 목소리가 들렸다. "혁아~ 이리 와서 날 좀 도와줘."

혁은 즉시 자기 고향 친구의 목소리인 것을 알 수 있었다. 분대장에게 구해 주러 가겠다고 말했다. 그러나 분대장은 "안 돼. 갈 수 없어. 병사가 모자라는 판에 한 명이라도 줄어들면 여기를 지킬 수 없다. 그리고 네가 간다고 해도 그 친구는 살 수가 없어." 제자리를 지키고 있는데, 또다시 친구의 애절한 목소리가 들려왔다. "혁아~ 제발 와서 구해 줘." 그러나 혁은 분대장의 지시에 따라 제자리를 지키고 있을 수밖에 없었다. 친구의 절박한 목소리는 계속 들려왔다. 혁은 더 이상 참을 수가 없었다. 그래서 분대장에게 말했다. "죽더라도 가서 도와주어야 하겠습니다. 그는 어릴 적부터 형제 같은 친구입니다."

분대장은 마지못해 그를 보내주었다. 어둠 속을 기어가서, 가슴에 총을 맞아 피투성이가 된 친구를 둘러메고 참호로 돌아왔다. 등에서 친구를 내려놓으니, 친구는 이미 죽어 있었다. 분대장이 화가 나서 소리쳤다. "그가 살지 못할 거라고 내가 말하지 않았는가. 자칫했으면 너도 죽을 뻔하지 않았는가? 네가 무모한 거야!" 혁이 대답했다. "제가 그에게 도착했을 때 친구는 아직 살아 있었습니다. 그리고 등에 업힌 그의 마지막 말은 이거였습니다. '네가 올 줄 알았어.' 저는 이 말을 들으면서 친구를 둘러메고 온 것입니다."

진정한 친구는 이처럼 쏟아지는 총탄 속을 뚫고 나가 친구를 업고 오는 그런 사람이다.

누구나 잠시 이 세상에 소풍 왔다가 언젠가는 하늘나라로 갈 것이다. 내가 죽었을 때 술 한 잔 따라 주며 눈물을 흘려 줄 그런 친구가 과연 몇 명이나 있을까? 살면서 외롭고 힘들고 지칠 때, 속마음 터놓고 얘기할 수 있는 죽마고우(竹馬故友)를 가지고 있다면 그는 행복한 사람일 것이다.

수어지교(水魚之交)

물 수(水), 고기 어(魚), 수어라 함은 '물과 물고기'를 뜻하고, 어조사 지(之), 사귈 교(交), 지교라 함은 '~의 사귐, ~의 교제'를 의미한다. 따라서 수어지교라 함은 "물과 물고기와의 사귐"을 의미한다. 물과 고기는 떼려야 뗄 수 없는 불가분의 관계에 있다. 이렇게 잠시도 떨어져서는 살 수 없는 친밀한 사이를 수어지교나 수어지친(水魚之親)이라고 한다.

이 말은 촉한(蜀漢) 시대에 유비(劉備)와 제갈량(諸葛亮)의 관계를 비유해서 말한 것이 시초이다. 《삼국지》의 촉지(蜀志) 제갈량전(諸葛亮傳)에 의하면, 유비는 제갈량을 얻기 위하여 세 번이나 몸소 제갈량의 초옥(草屋)을 찾아가는 이른바 삼고초려(三顧草廬)의 정성을 다한다. 이때 유비의 나이는 47세, 제갈량의 나이는 27세였으니, 조카 같은 사람을 만나기 위하여 유비는 고생을 마다하지 않았던 것이다.

제갈량을 군사(君師)로 맞이한 후, 제갈량의 해박한 식견에 감복한 유비는 제갈량을 극진히 대우하면서 침식을 같이 하였다. 날이 갈수록 유비와 제갈량이 밀착하자, 관우(關羽)와 장비(張飛)가 불평을 하기 시작했다. "제갈량이 나이도 어리거니와 학식이나 재주도 별로 있는 듯싶지 않은데, 형님께서는 어찌하여 그처럼 지나친 대접을 하십니까?" 자기네들 세 사람은 도원(桃園)에서 생사를 같이하기로 맹세하고, 형제의 의를 맺은

인생길 밝히는 사자성어

사이인데 이러한 자기네들과의 의리를 마다하고, 일개 젊은 서생인 제갈량에게 마음을 기울이는 유비가 못마땅했던 것이었다.

후한 시절 황건적(黃巾賊)의 난을 진압하고자 나라에서 병정 모집의 방을 붙였다. 게시판 앞에 걸음을 멈춘 유비는 긴 한숨을 내쉬었다. 이때 "왜 나라를 위해 싸울 생각은 안 하고 한숨만 쉬고 있는 거요?" 하고 소리치는 사람이 있었다. 다름 아닌 장비였다. 두 사람은 서로 인사를 교환한 후 가까운 주막에 들어가서 함께 나랏일을 걱정하고 있는데, 한 거한이 들어왔다. 기골이 장대한 모습이 남다른 인물인지라 자리를 같이할 것을 청하니 그가 관우였다. 이리하여 세 사람은 뜻을 같이하여 유비의 집 후원 복숭아나무 아래에서 형제의 의를 맺고, 힘을 합쳐 나라를 구할 것을 맹세하게 되었다. 이것이 도원결의(桃園結義)이다. 도원결의를 한 후, 세 사람은 3백여 명의 젊은이들을 이끌고, 황건적 토벌에 나섰고 이후 수많은 전투에서 생사고락(生死苦樂)을 함께했다. 이러한 형제의 의를 마다하고 맏형 유비가 젊은 백면서생(白面書生) 제갈량에게 집착하는 것이 불만이었다. 남자도 질투심이 있다. 아마도 관우와 장비가 제갈량에 대하여 질투를 느꼈는지도 모른다. 이러한 관우와 장비의 불만을 알게 된 유비가 조용히 그들을 불러 다음과 같이 말했다.

"내가 공명을 가졌다는 것은 고기가 물을 가진 것과 같다(孤之有孔明 猶魚之有水也: 고지유공명 유어지유수야). 제군들은 다시는 아무 말도 말아 달라(願諸君勿復言: 원제군물부언)."

유비의 수어지교(水魚之交)라는 말을 들은 뒤, 관우와 장비는 다시는 공명에 대하여 불평을 하지 않았다고 한다.

　1,500년이 지난 오늘에도 촉나라의 수도였던 청두(成都)에 가면, 유비와 제갈량의 사당(祠堂)이 같은 장소에 있다. 유비의 사당에서 몇 계단 내려가면 제갈량의 사당이 있다. 죽어서도 수어지교의 친밀한 관계를 기리고 있는 것 같다.

　수어지교와 더불어 수어지락(水魚之樂)이라는 말도 쓰이고 있다. '물과 고기의 즐거움'이라는 이 말은 '친밀한 부부 사이나 남녀 간의 사랑'을 나타낼 때에 쓰인다. 부인이나 애인에게 "우리는 수어지락이야."라고 말해 보라. 능청 떤다고 하면서도 좋아할 것이다.

마중지봉(麻中之蓬)

삼 마(麻), 가운데 중(中), 마중이라 함은 '삼밭 가운데'를 의미하고, 어조사 지(之), 쑥 봉(蓬)은 '~의 쑥'이라는 뜻이다. 따라서 마중지봉이란 "삼밭에 자라는 쑥"을 말한다. 선량한 사람을 만나면 그 영향을 받아 착해짐을 비유적으로 이르는 말이다. 환경이 사람에게 미치는 영향이 크다는 것을 말한다.

삼은 하늘로 곧게 뻗으면서 크게 자란다. 쑥은 보통 무릎 정도까지 자란다. 그런데 쑥이 삼밭에 났을 때는 삼과 똑같이 자란다. 쑥은 꾸불꾸불한 식물인데 삼밭에서 자라면 붙들어 매주지 않아도 곧게 자란다.

쑥이 결국 삼밭의 환경에 영향을 받아 곧게 자라듯이, 마중지봉이란 말은 좋은 환경에서 자란 사람은 그 영향을 받아 좋아진다는 것이다.

나는 등산을 좋아해서 매주 산행을 거르지 않는다. 국내의 100대 명산을 다 올라 보았다. 산행하는 과정에서 나무들이 울창한 숲길을 걷게 된다. 소나무, 단풍나무, 고로쇠나무, 피나무, 생강나무, 박달나무, 상수리나무 등이 저마다 자랑하고 있다. 큰 나무를 타고 칡넝쿨이 솟아오르고 있다. 소나무같이 큰 나무를 만나면 칡이 몇 길을 하늘로 솟아오르지만, 잡풀 속에 엉키다 보면 석 자의 높이도 가지지 못한다. 본래 칡은 높이 솟는 나무는 아니지만, 드높은 나무 사이에서 자라다 보면 다른 나무를 타고 함께 솟아오르는 것이다. 마치 쑥이 삼밭에서 자라면 붙들어 매지 않아도 곧게 자라는 것과 같다.

사람 역시 주변의 영향을 받지 않을 수 없다. 좋은 친구를 사귀다 보면 그들을 닮게 되고, 나쁜 친구를 사귀다 보면 함께 물들어 간다. 친구 따라 강남 가는 격이다. 공부 잘하는 친구와 사귀다 보면 자기도 성적이 올라가게 되고, 놀기만 좋아하는 친구를 만나면 자기도 모르는 사이에 성적이 뒤지게 된다. 그래서 그 사람을 알려면 그가 접하는 친구를 보면 알 수 있다고 한다.

동물도 끼리끼리 어울린다. 서양에서도 "같은 날개를 가진 새들이 같이 어울린다(Birds of a feather flock together)."라고 유유상종(類類相從)을 표현하고 있다. 비슷한 말로 "검은 석탄을 만지면 손이 검게 된다."라는 말이 있다. 이를 근묵자흑(近墨者黑)이라고 한다. "붉은 인주를 만지면 손이 붉게 된다." 이를 근주자적(近朱者赤)이라고 한다.

사람이 성장해 나가는 데 환경이 얼마나 중요한지는 맹모삼천(孟母三遷)에서도 알 수 있다. 여기서 맹모(孟母)는 맹자의 어머니를 뜻하고, 삼천(三遷)은 세 번 옮김의 뜻이다. 맹자의 어머니가 아들을 가르치기 위하여 세 번이나 이사하였음을 가리키는 말이다.

지금으로부터 2,400년 전에 어린 맹자는 아버지를 여의고 홀어머니 손에서 자랐다. 맹자는 처음에 묘지 근처에서 살았다. 맹자가 묘지 파는 흉내만 내며 노는 모습을 본 맹자의 어머니는 자식의 교육에 좋지 않다고 생각하여 시장 근처로 이사 갔다. 그러자 맹자는 물건을 팔고 사는 장사꾼 흉내를 내는 것이었다. 이곳 역시 안 되겠다고 생각한 맹자의 어머니는 서당 근처로 이사했다. 그러자 맹자는 공부하며 제사를 지내는 흉내를 냈다. 서당에서는 유교에서 가장 중히 여기는 예절을 가르치고 있었기 때문이다. 맹자의 어머니는 이런 곳이야말로 자식을 가르치는 데 좋은 곳이라고 했는데 여기서 맹모삼천이 유래되었다. 예로부터 홀어머니 밑에서 자식이 잘되었다면, 그 어머니의 정성과 보살핌이 지극했기 때문이다.

참고로 마중지봉의 원전을 소개하고자 한다. 마중지봉은 《순자(荀子)》에 나오는 말이다.

蓬生麻中不扶而直(봉생마중불부이직)
쑥이 곧은 삼 가운데에서 자라면 돕지 않아도 저절로 곧아지고,
白沙在涅與之俱黑(백사재열여지구흑)
흰 모래도 검은 진흙 가운데에 있으면 그와 더불어 모두 검어진다.

사람은 누구나 행복을 추구하면서 인생을 살아간다. 인생길에서는 친구가 필수적이다. 매사에 긍정적이고 활기차게 살아가는 사람을 친구로 사귀면, 자기도 활력이 붙고 기분이 밝게 된다. 그 대신 모든 일에 비판적이고 불평, 불만을 하는 사람을 사귀면 그들의 불만과 불행이 그대로 전염되어 자기까지 우울하게 된다.

그래서 영국의 리처드 템플러(Richard Templar)는 다음과 같은 사람을

친구로 사귀라고 했다.

　- 열정을 되살려 주고 긍정적인 마음이 들게 하는 사람

　- 매사에 도전하고 싶다는 생각을 불러일으키는 사람

　- 만나기 전부터도 만남을 기대하게 되는 사람

　- 당신을 끝없이 격려해 주고 뭔가 유익한 것을 깨닫게 해 주는 사람

　나는 현재 어떤 사람들과 어울리고 있는지? 마중지봉을 읽으면서 곰곰이 생각해 보시기 바란다.

제4부

인성(人性)이 바르면 그릇이 된다

불언단처(不言短處)

아니 불(不), 말씀 언(言), 불언(不言)이란 '말하지 않는다'라는 뜻이다. 짧은 단(短), 곳 처(處), 단처(短處)라 함은 '단점' 또는 '모자라는 점'을 말한다. 따라서 '불언단처'라 함은 "남의 단점을 말하지 않는 것"을 의미한다.

흔히 사람들은 자기 자랑에는 열을 올리다가도, 남의 단점에 대해서는 송곳처럼 콕콕 찌르기도 한다. 선거 때만 되면, 상대방 후보의 흠집이나 단점을 들추어내서 홍보하기에 열을 올린다. 정정당당하게 정책으로 대결하는 것은 뒷전이다. 이러니 한국 정치가 4류라는 평가를 받고 있는 것이다.

황희(黃喜) 정승이 벼슬에 오르지 않았을 때 들길을 가다가 길가에서 쉬는데, 농부가 소 두 마리를 부려 밭갈이하는 것을 보고 물었다. "두 마리 소 중에서 어느 것이 낫습니까?" 농부는 대답하지 않고, 다가와서 귀에 대고 작은 소리로 말하기를, "이쪽 소가 낫습니다."라고 했다. 황희 정승이 그것을 괴이하게 여기고 말하기를, "어찌하여 귀에 대고 말합니까?" 하니, 농부가 말하기를 "비록 짐승이라도 그 마음은 사람과 같습니다. 이쪽이 나으면 저쪽이 못할 것이니, 가령 소가 그것을 듣는다면 어찌 불평하는 마음이 없겠습니까?"라고 했다. 공은 크게 깨달아 평생 남의 단점을 다시는 말하지 않았다고 한다.

인생길 밝히는 사자성어

잘난 사람이건 못난 사람이건 누구나 장단점을 가지고 있다. 머리가 좋지만, 정의감이 부족한 사람이 있는가 하면, 머리는 평범해도 의리심이 두드러진 사람도 있다. 장점을 보면 그 사람이 좋아 보인다. 반면에 단점 위주로 본다면 상대방이 나쁜 모습으로 비치게 마련이다. 나무를 보고 꽃이 아름답게 피어 있다고 보는 사람이 있는가 하면, 꽃을 보고도 가시만을 생각하는 사람도 있다. 가시만을 생각하는 사람은 인생을 부정적인 시각으로 살아가는 사람일 것이다. 행복한 사람은 항상 감사하고 긍정적으로 살아가는 사람이다.

나는 정부의 인사국장으로 근무했을 때, 공직 분야에서 실패한 사람과 성공한 사람을 많이 보아 왔다. 경험에 비추어 보건대, 그대가 앞으로 다른 사람의 단점을 얘기하지 않는다면 출세와 성공은 확실하다고 담보할 수 있다. 모름지기 남의 단점은 들추지 말아야 한다.

줄탁동시(啐啄同時)

쭉쭉 빨 줄(啐), 쫄 탁(啄), 줄탁(啐啄)이라 함은 '쭉쭉 빨고, 쪼는 것'을 의미한다. '啄'은 제대로 '탁'이라고 읽어도, '啐'을 '졸'이라고 잘못 읽는 수가 있으므로 주의를 요한다. 같을 동(同), 때 시(時), 동시(同時)라 함은 '같은 때'를 뜻한다. 따라서 '줄탁동시'라 함은 '쭉쭉 빨고 쪼는 것을 동시에 한다'라는 의미이다.

어미 닭이 정성껏 품은 알은 20일쯤 되면 알 속에서 자란 병아리가 '삐약삐약' 소리와 함께 밖으로 나오려고 신호한다. 병아리는 알 속에서 나름대로 빨기 시작한다. 이때 귀를 세우고 그 소리를 기다려 온 어미 닭은 같은 부위를 밖에서 쪼아 준다. 그리하여 병아리는 알을 깨고 비로소 세상 밖으로 나오게 된다. 병아리가 안에서 쭉쭉 빠는 것을 '줄'이라 하고, 어미 닭이 그 소리를 듣고 밖에서 쪼아 주는 것을 '탁'이라 한다. 절묘(絶妙)하게도 같은 부위에 동시에 동작함으로써 광명천지에 나온다. 이것이 줄탁동시이다.

스승이 제자를 도와서 같이 학업을 성취하는 것도 줄탁동시이고, 선배와 후배가 서로 도와서 큰일을 성취해 나가는 것도 줄탁동시이다. 행복한 가정은 부부(夫婦)가 합심하여 '줄탁동시' 할 때 이루어진다.

인생길 밝히는 사자성어

세계적인 기업도 노사(勞使)가 서로 밀어주고 끌어주는 '줄탁동시'를 할 때 가능하다. 중소기업도 서로가 줄탁동시 할 때 일류 대기업으로 발돋움 하게 된다.

다반향초(茶半香初)

차 다(茶), 절반 반(半), 다반(茶半)이라 함은 '차를 절반 마시다' 또는 '차가 절반 정도 남았다'로 해석된다. 향기 향(香), 처음 초(初), 향초(香初)란 '향기가 처음과 같다'라는 의미이다. 따라서 다반향초(茶半香初)란 "찻잔 속에 차는 비록 반으로 줄었지만, 그 차가 지닌 향기는 언제나 처음과 같다."라는 뜻으로 풀이된다.

사람은 시종여일(始終如一)해야 한다. 처음과 끝이 한결같아야 한다. 선거에 나설 때는 국민을 하늘같이 모시겠다고 땅바닥에 엎드려 절을 한다. 그러나 당선되고 나면 거드름을 피우고, 면회조차 어렵다면, 이는 향기를 잃어버린 차(茶)일 것이다.

검은 머리 파뿌리 될 때까지 변함없이 사랑하겠노라고 주례 선생님 앞에서 맹세하고도, 몇 년이 흐르자, 딴눈을 판다면 이 역시 향기를 잃어버린 차일 것이다.

새해가 시작되면 사람마다 나름대로 꿈과 계획을 세운다. 그것이 차의 향기처럼 지속되는지, 또는 흐지부지되는지는 개인에 따라 다를 것이다. 여간 독(毒)한 마음이나 끈질긴 인내력 없이는 용두사미(龍頭蛇尾)나 작심삼일(作心三日)이 되기 쉽다.

히말라야 설산(雪山)에 사는 새는 집이 없어 여름에 집을 지을 것을 결심한다. 그러나 즐겁게 놀다 보면 집 없이 또 추운 겨울을 맞이하게 된다. 매년 같은 결심을 되풀이한다.

인간 역시 연약한 존재이기 때문에 꾸준하기가 어렵다. 꿈은 어느 정도 실천할 수 있는 것으로 설정해야 좋다. 그래야 처음의 맛을 잃지 않는 차의 향기처럼 시간이 흘러도 처음의 마음을 항상 지닐 수 있기 때문이다.

다반향초라는 말은 추사 김정희 선생이 초의선사(艸衣禪師)에게 보낸 편지에 나타난다. 주지하는 바와 같이 초의선사는 차(茶)의 명인으로 알려져 있다.

靜坐處 茶半香初(정좌처 다반향초)
妙用時 水流花開(묘용시 수류화개)

[고요히 앉은 자리. 시간이 흘러 차는 반이 되었지만, 향기는 처음과 같고,
묘한 기분으로 마음이 고요해지면, 물이 흐르고 꽃이 피어난다.]

친구 관계도 다반향초처럼 세월이 가도 향기가 변함이 없는 그런 사이가 바람직하다.

호연지기(浩然之氣)

넓을 호(浩), 그러할 연(然), 호연(浩然)이란 '넓고 큰 모양'을 뜻한다. 갈 지(之), 기운 기(氣), 지기(之氣)란 '~의 기운, 기세'를 의미한다. 따라서 호연지기란 "천지간에 넓고 큰 기운으로서 무엇에도 구애받지 않는 떳떳한 기운"을 뜻한다.

큰 산에 올라가서 천지를 둘러보거나, 망망대해(茫茫大海)의 수평선을 바라보면 숨통이 트이는 느낌을 받는다. 넓은 마음을 기를 수 있다. 화랑 도(花郎徒)는 수련할 때 명산대천(名山大川)을 찾아 호연지기를 길렀다.

호연지기는 공명정대하여 조금도 부끄럽지 않은 도덕적 용기를 뜻한 다. 사물에서 해방되어 자유스럽고 떳떳한 마음을 뜻한다. 호연지기를 가 진 사람은 대장부라고 할 수 있다. 그러면 구체적으로 어떤 사람이 대장 부인가? 맹자는 대장부(大丈夫)의 조건을 다음의 세 가지로 꼽았다.

① 부귀를 가지고도 그의 마음을 어지럽히지 못하고(富貴不能淫: 부귀 불능음)

② 가난과 천대로도 그의 마음을 바꿔 놓지 못하며(貧賤不能移: 빈천불 능이)

③ 위세나 폭력으로도 그의 지조를 꺾지 못한다(威武不能屈: 위무불 능굴).

인생길 밝히는 사자성어

정치인이 부귀와 권력에 따라 철새처럼 당적(黨籍)을 바꾼다면 결코 대장부가 될 수 없다. 핍박을 받거나 검찰에 불려간다고 해서, 모시던 상사나 동료들에게 등을 돌리는 사람 역시 대장부가 될 수 없다. 위력이나 폭력에 굴복하는 사람 또한 대장부라고 할 수 없다. 이러고 보면 대장부 소리를 듣기는 지극히 어려운 일이라 할 수 있다.

　무릇 호연지기를 기른 사람은 바른 위치에 서서 큰길을 걸어간다. 당당하게 살려면 대장부답게 호연지기를 길러야 한다. 그렇게 되고자 힘쓰는 사람은 적어도 졸장부(拙丈夫)의 소리는 듣지 않게 될 것이다. 입춘(立春)은 한 해가 시작되는 첫 절기이다. 입춘을 계기로 큰마음을 기르는 호연지기에 나선다면 그야말로 입춘대길(立春大吉)일 것이다.

명경지수(明鏡止水)

밝을 명(明), 거울 경(鏡), 명경(明鏡)이란 티 없이 맑은 거울을 뜻한다. 그칠 지(止), 물 수(水), 지수(止水)란 움직이지 아니하고 고요한 물을 의미한다. 따라서 명경지수란 "맑은 거울과 정지된 물처럼 사념이 없는 깨끗한 마음"을 가리키는 말이다. 《장자(莊子)》에 나오는 말이다.

흐르는 물에는 자기 모습을 비춰 볼 수가 없다. 허둥대는 상태에서 무슨 자기 마음을 비춰 볼 수 있겠는가? 흐르지 않고 정지된 고요한 물에서만 자기 모습을 볼 수 있다. 마음을 가라앉히고 명상 삼매경(冥想 三昧境)에 들어가면 자신의 참모습을 볼 수 있게 된다.

부동심(不動心)을 가진 사람은 마음의 고요함이 정지된 물의 평정(平靜)함과 같다. 또한 지덕(至德)의 성인 마음은 맑은 거울에 비유할 수 있다.

거울은 사물의 오고 감에 내맡긴 채 자기 뜻을 나타내지 아니한다. 미인이 오면 미인을 비추고, 추녀가 오면 추녀를 비추며, 자취를 남기지 아니한다. 사물에 대한 차별도 없고 집착도 없으며 자유자재일 수가 있다.

거울에 때가 끼면 제구실을 할 수 없다. 거울에 때가 끼었을 때는 사물을 제대로 비출 수가 없다. 때를 씻어내야 제대로 사물을 비출 수가 있다.

인생길 밝히는 사자성어

사람의 마음에도 때가 끼면 제대로 사물을 볼 수 없게 된다. 이해타산에 따라 부평초처럼 떠돌게 마련이다. 정성을 다해 마음을 닦으면 마음이 명경지수처럼 맑고 깨끗해져서 옳지 않은 일에 미혹당하지 않게 된다.

수적천석(水滴穿石)

물 수(水), 물방울 적(滴), 수적이라 함은 '작은 물방울'을 의미한다. 뚫을 천(穿), 돌 석(石), 천석이라 함은 '돌을 뚫는다'라는 뜻이다. 따라서 '수적천석'이라 함은 "작은 물방울이 돌을 뚫는다."라는 것을 말한다. 작은 노력이라도 끊임없이 계속하면 큰일을 이룰 수 있다는 말이다.

수(水)와 석(石)은 모두가 아는 한자이지만, 적(滴)과 천(穿)은 다소 어려운 한자이니, 이 사자성어를 통하여 잘 익혀둘 필요가 있다. 수적천석은 우리 속담의 '낙숫물이 댓돌을 뚫는다'라는 말과 유사하다.

송(宋)나라 때 장괴애(張乖崖)라는 사람이 있었다. 그가 숭양현(崇陽縣) 현령으로 재직할 때 일이다. 하루는 관아 창고에서 한 관원이 급히 나오며 흠칫 놀라는 것을 봤다. 수상쩍다는 생각이 들어 불러 추궁하자 그의 상투 속에서 엽전 한 닢이 나왔다. 장괴애는 다음 날 곧바로 재판을 열어 사형 판결을 했다. 엽전 한 닢에 사형이라는 극형을 내리자, 모두가 매우 놀랐다.

장괴애는 설명하기를 "네놈은 상습범이다. 하루 한 닢이 백 일이면 백 닢, 천 일이면 천 닢이다. 먹줄에 쓸려 나무가 잘리고, 물방울이 돌에 떨어진다면 끝내 구멍을 낼 수도 있다는 것을 모르느냐?"며 가차 없이 극형에

처했다. 너무나 가혹한 처벌이지만 하여튼 여기서 유래된 말이 '수적천석'
이다.

이처럼 '물방울이 바위를 뚫는다'라는 뜻의 이 사자성어는 본래 우리가
흔히 알고 있는 '바늘 도둑이 소도둑 된다', '가랑비에 옷 젖는다', '잔 주먹
에 코피 터진다'라는 부정적인 의미로 사용되었다. 그러나 지금은 "아무리
작은 노력이라도 끈기 있게 계속하면 큰일을 이룰 수 있다."라는 긍정적
인 의미로 쓰이고 있다.

바둑으로 세계를 제패(制覇)했던 이창호 선수는 하도 바둑돌을 놓는 바
람에 두꺼운 바둑판의 가운데가 움푹 패었다는 일화(逸話)가 바둑지에 실
린 것을 읽은 적이 있다. 옛날 신탄진 연초제조창의 여성 근로자들은 어
둠 속에서도 손으로 담배 20개비를 척척 집어서 한 갑을 만들었다고 한
다. 마치 한석봉 어머니가 촛불을 끈 상태에서 떡을 썰어도 한결같이 똑
같은 크기였던 것과 같다. 끊임없는 연습과 노력이 이러한 기적 같은 일
을 이루어 냄을 알 수 있다.
서양에서도 한 분야의 전문가가 되려면 일만 시간의 노력이 투여되어
야 한다는 '일만 시간 법칙'이 지배적이다. 일만 시간이라면 하루에 세 시
간씩 쉬지 않고 10년간 노력한다는 것을 의미한다. 꾸준한 연마가 전문가
를 배출해 낸다.

수적천석을 풀이하다 보면 이와 유사한 마부위침(磨斧爲針)이라는 말
이 떠오른다. '도끼를 갈아 바늘을 만든다'라는 뜻이다. 아무리 이루기 힘

든 일이라도 끊임없는 노력과 끈질긴 인내심을 발휘한다면 성취한다는 것이다.

마부위침이라는 말은 당나라의 시선(詩仙) 이태백으로부터 유래되었다. 이태백이 산에 들어가 공부하다가 싫증이 나서 하산하는 길에 산 아랫마을을 지나가게 되었다. 그때 어떤 노파가 쇠뭉치로 된 절굿공이를 숫돌에 가는 것을 보고, 왜 그러냐고 묻자, 노파가 '이것을 갈아서 바늘을 만들려고 한다'라고 말했다. 이에 이태백이 크게 감명받고 다시 입산하여 공부에 힘쓴 결과, 중국 역사상 최고의 시인이 되었다.

책을 펴 든 지 몇 시간 되지도 않아 잠이 들거나, 덮는 사람은 쇠뭉치를 갈기는커녕 쇠뭉치로 두들겨 맞기 십상이다.

갈 마(磨), 도끼 부(斧), 만들 위(爲), 바늘 침(針). '마부위침'을 마부작침(磨斧作針)이라고도 한다. 수적천석은 점수천석(點水穿石)이라고도 한다.

인생길 밝히는 사자성어

상선약수(上善若水)

위 상(上), 착할 선(善), 상선이란 '가장 선한 것' 또는 '가장 좋은 것'을 뜻한다. 같을 약(若), 물 수(水), 약수는 '물과 같다'라는 의미이다. 따라서 '상선약수'란 "가장 선한 것은 물과 같다."라는 뜻이다. 노자의 《도덕경》에 나오는 말이다.

부드럽고 약한 것이 단단하고 강한 것을 이긴다. 최고의 선은 물과 같다. 물은 만물에 큰 이익을 주면서도 자기를 주장하여 다투지 않는다. 바위 같은 장애물이 있으면 부딪치지 않고 돌아서 흘러간다. 그리고 누구나 싫어하는 낮은 장소에 머무르고 있다. 그래서 도(道)의 본래 모습에 가깝다. 이처럼 노자는 가장 좋은 것은 물과 같다(上善若水)고 했다.

살 때는 물처럼 땅을 좋게 하고, 마음을 쓸 때는 물처럼 그윽함을 좋게 하고, 사람을 사귈 때는 물처럼 어짊을 좋게 하고, 말할 때는 물처럼 믿음을 좋게 하고, 다스릴 때는 물처럼 바르게 하고, 일할 때는 물처럼 능하게 하고, 움직일 때는 물처럼 때를 좋게 하라. 그저 오로지 다투지 아니하니 허물이 없다(居善地 心善淵 與善仁 言善信 正善治 事善能 動善時 夫唯不爭 故無尤: 거선지 심선연 여선인 언선신 정선치 사선능 동선시 부유부쟁 고무우).

물은 가장 낮은 곳에 위치하므로 많은 계곡과 강에서 흘러 들어오는 물을 그 속에 담을 수 있다. 큰 바다(大海)가 될 수 있는 것이다. 인간은 제멋대로 높은 곳에 올라가려고 해서 분쟁이 일어나게 된다. 그렇지만 물은 스스로 몸을 낮추어 낮은 곳으로 흐르는 까닭에 다른 것과 경쟁할 오류를 범하지 않는다.

물은 부드럽다. 그러나 이 물에 속도를 가하면 강판을 절단할 수 있다는 것을 수년 전 텔레비전에서 필자는 보았다. 천하의 부드러운 것이 천하의 가장 딱딱한 것을 부러뜨리는 것이다. 유능제강(柔能制剛)이란 이를 두고 한 말이다.

이러한 노자의 물에 대한 관념에 대하여 공자의 생각은 다르다. 공자는 물은 한순간도 쉬지 않고 끊임없이 흘러가므로 군자는 마땅히 물을 본받아서 끊임없이 스스로 격려하고 노력해야 한다고 말하고 있다. 또 물은 웅덩이가 있으면 이를 메우고 또다시 앞으로 나아가 바다에 들어가는 순리성을 지니고 있다고 했다. 노자가 물의 부드러움과 다투지 않음과 겸손함을 예찬했다면 공자는 물의 연면함과 순리성을 군자의 수양에 유용한 것으로 생각했다.

경기도 여주시 신륵사에 가면 이런 시비(詩碑)가 세워져 있다.

"청산은 나를 보고 말없이 살라 하고
창공은 나를 보고 티 없이 살라 하네.
사랑도 벗어 놓고 탐욕도 벗어 놓고

인생길 밝히는 사자성어

물같이 바람같이 살다 가라 하네."

고려시대 나옹 스님이 읊은 선시(禪詩)이다. 물처럼 바람처럼 살다가 가라고 하는데, 선거에 나서는 사람들은 늘 상대방 결점을 들춰내는 데에만 열을 올리며, 이전투구(泥田鬪狗)한다. 마치 진흙탕 속에서 개들이 싸우는 모습과 흡사하다. 노자가 말한 물의 부드러움과는 거리가 멀다. 한번쯤 상선약수의 참된 의미를 음미해 보고, 페어플레이를 하기를 바란다.

양약고구(良藥苦口)

좋을 양(良), 약 약(藥), 양약이라 함은 '좋은 약'을 의미한다. 쓸 고(苦), 입 구(口), 고구라 함은 '입에 쓰다'라는 뜻이다. 따라서 '양약고구'라 함은 "좋은 약은 입에 쓰다."라는 것을 말한다. 우리 속담에 "좋은 약은 입에 쓰고, 바른말은 귀에 거슬린다."라는 말이 있다. 이것은 한문으로는 "양약고구 충언역이(良藥苦口 忠言逆耳)."라고 한다.

서양에서도 비슷한 말이 있다. 사람 사는 동네는 동서양을 불문하고 생각이 비슷한 법이다. "듣기 싫은 소리를 하는 사람에게 보너스를 듬뿍 주어라. 그것은 당신이 하는 투자 중에서 가장 현명한 투자가 될 수도 있다."(로버트 맥매스) 중국 속담에 "면전에서 비판할 수 있는 친구를 가진 선비는 절대 명성을 잃지 않는다."라는 말도 이와 상통한다.

성악설로 유명한 순자(荀子)는 이렇게 말했다.
"잘못을 지적해 주는 자는 나의 스승이며, 옳은 일을 지적해 주는 자는 나의 친구이다. 그 반면에 나에게 아첨하는 자는 나의 적이다."

나라가 잘되려면 바른말을 제대로 하는 사람이 있어야 한다. 통치자 주위에 예스맨(yesman)과 아첨꾼만 있을 뿐, 제대로 쓴소리를 하는 사람이 없을 때는 올바른 정치나 행정을 펴 나갈 수가 없다.

인생길 밝히는 사자성어

초대 대통령인 이승만 대통령 시절에 대통령이 방귀만 뀌어도 "각하. 시원하시겠습니다." 하는 아첨 장관이 있었다. 이 대통령은 결국 4.19로 하야(下野)하고, 이국땅에서 숨을 거두게 되었다.

자기에게 잘못이 있을 때는 서슴없이 말해 주는 친구가 진짜 친구다. 입에 발린 말이나 하는 친구는 돈 떨어지고 세력이 약해지면 모두 사라진다. 바른말이나 충고는 대개 상대방의 단점이나 잘못을 지적하기 때문에 때와 상황을 잘 살펴서 해야 한다. 잔뜩 화가 나 있는 사람에게 충고해 보았자 오히려 역효과만 유발하기 십상이다.

양약고구라는 말은《공자가어(孔子家語)》에 나온다. 공자께서 이런 말을 하고 있다.

"좋은 약은 입에 써도 병에 이롭고
(良藥苦於口 而利於病: 양약고어구 이리어병)
충성된 말은 귀에 거슬려도 행하는 데 이롭다.
(忠言逆於耳 而利於行: 충언역어이 이리어행)"

'좋은 약은 입에 쓰고, 바른말은 귀에 거슬린다'라는 말은 우리가 살아가는 데 귀감이 되는 말이다. 어느 가정이나 아내가 남편에 대하여 쓴소리와 잔소리를 많이 하는 편이다. 남편에게 양약을 주는 것이다.

그러니 혹여 부인이 바가지를 긁더라도 "아~ 이것은 나를 위한 양약이구나!"라고 생각하고 '양약고구'를 되뇌어야 한다. 부인이 그게 무슨 말이냐고 물어도 계속해서 염불하듯이 '양약고구, 양약고구…' 하고 읊조리기만 하면 된다. 그러면 가정평화가 이루어지고 화락해질 것이다.

적수성연(積水成淵)

쌓을 적(積), 물 수(水), 적수라 함은 물방울이 쌓이는 것을 의미한다. 이룰 성(成), 못 연(淵), 성연이라 함은 '연못을 이룬다'라는 뜻이다. 따라서 적수성연이라 함은 "작은 물방울이 모여 연못을 이룬다."라는 뜻으로 작은 것도 모이면 큰 것이 됨을 지칭한다.

적수성연은 《순자(荀子)》의 권학편에 나오는 문구이다. 우리말에 "티끌 모아 태산", "천 리 길도 한 걸음부터"라는 말이 있다. 아무리 거창한 일도 첫 시작은 작은 데서 출발한다는 것이다.

적수성연과 유사한 말로 적토성산(積土成山)이 있다. 한 줌의 흙도 모으면 산을 이룬다는 뜻이다. 북경에 가 보면 적토성산을 눈으로 확인할 수 있다. 이화원(頤和園)이라는 황제의 궁전을 둘러보면 그 앞의 호수(湖水)는 땅을 파서 만든 인공호수이다. 거기서 판 흙을 갖다가 산을 만들었다. 만수산(萬壽山)이 그것이다. 정말 흙을 옮겨다 산을 만든 것이다. 그런 일을 하느라고 청나라 백성들은 고생깨나 했겠다고 생각된다. 진시황 때 만리장성 쌓느라고 고초(苦楚)를 겪었듯이.

비록 작은 것이라도 쌓이면 큰 것이 되는 법이다. 도산 안창호 전기에 이런 구절이 나온다. 두 사람에게 밥 한 그릇씩과 숟갈을 주어 밥알을 이겨 떡을 만들라고 했다. 한 사람은 숟가락을 휘휘 저어 떡을 만들려고 했다. 다른 한 사람은 밥알을 한 알 한 알 숟가락으로 이겨서 떡을 만들려고 했다. 처음에는 숟가락으로 힘차게 휘휘 젓는 사람의 밥그릇의 밥이 떡으로 되는 듯이 보였다. 그러나 1시간이 지나고 2시간이 지나자, 휘휘 젓는 사람은 계속 젓기만 하고 팔만 아프다고 했다. 그에 비하여 한 알 한 알 꼼꼼하게 짓이겨 나간 사람의 밥그릇에는 어느덧 떡이 만들어져 있었다. 흡사 거북이와 토끼의 경주와 같다.

그렇다! 적수성연 하려면 절대 서두르지 말고 차근차근히 한 걸음씩 꾸준히 해 나가야 성과가 뒤따른다. 서양 속담에 "천천히, 그러나 꾸준히 하는 것이 경주에 이긴다(Slow and steady wins the race)."라는 말과 같다.

송나라 때 성리학을 집대성한 주희(朱熹)는 "노인이 비록 하루에 30리밖에 가지 못한다고 하더라도, 만일 끊임이 없이 한 달간 계속한다면 천리도 무난히 갈 수 있다(三十里爲一日程 若將一月能千里: 삼십리위일일정 약장일월능천리)."고 했다.

적수성연이 나오는 권학문의 내용은 다음과 같다.

　적토(積土)하여 성산(成山)하면 풍우흥언(風雨興焉)하고,
　적수(積水)하여 성연(成淵)하면 교룡생언(蛟龍生焉)하니라.

즉, '흙을 쌓아 산을 이루면 거기에 비와 바람이 일어나고, 물방울이 모

　　　　　　　　　　　　　　인생길 밝히는 사자성어

여 연못을 이루면 거기에서 교룡이 살게 되니라'. 누구나 끊임없이 정진하면 큰일을 성취할 수 있다는 뜻이다.

그 뒤에 이러한 말이 뒤따른다.

적선(積善)하여 성덕(成德)하면 신명(神明)을 자득(自得)하여 성심
비언(聖心備焉)이라.

즉, '착한 일을 하여 덕을 쌓으면 신통한 통찰력을 스스로 얻어 성인의 마음이 갖추어지게 되니라'. 좋은 일을 많이 해서 성인의 마음을 기르라는 의미로 해석된다.

다소 어려운 점이 있더라도 여러 번 읽어 보시면 누구나《순자》의 글 뜻을 이해할 수 있을 것이다.

하여튼 적수성연(積水成淵)이 물방울이 모여 연못을 이룬다는 뜻으로, 작은 일도 꾸준히 하다 보면 큰일을 성취할 수 있다는 의미라는 것만 정확히 알고 실천에 옮기면 족하다.

자승자강(自勝者强)

스스로 자(自), 이길 승(勝), 놈 자(者), 강할 강(强), '자승자강'이란 "자기 스스로 이기는 자가 강하다."는 뜻이다.

이 세상에서 가장 강한 사람은 누구일까? 격투기 헤비급에서 챔피언의 자리에 오른 무시무시한 괴력의 사나이일까? 아니면, 끈질긴 투혼으로 히말라야 정상에 오른 사람일까? 이러한 사람들은 체력이 남보다 엄청나게 강한 사람들이다. 그러나 체력은 세월이 지나면 스러지는 것. 육체적인 힘의 자랑은 일시적일 뿐이다. 육체적인 힘보다는 정신적인 힘이 더 영속적이다.

정신력은 세월이 지날수록 오히려 더 빛이 나게 된다. 위대한 종교가, 철인, 현인들이 그렇다. 위대한 사람들은 한결같이 자신을 극복하는 사람이다. 자승자강(自勝者强)인 인물들이다.

노자가 이런 말을 하였다. "남을 아는 것은 지혜로운 일이다. 그러나 자신을 아는 사람이 참으로 밝은 사람이다. 남을 이기는 것은 힘이 있는 일이다. 그러나 자기를 이기는 것이 가장 강하다." 소크라테스는 "너 자신을 알라."라고 했다. 왕양명(王陽明)은 "산속의 도적을 깨뜨리기는 쉬워도 마음속의 도적을 깨뜨리기는 어렵다(破山中賊易 破心中賊難: 파산중적이

파심중적난)."고 했다.

　누구나 가만히 앉아서 명상해 보면 알 수 있다. 우리 육신은 얼마간 움직이지 않게 할 수 있다. 그러나 마음을 가라앉히기는 무척 어렵다. 온갖 생각들이 끊임없이 머릿속을 어지럽힌다. 자기를 이긴다는 것은 인간의 온갖 충동과 욕망을 극복한다는 것이다. 부당한 생각과 유혹을 물리치고, 절제된 생활을 해 나가는 것을 의미한다.

　자신을 이기는 자에게는 세상에서 어려울 것도 없고 두려울 필요가 없게 된다. 알렉산더 대왕이 "소원을 말하면 다 들어주겠다."라고 하자, 철인(哲人) 디오게네스가 "대왕이 햇빛을 막고 있으니, 그거나 비켜 달라."고 했던 것과 같다.

군계일학(群鷄一鶴)

무리 군(群), 닭 계(鷄), 군계라 함은 '닭의 무리'를 뜻하고, 한 일 (一), 학 학(鶴), 일학이라 함은 '한 마리의 학'을 말한다. 따라서 '군계일학'이라 함은 '닭의 무리 가운데 한 마리의 학'을 의미한다. 이는 여러 사람 가운데 뛰어난 한 사람을 지칭한다.

20대 대통령 선거에서 후보가 10여 명 난립했으나, 정작 당선된 사람만이 군계일학의 칭호를 듣게 되었다. 윤석열 당선자가 학(鶴)이 되었으면, 5년 임기 동안 초심(初心)을 가지고 국태민안(國泰民安: 나라를 태평하게 하고 국민을 편안하게 함)에만 힘써야 할 것이다.

군계일학의 말은 《진서(晉書)》에 나온다. 간세지재(間世之材)나 철중쟁쟁(鐵中錚錚) 또는 출중(出衆)하다는 말도 군계일학의 의미와 유사하다.

필자는 일반인을 상대로 한문 재능 기부를 해 오고 있다. 군계일학을 설명할 때에는 사명대사의 시를 같이 소개한다. 사자성어와 더불어 한시의 맛을 감상시키려 함이다. 임진왜란이 종료한 후 사명대사(四溟大師)는 일본으로 건너가, 포로 귀환과 관련해서 당시 통치자 도쿠가와 이에야스(德川家康: 덕천가강)를 만나게 된다(1604년 선조 37년). 이에야스는 거만한 어투로 다음과 같은 시 한 수를 던진다.

石上難生草(석상난생초) 돌 위에 풀이 나기 어렵고

房中難起雲(방중난기운) 방 안에서는 구름이 일어나기 어려운데

汝爾何山鳥(여이하산조) 너는 도대체 어떤 산새이기에

來參鳳凰群(래참봉황군) 여기에 와서 봉황의 무리에 섞여 있는가?

척박한 조선 땅에서 일본으로 건너온 사명대사를 보잘것없는 산새(山鳥)로 지칭하고, 자기들은 봉황의 무리로 비유한 것이 오만하기 짝이 없다. 남의 나라를 침략해서 쑥대밭을 만들어 놓고도, 사과하기는커녕 '봉황'을 운운하는 그 언행이 얄밉기만 하다. 대나무가 하나도 없는 독도를 죽도(竹島)라고 명명하고, 엉뚱하게 독도를 자기네 땅이라고 우기는 일본인들의 기질은 뿌리가 깊은 것을 알 수 있다. 이래서 일본 사람들이 고래(古來)로부터 욕을 먹는 것이다. 이에야스의 오만한 말에 대하여 사명대사는 의연한 자세로 답변시(答辯詩)를 읊는다.

我本靑山鶴(아본청산학) 나는 본시 청산에 사는 학으로서

常遊五色雲(상유오색운) 항시 오색구름 속에 노닐고 있었다.

一朝雲霧盡(일조운무진) 어느 아침에 구름과 안개가 다해서

誤落野鷄群(오락야계군) 잘못되어 들닭들 무리 속에 떨어지게 되었도다.

참으로 당당한 도인(道人)의 기품과 자세가 시를 통하여 훌륭하게 표현되어 있다. 사명대사는 자신을 고고한 학(鶴)으로 비유하고, 덕천가강을 비롯한 일본의 지배자들을 보잘것없는 들닭(野鷄)으로 묘사했다. '산새'가

'학'이 되었고, '봉황의 무리'는 '들닭의 무리'로 전락했다. 生死(생사)를 超越(초월)한 도인만이 표현할 수 있는 거침없는 말이다.

　이에야스는 이에 감복하여 조선과 강화를 맺고, 포로가 되어 갔던 조선인 3천5백 명을 내어 주었다. 사명대사는 포로들과 함께 이듬해 귀국해서, 가의(嘉義)의 직위와 어마(御馬) 등을 하사받았다. 사명대사가 군계일학(群鷄一鶴)임을 천명했던 위의 한시는 한문 공부를 겸할 겸 암송할 가치가 있다. 한시가 어려워 골치 아프다고 하는 사람은, 그저 '군계일학'이 "무리 중에 뛰어난 인물을 가리키는 것"이라고 알면 족(足)하다.

교언영색(巧言令色)

　　기묘할 교(巧), 말씀 언(言), 교언이란 말을 교묘하게 꾸며서 하는 것을 뜻한다. 하여금 영(令), 빛 색(色), 영색이란 얼굴빛을 꾸며서 하는 것을 말한다. 따라서 '교언영색'이라 함은 "말이나 얼굴빛을 꾸며서 하는 사람"을 말한다. 영색(令色)의 '令'은 영양(令孃), 영망(令望)의 '令'으로 '좋다'는 뜻이고 '色'은 얼굴 표정이나 모습을 뜻한다. 그러므로 '영색'이라 함은 표정을 좋게 꾸며서 하는 것을 말한다.

　　"교언영색 하는 사람은 착한 사람이 드물다."라고 공자께서 말씀하셨다. 즉, 《논어》에서 "교언영색선의인(巧言令色鮮矣仁)"이라고 표현하고 있다. 여기서 선(鮮)은 '신선할 선'이 아니라 '적다'라는 의미로 해석해야 한다.

　　쉽게 말해서, 말을 그럴듯하게 잘 둘러대거나 꾸며대는 사람, 그리고 남에게 잘 보이려고 거짓 웃음을 흘리는 사람 중에는 진실한 사람이 드물다는 것이다. 정치인 중에 입만 열면 자기야말로 애국애족(愛國愛族)하는 정의의 사도(使徒)라고 되뇌는 사람들을 적지 않게 볼 수 있다. 그런 사람은 교도소에 수감되면서도 자기가 옳다고 역설하기도 한다. 이렇게 꾸미기를 좋아하는 사람이 참되고 어질 수는 없는 법이다.

　　공자님이 "교언영색 하는 사람 중에 인(仁)에 가까운 사람이 적다."라고 한 것은, 차마 박절(迫切)하게 "없다."라고 할 수가 없어서 한 말씀이라고 생각된다. 교묘하게 말을 꾸며서 그럴듯하게 만든다는 것은 자연히 그가 하는 말과 그의 마음속에 있는 뜻이 일치할 리가 없다. 말과 마음이 일치하지 않는다는 것은 곧 진실하지 않다는 것을 뜻한다. 사기꾼들의 말을 연상하면 될 것이다.

또한 인위적으로 남에게 좋게 보이려는 가식적인 얼굴은 겉에 나타난 표정이 자연 그대로일 수는 없다. 거짓 웃음을 흘리면서 인자한 척하는 꾸민 얼굴에는 진실성이 없다. 자칫 이러한 위선적인 모습에 속을 염려가 있으니, 주의를 요한다. 두꺼비가 어리석은 체하면서 파리를 잡아먹는 형국이다.

말과 얼굴을 꾸미는 사람과 반대되는 사람은 어떠한 사람일까? 그러한 사람을 공자께서는 다음과 같이 말씀하시고 있다.
"강직하고 과감하며 순박하고 어눌한 사람이 진실에 가까운 본심을 지니고 있다(剛毅木訥近仁: 강의목눌근인)." 다시 말해서 꾸며대거나 다듬거나 하지 않은 순박한 사람이 진실에 가깝다고 한다.

그러면 구체적으로 말과 얼굴색은 어떤 모양을 갖추어야 하는가? 이에 대하여 이율곡 선생은 우리에게 가르침을 주고 있다. "얼굴빛은 항상 온화하게 하고(色思溫: 색사온), 말할 때는 항상 충실함을 생각하라(言思忠: 언사충)."

얼굴은 마음의 거울이다. 덕이 있는 사람, 교양이 있는 사람은 그 표정부터가 온화하고 덕성스럽다. 세계 여행을 많이 한 '김찬삼' 교수의 말이 생각난다. 말이 통하지 않는 오지(奧地)에 가서도 반가운 표정의 웃음을 던지면, 상대방도 웃음으로 대해 준다는 것이다. 말은 통하지 않아도 마음이 통한 것이다. 그 뒤에 손짓, 발짓으로 의사소통한다는 것이다. 항상 밝은 미소와 온화한 표정이 되도록 힘써야 할 것이다.

다음으로 언사필충(言思必忠), 말은 항상 충직하게 해야 한다. 한 입으로 두말해서는 안 된다. 그리고 자기가 한 말에 대해서는 끝까지 책임을 져야 한다. 말은 청산유수(靑山流水)이지만, 이루어지는 것은 하나도 없는 사람을 조심해야 한다. 기름칠한 말에 현혹(眩惑)되지 말아야 한다. 그리고 눈을 깜박거리거나 다리를 떨며 말하는 사람, 표정이 칠면조처럼 변화가 심한 사람을 조심해야 한다. 신용이 없는 사람일 확률이 높기 때문이다.

이에 비하여 말은 다소 어눌해도 태도에 변화가 없는 사람은 말과 행동이 일치하는(言行一致: 언행일치) 사람이므로 믿어도 무방할 것이다. 그러나 이 또한 꾸며서 어눌한 척, 순박한 척하는 사람도 있을 수 있으니, 사람을 제대로 판별하기는 어렵다고 할 수 있다.

인욕이대(忍辱而待)

참을 인(忍), 욕될 욕(辱), 인욕이라 함은 '욕됨을 참는다'라는 의미이다. 말 이을 이(而), 기다릴 대(待), 이대(而待)라 함은 '그리고 기다린다'라는 뜻이다. 따라서 인욕이대라 함은 "욕을 당하더라도 참고 기다린다."라는 의미이다. 즉 누가 창피를 주더라도 참고 기다리면 화(禍)를 면하고 좋게 된다는 것을 말한다.

인욕이대(忍辱而待)라는 말은 조선 세종 때 문신인 윤회(尹淮)와 얽힌 일화(逸話)가 재미있다. 윤회가 소년 시절에 고향으로 가다가 날이 저물어 여관에 투숙하려 했다. 그러나 주인이 방을 허락하지 않아서 뜰에 앉아 있었다. 그때 주인집 아이가 큰 진주를 가지고 놀다가 땅에 떨어뜨렸는데 마침 거위가 집어삼켜 버렸다. 주인이 진주를 찾다가 없으니, 윤회가 훔친 것으로 의심하고 윤회를 기둥에 묶고 아침에 관가에 끌고 가서 고발하려고 했다. 윤회는 변명하지 않고 "다만 저 거위도 내 곁에 묶어 달라."고 간청했다.

다음 날 아침, 진주가 거위의 꽁무니에서 나왔다. 주인이 부끄러워 사과하면서 말했다. "아니, 어제 왜 거위가 진주를 삼켰다고 얘기하지 않았는가?"

윤회가 말했다. "어제 만약 말했다면 주인께서 필시 거위의 배를 가르고 진주를 찾았을 겁니다. 그래서 거위를 살리려고 욕됨을 참고 기다린 것입니다.”

어린 소년으로서 신체가 결박되는 고통을 감수하면서도 아침에 거위 똥과 함께 나온 진주를 찾을 때까지 기다리는 그 인내심이 대단하다. 옛 말에 '될성부른 나무는 떡잎부터 알아본다(蔬之將善 兩葉可辨: 소지장선 양엽가변)'고 했다. 과연 어려서부터 신동(神童) 소리를 듣던 윤회는 문 과에 급제하고 병조판서를 거쳐 대제학까지 오른다. 그리고《팔도지리지 (八道地理志)》를 편찬하는 등 명신(名臣)의 반열에 오른다. 위에 열거한 내용은《해동명신록(海東名臣錄)》에 나온 글을 인용한 것이다.

이후 '거위의 진주'라는 뜻의 아주(鵝珠)는 생명 존중의 대명사로 쓰이 고 있다. 이와 더불어 초계(草繫)라는 말도 생명체 존중의 의미로 쓰임을 알아둘 필요가 있다.

풀 초(草), 맬 계(繫), 초계(草繫)는 '풀로 묶는다'라는 뜻인데, 이 말이 생 긴 연유는 다음과 같다. 옛날 나그네가 길을 가다가 도둑을 만나서 가지 고 있던 것을 모두 털리고 심지어 입고 있던 옷마저 빼앗겼다. 도둑은 벌 거벗은 나그네를 긴 풀로 묶어 놓고 떠나 버렸다. 다음 날 아침, 지나가던 행인이 묶은 풀을 풀어 주어 나그네는 몸이 풀렸다. 행인이 나그네에게 '풀을 끊으면 묶인 몸이 자유롭게 될 터인데, 왜 밤새도록 그 자리에서 고 생했느냐'고 물었다.

그러자 나그네는 “내가 일어서서 묶은 풀을 끊으면 풀들이 아플까 하여 차마 일어서질 못했다.”라고 대답했다. 그래서 초계(草繫)라는 말이 생겨 났다.

뭐 풀까지 그렇게 아낄 필요가 있을까 하는 생각이 들기도 하지만, 무릇 동물이든 식물이든 그 생명은 존중할 필요가 있다. 그래서 동식물 보호를 아주(鵝珠)와 초계(草繫)로 표현하기도 한다.

하여튼 진주를 삼킨 거위를 살린 윤회는 인내심이 대단한 인물이었다. 불가에서도 부처에 이르는 여섯 가지 닦음 중에 인욕(忍辱)을 꼽고 있다. 모든 것을 참고 인내하는 곳에 화평과 복락이 있는 법이다. 그래서 "백 번 참는 집에 큰 화평다움이 있다(百忍堂中有泰和: 백인당중유태화)."고 한다.

프랑스의 계몽사상가 장 자크 루소도 "인내는 쓰다. 그러나 그 열매는 달다."라고 말했다. 참을 인(忍) 자 백 번 쓰면 세상에 무서울 필요가 없다고 한다. 모름지기 참고 기다릴 뿐이다. 인욕이대(忍辱而待)할 뿐이다.

인생길 밝히는 사자성어

고진감래(苦盡甘來)

쓸 고(苦), 다할 진(盡), 고진이라 함은 '고생이 다한다'라는 뜻이고, 달 감(甘), 올 래(來), 감래라 함은 '단것이 온다'라는 뜻이다. 따라서 '고진감 래'라 함은 "고생이 다하면 즐거움이 온다."라는 말이다. 흔히 "고생 끝에 낙(樂)이 온다."라고 하는데 바로 고진감래가 그것이다.

참고로 쓸 고(苦) 자는 풀 초(艹)와 옛 고(古)가 합쳐진 글자이다. 풀도 오래되면 쓰게 된다는 것이다. 쑥도 파릇파릇 어렸을 때가 부드럽고 달콤 하다. 오래된 쑥은 뻣뻣하고 쓴 법이다. 사람도 칠십이 넘으면 완고(頑固) 하고 유연성(柔軟性)이 떨어지기 십상이다. 사자성어를 통해 한자를 익히 는 의미에서 고(苦) 자를 파자(破字)해 보았다.

무릇 쓴맛을 본 자만이 단맛의 진가를 알 수 있다. 세상만사 어느 일이 든 고생과 노력 없이 공짜로 굴러들어 오는 것은 아니다. 그만한 공력(功 力)을 들였으니까 그러한 결과가 나오는 것이다. 공부도 그렇고 운동도 그렇다.

그래서 "젊어서 고생은 금 주고도 못 산다."라고 했고, "쇠는 두들길수록 단단해진다."라는 옛말이 내려오는 것이다. 독일 속담의 "간난(艱難)이 너 를 옥으로 만든다."라는 말도 맥을 같이한다. 비를 맞으며 눈물에 젖은 빵을 먹어 본 자만이 인생의 참뜻을 알게 된다.

고진감래의 반대말은 흥진비래(興盡悲來)이다. 즐거움이 다하면 슬픈
일이 닥쳐온다는 뜻이다. 인간 만사는 음양(陰陽)이 교차하는 법이다.

항상 좋으라는 법도 없고, 항상 나쁘라는 법도 없다. 비 오는 날이 있는
가 하면 햇볕 비추는 날도 있는 것이다. 검찰총장 시절 징계로 시달리던
인물이 얼마 후 대통령 당선자로 되었고, 역시 같은 시기에 시달려 오던
검사장이 장관으로 발탁되기도 했다. 그야말로 사람 팔자는 알 수가 없는
것이다. 그래서 잘되었다고 뽐낼 것도 아니고, 실패했다고 낙담할 것도
아닌 것이다.

무릇 잘될 때는 쇠퇴할 때를 준비하고, 어려울 때는 풀릴 때를 기다리는
것이 현명하다. 결코 서둔다고 해서 빨리 성취되는 것은 아니다. 공자님
께서도 서두르면 달성하기 어렵다고 《논어》에서 가르치고 있다(欲速則不
達: 욕속즉부달). 위와 같은 뜻을 조선 숙종 때 김천택(金天澤) 선비께서
는 시조로 표현했다.

잘 가노라 닷지 말며 못 가노라 쉬지 말라.
부디 긋지 말고 촌음(寸陰)을 아껴 쓰라.
가다가 중지 곧 하면 아니 감만 못하니라.

[잘 간다고 너무 달려가지 말 것이며, 못 간다고 해서 쉬지도 말아라.
부디 그치지 말고 짧은 시간이라도 아껴 써야 한다. 가다가 중도에 멈

인생길 밝히는 사자성어

추어 버린다면 애초에 아니 감만 못하니라.]

등산을 즐겨하는 나는 산에 가면 절을 찾아보곤 한다. 절의 추녀 끝에 풍경(風磬)이 달려 있다. 풍경도 바람이 불지 않으면 소리가 나지 않는다. 바람이 불어야 비로소 그윽한 소리가 난다. 그야말로 '성불사 깊은 밤에 그윽한 풍경 소리'가 나는 것이다.

인생도 평온만 하다면 즐거움이 무엇인지 모른다. 곤란한 일이 있음으로 인해서 즐거움도 알게 된다. 즐거움과 괴로움이 교차하며 뒤엉켜서 인생 교향곡이 연주되는 것이다.

인생을 흔히 마라톤에 비유한다. 마라톤은 꼴찌를 해도 박수를 받는 종목이다. 시작하자마자 앞서 나간다고 해서 1등이 되는 것은 아니다. 누가 나를 앞질러 간다고 조급해할 필요도 없다. 인내와 끈기를 가지고 자기만의 페이스를 지키고 완주하는 것이 중요하다. 고진감래가 되는 것이다.

개과천선(改過遷善)

　고칠 개(改), 허물 과(過), 개과라 함은 '잘못을 고친다'는 뜻이고, 옮길
천(遷), 착할 선(善), 천선이란 '착하게 바꾼다'라는 의미이다. 따라서 개
과천선이라 함은 "지난날의 잘못과 허물을 고치고 바르고 착한 사람이 된
다."는 것을 말한다.

　인간은 불완전한 존재이다. 누구나 인생을 살아가면서 잘못을 저지르
고 후회하기 마련이다. 그런데 문제는 잘못을 저지른 후에 '무엇을 생각하
고 어떻게 행동하느냐'에 따라 그 사람의 인생이 달라질 수 있다.

　공자께서도 《논어》를 통하여 "과오를 알고 이를 고치지 않는 것이 진짜
허물이다(過而不改 是謂過矣: 과이불개 시위과의)."라고 말하고 있다. 즉,
사람은 누구나 허물이 있기 마련인데 그 허물을 하나하나 고쳐나가 허물
을 없게 하는 것이 "참된 도리"라고 말하고 있다. 그래서 "잘못하거든 고
치기를 꺼리지 말라(過則勿憚改: 과즉물탄개)."고도 말했다. 잘못을 감추
려고 하는 것은 마치 손바닥으로 해를 가리려고 하는 것과 같은 우매(愚
昧)한 짓이다.

　어사 박문수가 어두운 산길을 가다가 불빛이 보이는 곳으로 찾아갔다.
거기에는 조그마한 오두막집에 소복 차림을 한 젊은 여인만이 혼자 살고

있었다. 방도 한 칸뿐이라 도저히 재울 수 없는 것을 이 밤중에 산길에 있으면 죽을 수밖에 없다고 애원하여 단칸방에서 함께 지낼 수 있었다. 어사는 윗목에 눕고 소복한 여인은 아랫목에 누웠다. 자리에 누운 어사는 아름다운 여인을 보자 딴마음이 생겼다. 자는 체하며 다리를 걸쳐 보았다. 여인이 '선비님이 고단한가 보다' 하고 다리를 내려놓았다. 한참 있다가 다시 다리를 얹어 보았다. 그러자 여인은 "손님! 일어나세요." 하더니 도저히 묵과할 수 없으니, 밖에 나가 회초리를 만들어 오라고 명령했다. 얼음장 같은 냉혹(冷酷)한 기세에 눌려 박 어사가 회초리를 만들어 바치자, 여인은 어사의 종아리를 걷게 하고 사정없이 내려쳤다. 때리기를 다 하고 여인은 장롱에서 명주를 꺼내 어사의 종아리 피를 닦아 주면서 "이 피는 부모로부터 받은 것이니 함부로 버릴 수 없는 것"이라며 피 묻은 명주를 박 어사에게 주었다. 박 어사는 부끄러워서 날이 새기도 전에 그 명주를 가지고 오두막집을 뛰쳐나왔다.

몇 달이 지난 후, 박 어사가 산골 마을을 지나다가 또 외딴곳에 여인 혼자 있는 집에 머무르게 되었다. 윗방에서 잠을 청하는데 여인이 잠옷 바람으로 술상을 차려 박 어사 방에 들어왔다. 박 어사가 여인을 준엄하게 꾸짖었다. "남녀가 유별(有別)한데, 한밤중에 속옷 차림으로 어찌 외간 남자 방에 들어오는 거요. 회초리를 만들어 가지고 오시오! 내가 그 못된 버릇을 고쳐 주리다." 여인이 어쩔 줄 몰라 벌벌 떠는 중에 다락문이 활짝 열리며, 웬 기골이 장대한 사내가 손에 도끼를 들고 방 안으로 들어와서 박 어사 앞에 넙죽 절하며, "평소 내 계집의 행실이 바르지 못하다는 소문을 듣고 오늘 요절을 내려고 하던 차에 선비님 같은 분을 만나게 되었습니다. 선비님 하시는 것을 보고 오로지 놀라울 따름입니다."라고 말했다. 박어사는 아찔했다. 몇 달 전에 자신이 회초리를 맞았던 사건이 없었더라면 오늘 밤 도끼로 목숨을 잃을 뻔했던 것이다. 개과천선해서 그 유혹을 이겨냈기 때문에 화(禍)를 면하게 되었다.

위와 같은 어사 박문수에 얽힌 이야기가 진짜 사실이냐고 물을 필요는 없다. 문제의 핵심은 자기 잘못을 인정하고 이를 고쳐 바른길로 나가느냐 그렇지 않으냐에 달린 것이다.

성공하는 사람의 습관은 자기 잘못을 알고 난 뒤에 그 잘못을 인정하고 바로 고쳐서 같은 잘못을 되풀이하지 않는다는 점이다. 반대로 인생의 패배자가 되는 사람은 절대로 자기 잘못을 인정하지 아니하고 구차한 변명으로 둘러대는 사람이다. 카네기는 "세상에서 가장 하기 어려운 일은 바로 자기 잘못을 인정하는 것이다. 어려운 상황을 해결하려면 솔직하게 자기 잘못을 인정하는 것 외에 더 좋은 방법이 없다."라고 말했다.

잘못을 인정하지 않거나 발뺌하고 둘러대는 것을 정치인들에게서 흔히 보게 된다. 새 정부가 출범하면서 새로운 내각의 진용이 짜이게 된다. 청문회 과정을 통하여 걸러지겠으나, 후보자들은 쟁점에 대하여 솔직하게 시인할 것은 시인하는 것이 바람직할 것이다. 그리고 두 번 다시 그러한 잘못을 되풀이하지 않는 것이 바로 개과천선(改過遷善)하는 것이며, 개과자신(改過自新)하는 것이다. 자기의 잘못을 고쳐서 새로운 사람으로 태어나는 것이다.

견금여석(見金如石)

볼 견(見), 쇠 금(金), 견금이라 함은 '금을 본다'라는 뜻이고, 같을 여(如), 돌 석(石), 여석이라 함은 '돌과 같다'라는 의미이다. 그러므로 견금여석이란 "금을 보기를 돌과 같이 한다."라는 뜻이다.

고려 말 최영 장군이 어렸을 때, 그 아버지가 경계하여 말하기를 "황금 보기를 돌같이 하라."고 했다. 최영 장군은 항상 이 '見金如石(견금여석)' 네 글자를 큰 띠에 써서 죽을 때까지 가슴에 간직하고 다니면서 잊지 아니하였다. 당시 대신들은 호사로운 생활을 했으나, 최영 장군 홀로 한 터럭도 남의 것을 취함이 없이 겨우 먹고 살 만큼 검소한 생활을 했다. 위화도에서 회군한 이성계에 의하여 최영 장군이 처형당할 때 "내 평생 일찍이 나쁜 일을 한 적이 없으니 내가 만약 탐욕스러운 마음이 있었다면 내 무덤 위에 풀이 날 것이오. 그렇지 않다면 풀이 나지 않을 것"이라고 말했다. 최영 장군의 무덤은 고양시에 있는데 지금까지도 민둥산으로 벌거벗어 한 줌의 띠 풀조차 없으니, 세상에서 이르기를 붉은 무덤(紅墳: 홍분)이라고 한다. 윗글은《용재총화(慵齋叢話)》라는 책에 수록되어 있다.

우리는 모름지기 이러한 최영 장군의 탐욕을 버린 청렴(淸廉) 정신을 본받기에 힘써야 할 것이다. 그런데 우리 사회는 날이 갈수록 미풍양속(美風良俗)이 사라지고, 황금만능주의(黃金萬能主義)가 팽배(澎湃)하고 있다. 자본주의의 속성이기는 하나 안타깝다. 어린아이가 돌을 던져 이웃집 유리창을 깨자, 그 집주인이 그 아이를 질책했다. 그러자 그 아이 엄마가 나와서 "깨진 유리창 물어주면 되지, 왜 남의 귀한 아이 기(氣)를 죽이는 것이냐?"고 따지고 든다. 아이가 잘못했으면 이를 타일러서 바로잡아 주어야 할 텐데, 돈으로 해결하면 된다고 잘못한 자기 아이를 감싸고돈다. 이것이 요즘의 세태이다. 돈만 가지면 만사가 해결된다는 것이다.

선거판도 돈 쓰기 경쟁처럼 되었다. 집안 간에도 용돈 잘 주고 명절날 갈비라도 선물하는 자가 최고로 대접받는 세상이 되었다. 수십 년간 사귀어 오던 친구도 돈 때문에 하루아침에 절교하기도 한다. 재벌가에서 재산 상속을 두고 형제간 소송 다툼을 하거나 심지어 모자간에도 법정 다툼이 벌어지기도 한다. 최영 장군의 "황금을 보기를 돌같이 하라."라는 말은 흘러간 옛 노래가 되는 것이다.

무릇, 부패는 국가를 쓰러뜨리고, 사회와 가정을 파멸시키는 원인이 된다. 한 나라의 청렴지수가 높아야 국가 경쟁력과 국가 위상이 높아진다. 맑고 투명한 미래 사회가 만들어진다.

나는 견금여석이라는 단어를 설명할 때는 형제투금(兄弟投金)이라는 고사성어도 함께 설명한다. 형제투금이란 "형과 아우가 함께 금을 강물 속에 던졌다."라는 뜻이다.

고려 공민왕 때, 형제가 함께 길을 가다가 동생이 황금 두 덩어리를 주위 그 하나를 형에게 주었다. 배를 타고 강을 건널 때 동생이 갑자기 금을 강물에 던졌다. 형이 괴이하게 여겨 그 까닭을 묻자 "저는 평소에 형을 사랑하고 도타웠는데 지금 금을 나눔에 문득 형을 꺼리는 마음이 싹텄습니다. 이것은 곧 상서롭지 못한 물건이니 강에 던져서 잊는 것만 못합니다." 라고 했다. 형이 말하기를 "네 말이 진실로 옳다." 하고는 그 또한 강물에 금을 던졌다.

형제투금에 나오는 형제의 정은 황금도 마다할 정도로 두텁다. 주운 황금을 강물에 던져 버리는 그 형제는 가히 후세에 귀감(龜鑑)이 되고도 남을 것이다. 《동국여지승람(東國輿地勝覽)》에 나오는 형제가 강물에 황금을 던지는 얘기를 하면 "아니, 그 귀한 것을 강물에 던지다니, 아깝다!" 하는 사람들이 있다. 물질만을 중시하는 세태의 변화를 느낄 수 있다. 금석지감(今昔之感)이 아닐 수 없다.

재승덕박(才勝德薄)

재주 재(才), 이길 승(勝), 재승이라 함은 재주가 뛰어나다는 것을 뜻한다. 덕 덕(德), 엷을 박(薄), 덕박이라 함은 덕이 적다는 것을 말한다. 따라서 '재승덕박'이라 함은 "재주는 뛰어난데 덕이 부족한 경우"를 의미한다.

우리 주위에는 똑똑하고 좋은 학교를 나왔지만, 남을 배려할 줄 모르는 이기적인 사람들이 많다. 자기 이익만을 챙기는 사람은 개인적인 능력이 아무리 뛰어나도 조직에 이익이 되지 못한다. 덕(德)이 있어야 한다. 덕이 있는 사람은 인성이 풍부한 사람이다. 그러면 인성이란 도대체 무엇인가? 인성의 기본 요소는 나눔과 배려와 포용의 정신이다.

중국인들이 자주 쓰는 말에 '꽃향기는 백 리를 가는데(花香百里: 화향백리), 술 향기는 천 리를 가고(酒香千里: 주향천리), 사람의 향기는 만 리를 간다(人香萬里: 인향만리)'는 말이 있다. 여기서 인향은 덕향(德香)과 같은 의미이다.

'덕이 재주를 앞서면 군자요, 재주가 덕을 이기면 소인'이라는 말이 있다(德勝才 謂之君子, 才勝德 謂之小人: 덕승재 위지군자, 재승덕 위지소인). 덕을 갖춘 사람을 군자(君子)라고 한다.

인생길 밝히는 사자성어

군자와 소인을 《논어》에서는 이렇게 묘사하고 있다. "군자는 덕을 생각하고 소인은 땅을 생각하며, 군자는 형벌을 생각하고 소인은 은혜를 생각한다(君子懷德 小人懷土 君子懷刑 小人懷恩: 군자회덕 소인회토 군자회형 소인회은)." 쉽게 풀어서 말하면, "군자는 자기 인격과 수양에 힘쓰고, 소인은 편하게 살 수 있는 곳만을 찾는다. 군자는 혹시라도 법에 저촉되지 않을까 조심하는데, 소인은 누가 내게 은혜나 베풀어 주지 않나 하고 요행만을 바란다."라는 뜻이다.

군자는 의리와 덕에 힘쓰는 데 비하여 소인은 부동산 투기나 해서 이익만을 밝힌다. 군자는 어느 경우에나 태연자약하다. 소인은 언제나 근심·걱정으로 날밤을 지새운다. 군자는 자기 할 일만을 힘써 할 뿐 그 밖의 것은 자연과 운명에 맡기고 있다. 어느 경우나 태연자약할 수밖에 없다. 그러나 소인은 한 가지 욕심을 이루면 또 다른 것을 탐낸다. 애써 얻은 다음에는 혹시 잃을까 조바심한다. 하루도 마음이 편할 날이 없는 것이다.

군자는 이 세상의 모든 것은 영원히 소유할 수 있는 것은 아무것도 없다는 것을 안다. 그리고 잠시 쓰다가 저 세상에 간다는 것을 잘 안다. 따라서 물질에 집착함이 없이 마음이 허허롭고 너그러울 수가 있다. 그러나 소인은 죽는 순간까지도 물질에 대한 집착과 미련을 버리지 못한다. 항상 안달복달하며 초조한 생활을 하게 된다. 때로는 남을 욕하고 비방하고 헐뜯기도 한다. 남하고 다투는 일을 상시 반복하게 된다. 군자는 사람의 아름다운 것을 이룩해 주고, 반면에 사람의 악한 것은 돕지 않는다. 소인은 이와 정반대이다(君子成人之美 不成人之惡 小人反是: 군자성인지미 불성인지악 소인반시).

군자는 남의 좋은 일, 착한 일을 도와 성공하게 해 주는 한편, 착하지 못하고 바르지 못한 일은 이를 돕는 일이 없다. 그러나 소인은 정반대로 남의 착한 일에는 협력 대신 방해를 하고, 남의 옳지 못한 일에는 자기 이익을 위해 가담하기도 한다. 군자는 태연하고 교만하지 않으며, 소인은 교만하고 태연하지 못하다(君子泰而不驕 小人驕而不泰: 군자태이불교 소인교이불태).

자기 자랑을 밥 먹듯이 하면서 덜덜덜 다리를 떠는 사람이 전형적인 소인이다. 군자는 비록 가난하게 살아도 부귀한 사람 앞에 기가 죽지 않는 의젓한 태도를 취한다. 그것은 인격 수양에서 나오는 자연스러운 태도이다. 군자에게서는 결코 경망된 모습을 볼 수가 없다. 태산과 같은 장중함만이 있는 것이다. 군자는 뜻대로 안 되는 일은 모두 자기 탓으로 돌리고 스스로 반성과 노력을 거듭한다. 그런 데 비하여 소인은 자기 실력과 노력보다는 남의 힘과 도움을 받아 자기의 목적을 달성하려고 노력한다. 간교한 술책과 아첨을 거듭하다가 안 되면 남을 원망한다.

대개 이런 정도로 군자와 소인의 차이가 어떤 것인가를 알 수 있다. 공자님이 인간을 '군자'와 '소인'으로 구분한 기준은 2,500여 년이 지난 오늘날에도 여전히 타당한 것이다.

사람의 덕성은 주변 사람들의 인심을 얻고 내 몸을 윤택하게 해 준다.

인생길 밝히는 사자성어

이를 덕윤신(德潤身)이라고 한다. 덕을 베풀어야 복이 온다(積德之家 必有餘福: 적덕지가 필유여복)이라고 했다. 서양에서도 마찬가지이다. 존 루터(John Rutter)는 "좋은 인격은 탁월한 재능보다 더 칭송받을 만하다."라고 했다.

2022년, 전국노래자랑의 최장수 MC 송해 선생이 별세했다. 일생을 검소하고 소박한 생활로 남에게 베풀기를 즐겼기 때문에 국민은 누구나 송해 선생을 좋아했다. 황해도 재령 출신의 송해 선생은 귀천과 빈부를 가리지 않고 누구나 똑같이 대했다. 대중교통을 이용하고 2천5백 원짜리 국밥을 들면서 서민과 동고동락했다. 시골 쌀가게 주인 같기도 하고 방앗간 주인 같기도 한 송해 선생의 모습은 한없이 넉넉하고 덕성스러웠다. 나는 이런 분이 덕인(德人)이라고 생각한다.

송나라의 《통감절요(通鑑節要)》에 "해납백천유용내대(海納百川有容乃大)"라는 글귀가 있다. "바다는 모든 강물을 받아들이고, 이 때문에 더욱 커진다."라는 뜻이다. 바다가 바다일 수 있는 이유는 단순히 넓고 깊어서가 아니다. 가장 낮은 곳에서 모든 물을 끌어당겨 제 품속에 담기 때문이다. 국민 마음에 살아 숨을 쉬는 송해 선생이야말로 포용력이 큰 바다 같은 분이었다고 생각된다.

유능제강(柔能制剛)

부드러울 유(柔), 능할 능(能), 유능(柔能)이란 '부드러운 것은 능히'라는 뜻이고, 누를 제(制), 굳셀 강(剛), 제강(制剛)이란 '단단한 것을 제압한다'는 의미이다. 따라서 유능제강이라 함은 "부드러운 것이 단단한 것을 이긴다."라는 말이다.

노자의 《도덕경》에 나오는 말이다. 부드러운 것은 능히 단단한 것을 제압하고, 약한 것은 능히 강한 것을 이긴다(柔能制剛 弱能勝强: 유능제강 약능승강).

나는 이 사자성어를 풀이할 때는 항상 버드나무가 연상된다. 버드나무는 전통적으로 아름다움을 표현하거나 섬세함에 많이 비유된다. 늘어진 버들가지의 모습을 아름다운 여인의 모습에 비유하여 '유요(柳腰)'라 했는데 이는 버들가지와 같이 가는 허리를 뜻한다. 서양에서도 마찬가지로 버드나무는 여인을 상징했다. 황금사자를 지키던 요정 헤스페리데스의 네 자매 중 한 사람인 아이글레가 버드나무로 변신했다고 한다. 그래서 '버들 같은(willowy)'이라고 하면 우아하고 날씬한 여인을 뜻한다.

버드나무의 장점은 그 유연성과 탄력성에 있다. 필자가 그 옛날 산사에서 고시 공부할 때, 간혹 폭풍우가 세차게 몰아치는 날이 있었다. 폭풍우가 몰아칠 때마다 칠흑 같은 밤중에 나뭇가지 부러지는 소리가 "우두둑, 우두둑" 하고 요란했다. 아침에 나가 보면 딱딱한 소나무, 상수리나무 등은 많이 부러져 있었으나, 버드나무는 여전히 멀쩡했다.

그렇다! 약한 것이 오히려 강한 것을 능가할 수가 있는 것이다. "버들가지가 바람에 꺾일까?"라는 속담이 결코 틀린 말이 아니다. 부드러워 바람에 곧 꺾일 것 같은 버들가지는 꺾이지 않고, 오히려 단단한 소나무 가지가 밤새 그렇게 요란한 소리를 내며 폭풍우에 꺾어지고 있었다. 부드러운 것이 단단한 것보다 더 강하다는 것을 알 수 있다.

인간세계에서도 겉으로는 남성이 강한 것 같아도 부드러운 여성을 당해내지 못한다. 나는 여태껏 말싸움해서 아내나 딸들을 이겨본 적이 없다. 백전백패(百戰百敗)일 뿐이다. 물에 빠져도 여성이 버티는 시간이 남성보다 길다는 통계가 있다. 어머니의 자식 사랑은 무한대로 커서 가늠이 되지 않는다. 수명 역시 여성이 남성보다 몇 년 긴 것은 세계적인 공통 현상이다.

그래서 남성도 여성과 같은 유연성을 기를 필요가 있는 것이다. 사고방식과 대인관계가 버드나무처럼 유연하고 탄력적이어야 한다. 그래야 변화하는 추세에 적절히 대응해 나갈 수 있다.

유연성을 길러야 한다고 해서 현실과 영합(迎合)하거나 타협(妥協)하라는 그러한 의미는 아니다. 소신(所信)은 굳건히 지켜나가되, 오늘의 상황을 정확히 파악해서 지혜롭게 대처해 나가야 한다는 의미이다. 흘러간

유성기만을 부둥켜안고 있어서는, 개인이건 기업이건 도태되는 것이 오늘의 시대이기 때문이다.

세상에 부드럽고 약하기는 물보다 더한 것이 없다. 그러나 이러한 물에 속도를 가하면 딱딱한 강철판도 잘라내는 것을 TV로 보았다. 2,500년 전 노자의 말이 빈말이 아님을 알 수 있었다.

인간도 마찬가지이다. 단단한 이는 세월이 가면 깨지고 부서지고 하지만, 부드러운 혀는 훨씬 오래 남는다. 이를 치망설존(齒亡舌存)이라고 한다. 사람은 태어날 때는 부드럽고 약하나, 그 죽음에 이르러서는 굳고 단단해진다.

풀과 나무도 생겨날 때는 부드럽고 연하지만, 그 죽음에 이르러서는 마르고 굳어진다. 그러므로 굳고 강한 것은 죽음의 무리이고, 부드럽고 약한 것이 삶의 무리이다. 인간관계에서도 유아독존식(唯我獨尊式) 독불장군(獨不將軍)으로 생활하는 자는 성공하지 못한다. 도무지 타인과 화합하지도 못하고 상생하지도 못해서 도태되는 것이다.

골프도 어깨에 힘이 잔뜩 들어가면 빗나가기 일쑤이다. 유능한 권투 선수일수록 팔에 힘을 빼고 탄력 있고 신축성 있게 타격한다. '나비처럼 날아서 벌처럼 쏜다'라고 무하마드 알리가 말했다. 모름지기 인생을 유연성 있고 부드럽게 생활할 필요가 있다. 이러한 지혜를 일깨워 주는 것이 유능제강(柔能制剛)이라는 사자성어이다.

목계지덕(木鷄之德)

　나무 목(木), 닭 계(鷄), 목계란 '나무로 만든 닭'을 뜻한다. 어조사 지(之), 덕 덕(德), 지덕이란 '그러한 덕'을 의미한다. 따라서 목계지덕이란 "나무로 만든 닭처럼 자기감정을 제어할 줄 아는 능력"을 일컫는 말이다. 《장자(莊子)》에 나오는 말이다.

　싸움닭을 아주 좋아하던 중국의 어느 왕이 당시 투계(鬪鷄) 사육사였던 기성자란 사람에게 최고의 투계를 만들어 달라고 했다. 맡긴 지 10일이 지난 후, 왕은 기성자에게 닭이 싸우기에 충분하냐고 물었다. 이에 기성자는 "닭이 강하긴 하나 교만합니다. 그 교만이 없어지지 않는 한 최고의 투계는 아닙니다."라고 대답하였다. 또 10일 뒤에는 "교만함은 버렸으나 너무 조급해 진중함이 없습니다. 태산처럼 움직이지 않는 진중함이 있어야 최고의 투계라고 할 수 있습니다."라고 답했다. 다시 열흘 뒤에는 "조급함은 버렸으나 상대방을 노려보는 눈초리가 너무 공격적입니다. 그 공격적인 눈초리를 버려야 합니다."라며 눈초리가 너무 공격적이어서 최고의 투계는 아니라고 대답하였다. 다시 10일이 지나서 40일째 되는 날 왕이 묻자, 기성자는 "이제 된 것 같습니다. 다른 닭이 아무리 도전해도 움직이지 않아 마치 나무로 조각한 목계(木鷄)가 됐습니다. 어느 닭이라도 그 모습만 봐도 도망칠 것입니다."라고 대답하였다고 한다.

장자는 이 고사에서 목계(木鷄)가 되는 데는 세 가지 조건이 있다고 말하고 있다.

첫째, 자신이 제일이라는 교만함을 버려야 한다.

둘째, 남의 소리와 위협에 민감하게 반응해서는 안 된다.

셋째, 상대방에 대한 공격적인 눈초리를 버려야 한다.

교만과 조급, 그리고 공격적인 눈초리를 완전히 평정한 사람의 모습이 목계의 덕을 가진 모습이다. 보기에 흡사 나무로 만든 닭과 같다.

세계 바둑계를 평정했던 이창호 기사의 별명은 '돌부처'였다. 유리한 상황이건 어려운 상황이건 간에 전혀 얼굴에 표정을 드러내지 않기로 유명했다. 마치 태산과 같은 묵중한 자세를 가졌기에 상대방은 그가 무슨 생각을 하는지를 알기가 힘들었다. 바위와 같은 묵중함을 지녔기에 세계 챔피언의 자리에 올랐다.

바위라고 하면 유치환 님의 시가 유명하다.

〈바위〉

유치환

내 죽으면 한 개 바위가 되리라
아예 애련(哀憐)에 물들지 않고
희로(喜怒)에 움직이지 않고
비와 바람에 깎이는 대로

억년(億年) 비정(非情)의 함묵(緘默)에
안으로 안으로 채찍질하여
드디어 생명도 망각하고
흐르는 구름
머언 원뢰(遠雷)
꿈꾸어도 노래하지 않고
두 쪽으로 깨뜨려져도
소리하지 않는 바위가 되리라

세상 살아가면서 일희일비(一喜一悲)하는 것이 인간이다. 그러나 때로
는 바위와 같은 듬직함을 꿈꾸어 보기도 한다. 목계 같은 사람이 되고 싶
어 한다. 조급함이 없이 천천히 그리고 꾸준히 산을 오르는 사람만이 히
말라야를 정복할 수 있다.

삼성그룹 창업자인 이병철 씨가 아들 이건희 씨에게 마음에 새겨두라
고 가르친 단어가 목계지덕이다. 리더는 어떠한 다급한 상황에서도 결코
서두름이 없이 목계와 같이 듬직한 자세를 가져야 한다는 것이다. 목계
와 같은 사람이 된다면 어떤 한 분야에서 뛰어난 업적을 쌓을 수 있을 것
이다.

형설지공(螢雪之功)

반디 형(螢), 눈 설(雪), 형설이란 '반딧불과 눈'을 의미한다. 어조사 지(之), 공로 공(功), 지공이라 함은 '그러한 공로 또는 노력함'이라는 뜻이다. 따라서 형설지공이란 "반딧불과 눈을 가지고 공부함"을 의미한다. 여기서 반딧불 '螢' 자는 개똥벌레를 말하는 것으로 물체가 고유의 빛을 발하는 것인데, 옛날 시골에 가면 둑길이나 숲길에서 흔히 볼 수가 있었다. 그렇게 빛을 내는 전구를 형광등(螢光燈)이라고 한다.

형설지공(螢雪之功)은 반딧불과 눈빛으로 글을 읽었다는 고사에서 유래된 말이다. 어려운 환경에서 고생을 기꺼이 하면서 공부해서 뜻을 이룬 것을 나타낼 때 쓰이는 말이다.

부유하고 넉넉한 환경에서 태어나 고생을 모르고 공부하는 행운아도 있다. 이른바 금수저를 물고 태어난 사람의 경우이다. 반면에 가난한 집안에서 태어나 어려운 환경에서 공부하는 사람도 있다. 중국집에서 짜장면 면발을 뽑으면서도 책을 읽어 서울대학교에 입학한 청년은 감동적이다. 사실 진정한 인생의 승리자는 가난과 역경을 극복하는 데서 찾을 수 있다. 아무것도 가진 것 없이 태어났으나, 어려운 환경에 굴하지 않고 힘써 노력해서 성공하는 사람이 칭찬받을 만하다. 이러한 사람들을 입지전적(立志傳的)인 인물이라고 말하기도 한다. 그러나 요즘 세상에는 시대가

126

변해서 옛날처럼 개천에서 용이 나는(開川龍出: 개천용출) 경우가 드물다. 보잘것없는 집안에서 탁월한 인물이 나왔을 때 개천에서 용이 났다고 표현하기도 하고 미꾸라지가 용이 되었다고 하기도 한다.

형설지공이라는 말은 후진(後晋) 시대 이한(李瀚)이 지은《몽구(蒙求)》라는 책에 나온다. 반딧불로 공부한 사람은 차윤(車胤)이다. 그는 어린 시절부터 노력가로 공부를 열심히 했다. 그러나 집안이 가난해서 등불을 켜는 데 사용하는 기름조차 없었다. 차윤 소년은 밤을 새워 책을 읽고 싶었다. 그래서 생각 끝에 엷은 명주 주머니를 벌레 통처럼 만들어 그 속에 반디를 수십 마리 집어넣어 거기서 나오는 빛으로 책을 비추어 읽었다. 이렇게 열심히 노력한 끝에 차윤은 후일 이부상서(吏部尙書)에까지 올랐다. 이부상서라면 지금의 행정안전부 장관 격이다.

눈빛으로 책을 읽은 사람은 손강(孫康)이라는 소년이었다. 손강은 어릴 때부터 나쁜 무리들과 사귀지 않고, 열심히 공부에 전념했다. 인생의 승부를 공부에 걸었다. 그러나 손강 역시 집이 찢어지게 가난해서 등불을 켤 기름을 살 수가 없었다. 소년은 궁리 끝에 겨울날, 추위를 견디며 창으로 몸을 내밀고 하얗게 쌓인 눈에 반사되는 달빛을 의지하여 글을 읽었다. 후일 소년은 어사대부(御史大夫)라는 벼슬까지 오르게 되었다. 어사대부라면 지금의 감사원장과 같은 벼슬이다.

이 이야기에서 고학하는 것을 '형설' 또는 '형설지공'이라고 말하고, 공부하는 서재를 가리켜 '형창설안(螢窓雪案)'이라고 한다. 형창(螢窓)은 '반딧불 창'을 뜻하고 설안(雪案)은 '눈 책상'이라는 뜻이다.

차윤이 반딧불을 모아 그 빛으로 글을 읽은 것을 차윤성형(車胤盛螢)이라고 한다. 손강이 눈빛으로 공부한 것을 손강영설(孫康映雪)이라고 한다. 차윤의 반딧불과 손강의 눈을 합쳐서 차형손설(車螢孫雪)이라고 하는데, 이는 형설지공과 같은 의미이다. 형설지공 대신에 차형손설이라는 말을 쓴다면 그 사람은 고급 한문을 하는 사람이라고 보아야 한다.

어떻게 반딧불과 흰 눈에 비친 달빛을 가지고 글씨를 읽을 수 있겠는가 하고 의문을 품을 수도 있다. 그러나 후진 시대는 지금으로부터 1,500년 전인데 당시 서책(書冊)들의 글씨는 큰 붓글씨체로 글자가 컸던 이유도 있고, 차윤과 손강이 그만큼 눈의 정기를 좋게 타고났기 때문이었다.

엄동설한에 겨울 산행을 하다 보면 온통 눈으로 뒤덮인 산야를 걷게 되는 경우가 많다. 하얀 눈에도 이러한 인생의 교훈이 깃들어 있다. 차가운 곳에도 꽃이 피듯이 어려운 환경을 극복해 나갈 때, 인생의 승리자가 된다. 서양 속담에 '어려움이 사람을 만든다'라고 한다. 우리 속담에도 '젊어 고생은 금을 주고도 못 산다'라고 한다. 비바람, 폭풍 속에서 강인한 인간이 길러진다. 얼음장을 깨고 맨몸으로 바닷물에 들어갈 때 강인한 체력이 길러지는 것과 같다. 가난과 어려움을 탓할 것이 아니라, 이를 극복해 나갈 때 진정한 자기 성취가 이루어진다.

새옹지마(塞翁之馬)

변방 새(塞), 늙은이 옹(翁), 새옹이라 함은 '변방에 사는 노인'이라는 뜻이고, 어조사 지(之), 말 마(馬), 지마란 '~의 말'이란 뜻이다. 따라서 '새옹지마'란 "변방에 사는 노인의 말"이란 뜻으로 "인간의 일은 흉한 일이 좋은일이 될 수도 있고, 반대로 좋은 일이 나쁜 일도 될 수 있다."라는 뜻으로쓰인다.

옛날 한(漢) 민족은 중국 북방의 이민족을 오랑캐 호(胡)라 하여 크게두려워했다. 북방 변방에 점을 잘 치는 노인이 살고 있었다. 어느 날 그 노인의 말이 오랑캐 땅으로 달아나 버렸다. 동네 사람들은 노인에게 저마다위로의 말을 했다. 그런데 노인은 태연한 얼굴로 이렇게 말했다. "이런 일이 복이 될지 누가 아오?"

과연 몇 달이 지나자 잃었던 말이 오랑캐 땅의 준마(駿馬) 한 마리를 데리고 돌아왔다. 이웃 사람들이 찾아와 축하의 인사를 하니, 노인은 "이게화(禍)가 될지 누가 아오?"라고 말하면서 조금도 좋아하는 빛을 보이지 않았다. 노인의 아들은 말타기를 좋아했다. 그런데 데리고 온 그 준마를 타다가 떨어져 발목뼈가 부러졌다. 절름발이가 된 아들을 가엽게 생각한 동네 사람들이 위로의 말을 하자, 노인은 "아니요. 괜찮소이다. 이런 일이복(福)이 될지 누가 아오?" 하고 태연히 대답했다.

일 년 후 오랑캐들이 쳐들어와 마을의 젊은이들은 전쟁터로 나가 십중

팔구는 전사했다. 그러나 노인의 아들은 다리가 불구라 전쟁터에 나가지 않아 무사했다고 한다. 이처럼 인간의 일은 전화위복(轉禍爲福)이 많아 앞일을 내다보기가 어렵다. 누구나 한세상 희비(喜悲)가 교차하면서 인생을 살아 나간다.

또 다른 희비교차(喜悲交叉)의 이야기가 있다. 옛날 송나라에서 적선(積善)을 많이 한 집에 검은 소가 흰 송아지를 거듭하여 낳는 길상사(吉祥事)가 있었다. 그때마다 아버지와 아들이 차례로 장님이 되는 불행을 당하고 말았다. 그런데 그 뒤에 초나라가 쳐들어와 다른 사람들은 모두 큰 환란을 당했지만, 이 아버지와 아들은 장님이었기 때문에 생명을 보존했을 뿐만 아니라 전쟁이 끝나자 눈이 도로 밝아졌다고 한다.

"화(禍)와 복(福)은 새끼 꼬인다."는 말이 있다. 길한 것과 흉한 것은 서로 주고받는 것이 인간사인 것이다. 복권에 당첨되었다고 좋아할 일이 아니다. 미국에서 조사한 바에 의하면 복권에 당첨된 사람 중 7할 가까이가 당첨 전보다 더욱 불행해졌다고 한다. 땀 흘려 번 돈이 아니라 하루아침에 일확천금(一攫千金)한 돈이기 때문이다. 횡재(橫財: 뜻밖의 재물)한 돈이 횡재(橫災: 뜻밖의 재난)를 불러온 것이다.

나는 사마천의 《사기(史記)》를 읽을 때, 새옹지마를 떠올리곤 한다. 사마천이 궁형(宮刑)을 당했기에 그 방대한 《사기》라는 명저를 남길 수 있지 않았는가 하는 그런 생각을 해 보기도 한다. 다산 정약용 선생 역시 유배 생활 18년간, 《목민심서》라든지 《경세유표》 같은 주옥같은 불후의 작품 500여 편을 만들어 내었다.

얼마 전 서울대신문(533호, 2022년 8월)에 게재된 허준이 교수의 인터뷰를 보았다. 허준이 교수는 한국인으로서는 최초로 '수학의 노벨상'인 필즈상(Field Medal)을 탄 화제의 인물이다. 그는 인터뷰에서 서울대 재학 시 3학년 1학기 전 과목을 낙제한 뒤 '위상수학' 강의를 들으며 방향을 전환했다고 한다. 그래서 오늘의 프린스턴대 교수 자리와 필즈상을 거머쥐었다고 한다. 전 과목 낙제가 오히려 인생을 꽃 피게 한 촉매제가 된 것이다. 전화위복이라고 아니할 수 없다.

세르반테스가 〈돈키호테〉에서 말했다.
"행운은 물레방아처럼 돌고 돈다. 어제 정상에 있었던 사람들이 오늘은 밑바닥에 깔린다(Fortune turns round like a mill-wheel and he who was yesterday at the top, lies today at the bottom)."

초승달이 만월이 되고, 만월이 그믐달이 되는 것이 자연의 이치이다. 화무십일홍(花無十日紅)이요, 권불십년(權不十年)이다. 보름달 높이 떴다고 뽐내지 말고 그믐달 되었다고 서러워할 필요가 없다.

달도 차면 기울고, 그믐달도 날이 가면 보름달이 되는 법이다. 인간 만사는 새옹지마이다. 그러니 조그만 일에 일희일비(一喜一悲)하지 말고, 긴 안목으로 인생을 여유롭게 살아가라고 새옹지마가 암시하고 있다.

조갑천장(爪甲穿掌)

'조갑(爪甲)'은 손톱을 말하며, 뚫을 천, 손바닥 장, '천장(穿掌)'이라 함은 '손바닥을 뚫는다'라는 뜻이다. 따라서 '조갑천장'이라 함은 '손톱이 손바닥을 뚫는다'라는 뜻이다. 조갑천장은 "손톱이 자라 손바닥을 뚫고 나올 정도로 어떤 일에 매진할 때" 쓰이는 말이다.

여기서 손톱 조(爪)는 손과 손가락을 그린 상형문자이다. 이 조(爪) 자를 오이 과(瓜) 자와 혼동해서는 안 된다. 오이 과(瓜)는 넝쿨에 박이 달린 모습을 본뜬 상형문자이다. "외밭에 가서 신발 끈을 다시 매지 말라."라는 말이 있다. 과전불납리(瓜田不納履)라고 한다. 괜히 남에게 의심받을 행동을 하지 말라는 뜻이다. 뚫을 천(穿) 역시 다소 어려운 한자에 속한다. 구멍을 뚫을 때 이를 천공(穿孔)이라고 한다. "물방울이 바위를 뚫는다."는 것을 수적천석(水滴穿石)이라고 한다.

조갑천장이라는 말은 《대동기문(大東奇聞)》이라는 책에서 유래된다. 조선 중종 임금 때 양연(梁淵)이라는 사람이 있었다. 양연은 젊었을 때 틀에 매이지 않고 호탕(豪宕)하게 지냈다. 그러다가 나이 사십에 이르러 배움을 시작했다. 그 당시 사십이라면 지금의 육십 가까이 보면 될 것이다. 늦은 나이에 발분(發憤)했기에 마음을 단단히 먹었다. 왼손을 꽉 쥐고 학문이 이루어지지 않으면 결코 손을 펴지 않겠다고 맹세했다. 북한산 중흥사에서 글을 읽은 지 한 해 남짓하여 문장의 이치를 꿰뚫어 통하게 되었다. 양연이 지은 시의 격조는 맑고 높았다. 뒷날 양연이 과거에 급제하던 날에 비로소 손을 펴니, 손톱이 손바닥을 뚫고 있었다.

수년간 손을 꽉 쥐고 있으면 과연 손톱이 자라서 손바닥을 뚫을 수 있는지는 모르겠다. 다만 수년간 손을 움켜쥔 채 공부에 몰두했다는 사실이 놀라운 것이다. 정신일도(精神一到)하면 하사불성(何事不成)이라고 했다. 정신을 집중하면 어떤 일이라도 이루어진다는 뜻이다.

조갑천장이라는 사자성어를 읽고 나도 한번 흉내 내 보기로 했다. 그 방법으로 3개월간 열심히 공부해서 공인중개사 자격시험에 합격해 보기로 작정했다. 공인중개사업을 하려고 한 것은 아니었다. 나 같은 노인이 공인중개사 사무실을 차려본들, 사람들이 찾아오지 않을 것임을 잘 알기 때문이다. 집 보러 가도 문도 안 열어줄 것이다. 이러함에도 불구하고 엉뚱하게도 공인중개사 시험을 치겠다고 하니 집에서는 정신이 나갔다고 말렸다.

그러나 나는 강행하기로 했다. 우선 청계천 헌책방에 나가서 공인중개사 시험과목에 관한 과년도 해설서와 문제집 10여 권을 아주 저렴한 가격(삼만 오천 원)에 구매했다. 새 책은 가격이 권당 2~3만 원 해서 시험에 떨어지면 책값이 아까웠기 때문이었다. 공인중개사 시험은 1차 과목이 '부동산학 개론'과 '민법 및 민사특별법'이었다. 부동산학 개론은 행정고시 과목의 경제학과 유사했기 때문에 행시 출신인 나에게는 어려운 것이 없었다. 그러나 민법은 예전에 내가 법대를 다니던 때와는 판이하였다. 두꺼운 책에 수백 개의 판례가 가득 실려 있었다. 난감했다. 공인중개사 2차 시험과목은 '공인중개사법'과 '부동산공법' 그리고 '부동산공시법 및 세법'이었다. 모든 과목의 해설서가 두툼한데, 특히 부동산공법의 양이 방대하고 내용이 난삽(難澁)했다. 어쨌든 이 다섯 과목을 석 달간 하루에 12시간 이상 읽어 나갔다. 염불하듯이 "조갑천장, 조갑천장~"을 되뇌면서 읽어 나갔다. 밥을 먹고 눈 붙이는 시간을 제외하고는 모두 중개사 시험공부에 쏟아부었다. 집 근처의 도서관에 나가 아침 8시부터 밤 10시까지 읽어 나갔다. 잘 때에는 얼굴에 책을 펴서 덮고 잠을 잤다. 자면서라도 무의식적으로 글이 들어오기를 바랐다.

옛날 행정고시를 할 때도 그랬다. "세 살 버릇 여든 간다(三歲之習至于八十: 삼세지습지우팔십)."는 말이 있듯이, 옛날 버릇이 되살아난 것이다.

시험 직전 일주일간은 도서관 근처에 숙소를 구하여 철야 공부를 했다. 이른바 '죽기 아니면 까무러치기' 식의 무지막지(無知莫知)한 강행군이었다. 마치 스님들이 동안거(冬安居), 하안거(夏安居)를 마칠 때, 마지막 일주일간을 철야정진(徹夜精進)하는 방식이다. 무엇에 미쳐도 단단히 미친 것 같았다.

시험 당일 일찍 시험 장소에 나갔다. 시험실을 확인한 후, 교정 구석에 쭈그려 앉아 마지막 요약 노트들을 대충 훑어보고 시험실에 입장했다. 부동산학 개론 중 계산 문제는 무조건 3번으로 통일하여 시간을 아껴서 풀 수 있는 문제들에 집중했다. 한 문제에 1분 할당되는 시험에서 괜히 어려운 문제에 시간을 소비하느니 쉬운 문제를 보다 많이 맞히자는 나름대로 득점 전략이었다. 공인중개사 시험은 과락 없이 전 과목 평균이 60점 이상이면 되기 때문에 쉬운 과목에서 고득점해서 다른 과목 점수에 보태는 방법으로 했다. 옛말에 "모로 가도 서울만 가면 그만이다."는 식의 시험 전략이었다.

어쨌든 이런 고투(苦鬪) 끝에, 운 좋게 공인중개사 1차 시험과 2차 시험을 모두 합격했다. 칠십 가까운 나이에 서울특별시장으로부터 공인중개사 자격증을 취득했다(2014. 12. 9.). 자격증은 액자에 넣어 고이 모셔두었다. 애시당초 써먹으려고 공인중개사 시험을 본 것이 아니다. 그저 조갑천장의 고사성어를 나름대로 한번 시험해 보려고 한 것일 뿐이다.

조갑천장과 비슷한 말로 상투를 매놓고 글을 읽거나 송곳을 꽂아놓고 글을 읽는다는 말이 있다. 현량자고(懸梁刺股)가 그것이다. 현량(懸梁)은 대들보에 상투를 매달고 공부하는 것을 말한다. 동한 시대의 손경(孫敬)이라는 사람이 졸음을 쫓기 위하여 들보에 상투를 매달고 고개가 수그러지면 상투가 잡아당겨지는 방법으로 공부해서 성공했다. 자고(刺股)는 송곳으로 허벅지를 찔러가며 잠을 쫓고 면학에 열중하는 것을 말한다. 전국시대 소진(蘇秦)이라는 책략가가 이 방법을 썼다고 한다.

인생을 살아가면서 누구나 한 번쯤은 독한 마음을 먹고, 전력투구(全力投球)할 필요가 있다. 일의 성패 여부를 떠나, 어떤 일에 미쳐서 한번 몰두해 본다는 것은 그 자체가 가치 있고 아름답기 때문이다.

조갑천장(爪甲穿掌)이라는 사자성어는 인간의 의지가 얼마나 굳고 단단한지를 우리에게 암시해 주고 있다.

가인박명(佳人薄命)

　아름다울 가(佳), 사람 인(人), 가인이라 함은 '아름다운 사람'을 뜻하고, 엷을 박(薄), 목숨 명(命), 박명이라 함은 '단명하다'는 것을 말한다. 따라서 가인박명(佳人薄命)이란 "여자가 아름다우면 단명하거나, 인생이 불행하다."라는 뜻이다. 박명(薄命)이란 수명이 짧다는 뜻도 있지만 원래는 '팔자가 기구하다'라는 뜻을 나타낸다. 가인박명을 미인박명(美人薄命)이라고 쓰기도 한다. 아름다움을 표시할 때는 미(美) 자가 가(佳) 자보다 더 많이 사용된다.

　옛날 신분사회에서는, 아름다운 외모를 가진 하류층 여자는 편안히 살지 못하는 경우가 많았다. 상류층이나 부유층의 첩실이 되거나, 기방(妓房)의 기녀가 되는 경우가 흔히 있었다. 인생행로가 순탄치 못했다. 가인박명이라는 말은 북송(北宋) 후기의 대문장가인 소식(蘇軾, 1036~1101)의 〈박명가인(薄命佳人)〉이라는 시에 등장한다.

　소식이 항주(杭州)·양주(楊州) 등 지방 장관으로 있을 때, 우연히 절간에서 나이 30세가 넘은 여승(女僧)을 바라보고, 그녀의 아름다웠을 소녀 시절을 상상하면서 미인 팔자의 기구함을 읊었다. 비구니를 노래한 칠언율시(七言律詩)의 내용은 다음과 같다.

두 뺨은 우유처럼 희고 고우며

머리털은 옻을 칠한 듯이 검고 윤이 나는구나.

드리워진 발 사이로 반짝이는 눈동자가 구슬처럼 영롱하다.

흰 명주로 옷을 지어 선녀 같은 차림을 하고 싶어도 하지 못하고,

붉은 연지로 입술을 칠하지도 못했구나.

귀엽고 부드러운 남쪽 지방 사투리는 마치 철부지 어린아이 같고,

한없는 인간 세상의 수심 같은 건 전혀 모르는 것 같다.

예부터 어여쁜 여자는 대부분이 운명이 기구하다고 했는데,

문을 닫은 채 절 밖에 나가지 않는 동안에 벌써 봄은 다 지나가고 버

들꽃도 떨어지고 말았구나.

이 시의 마지막 구절인 "예부터 어여쁜 여자는 대부분이 운명이 기구하다(自古佳人多薄命: 자고가인다박명)."라는 말에서 '가인박명'이 나왔다. "문을 닫고 봄이 지나가면 버들꽃이 떨어진다(閉門春盡楊花落: 폐문춘진양화락)."에서 인생무상의 불교적인 정취가 풍긴다.

그러면 과연 아름다운 사람은 명이 짧거나 팔자가 기구한 것일까? 이집트의 클레오파트라도 비참한 최후를 마쳤지만, 중국의 4대 미인 역시 순탄치 않은 인생행로를 걸었다. 중국의 4대 미인으로는 양귀비와 서시, 왕소군과 초선을 꼽는다.

첫째, 당나라 때 유명한 양귀비(楊貴妃)는 미인의 대명사이다. 너무나 황홀한 자태였기에 양귀비를 둘러싸고 안록산의 난이 일어나기도 했다.

아름다운 양귀비의 모습이 나타나면 꽃도 부끄러워 잎을 말아 올렸다고 하여 수화(羞花) 미인이라고 칭한다.

둘째, 춘추전국시대 월나라의 서시(西施)라는 미인이 있었다. 서시는 지극히 아름다워서 물고기가 보고는 부끄러워 물밑으로 가라앉는다고 하여 침어(浸魚) 미인이라고 일컫는다.

셋째, 한나라의 미인 왕소군(王昭君) 역시 뛰어난 미인이었다. 허리가 버드나무처럼 가늘고 피부가 백옥같이 깨끗했다. 그녀가 섬섬옥수로 가야금을 연주하면 날아가던 기러기가 정신을 잃고 떨어졌다고 하여 그녀를 낙안(落雁) 미인이라고 칭한다.

넷째, 삼국시대의 미인 초선(貂蟬)을 꼽는다. 한나라 재상 왕윤(王允)의 양녀이었다. 모습이 너무나 청초하고 수려해서 그녀가 문밖에 나가면 달도 부끄러워 구름 속으로 숨어 버린다고 하여 폐월(閉月) 미인이라고 부르고 있다.

수화 미인, 침어 미인, 낙안 미인, 폐월 미인 등의 명칭이 그럴듯하다. 원래 중국 사람들이 허풍이 많고 과장된 표현도 잘하기 때문에 지어낸 말이다. 그러나 그럴듯하고 문학적이며 아름다운 말들이라고 생각되기도 한다.

그런데 위와 같은 4대 절세가인(絶世佳人)들의 운명은 한결같이 좋지 않았다. 양귀비는 당 현종의 총애를 받았으나 안록산의 난 때 피살당한 기구한 운명이었다. 서시 역시 오왕 부차에게 바쳐져서, 결국 왕이 서시의 미모에 빠져 정사를 돌보지 않음으로써 나라가 패망하게 되었다. 왕소군은 흉노족이 침략하자 흉노 왕에게 화친의 공물로 바쳐진 기구한 여자였다. 흉노 땅에서 자신의 불우한 처지를 빗대어 "봄이 왔어도 봄 같지 않아라."라고 춘래불사춘(春來不似春)을 노래했다. 초선은 후한 말, 동탁에게 의지했다가 여포에게 가는 미인계의 수단으로 이용당하는 기구한 팔자의 여인이었다. 위와 같이 가인(佳人)들의 운명은 우리말로 팔자가 센 운명이었다.

그저 평범하고 수수한 여성이 오히려 복받고 잘 사는 경우가 많다. 그리스 속담에 "마음을 사로잡는 것은 여인의 미모가 아니라 고상함이다."라는 말이 있다. 외모보다도 내면의 마음 쓰임이 보다 중요하다는 것이다. 한때 우리 유행가에 "마음이 고와야 여자지, 얼굴이 예쁘다고 여자냐~"라는 노래와 맥을 같이한다.

예나 지금이나 여성들은 미(美)를 으뜸으로 치고 있다. 비싼 돈을 들여 성형수술을 하기도 한다. 아마도 여성들에 있어서 아름다움을 추구하는 것은 태생적인 것인지도 모른다. 그러나 진실로 아름다움은 남을 배려하고 헌신하는 마음 씀씀이가 표정을 통하여 외면에 나타났을 때이다. 나는 종교는 달라도 테레사 수녀의 전기를 몇 번이나 되풀이해서 읽은 적이 있다. 그리고 가끔 사진을 본다. 테레사 성녀의 주름진 손과 주름 잡힌 얼굴은 온통 사랑으로 승화되어 우리에게 최고의 아름다움을 보여주고 있다. 진짜 아름다움이 무엇인지를 시현하고 있다.

〈로마의 휴일〉에 나오는 오드리 헵번의 청순미는 뛰어나다. 은퇴 후 아프리카 오지에 가서 빈민 아동을 구제하는 그녀의 헌신적인 모습은 지극히 아름답다. 육신의 아름다움과 정신의 아름다움이 융합될 때 진실로 아름답다는 것을 우리에게 보여주고 있다. 이를 두고 금상첨화(錦上添花)의 미(美)라고 할 수 있을 것이다.

　가인박명과 더불어 재인박명(才人薄命)이라는 말도 있다. 재주가 뛰어난 사람이 오래 살지 못하고 명이 짧을 때 쓰이는 말이다. 평생 쓸 재주를 미리 당겨서 다 썼기 때문에 일찍 죽는다는 속설도 있다. 요절(夭折)한 천재나 수재의 경우에 흔히 쓰이고 있다. 길가에 피어 있는 꽃도 너무 아름다우면 행인들에게 꺾이듯이, 사람도 아름답거나 재주가 출중할 때 오래 살지 못하는 경우가 있어 세상 사람들을 안타깝게 하고 있다.

우공이산(愚公移山)

어리석을 우(愚), 공적 공(公), 우공은 사람의 명칭이고, 옮길 이(移), 뫼 산(山), 이산이란 '산을 옮긴다'라는 뜻이다. 따라서 우공이산이란 "우공이라는 사람이 산을 옮긴다."라는 말이다. "남이 보기에는 어리석은 일처럼 보이지만, 한 가지 일을 끝까지 밀고 나가면 언젠가는 목적을 달성할 수 있다."라는 뜻을 지닌 말이다.

우공이산이라는 말은 《열자(列子)》에 나온다. 중국의 태행산(太行山)과 왕옥산(王屋山)은 사방 7백 리에 높이가 1만 길이나 되며, 기주(冀州)의 남쪽과 하양(河陽)의 북쪽에 걸쳐 있었다. 우공(愚公)이란 사람은 나이 이미 90에 가까운 노인으로 이 두 산에 이웃하여 살고 있었다. 산이 북쪽을 막아 왕래가 불편하므로 하루는 온 집 안에 있는 사람을 불러 모아 놓고 이렇게 의논했다. "나는 너희들과 있는 힘을 다하여 험한 산을 깎아 평지로 만들고 예주(豫州)의 남쪽까지 길을 닦으려고 하는데 어떻게들 생각하느냐?"

일동은 모두 그렇게 하자고 했으나, 그의 아내만이 의아하게 생각하여 물었다. "당신의 힘으로는 작은 언덕도 파헤치지 못할 것인데, 태행이나 왕옥 같은 큰 산을 어떻게 처리하겠소? 게다가 파낸 흙이나 돌은 어디에다 처리할 생각이오?" 그러자 다른 사람들이 이구동성으로 대답했다. "그 흙이나 돌은 발해의 해변이나 은토(隱土)의 끝에라도 내다 버리지요." 결국 결정이 되어 우공은 세 아들과 손자를 데리고 돌을 깨고 흙을 파내어 그것을 발해 해변으로 운반하기 시작했다. 우공의 옆집에 사는 경성씨(京城氏)의 과부댁에는 겨우 여덟 살 정도밖에 되지 않은 아들이 있었는데, 그 아이도 아주 좋아하며 같이 거들었다. 파낸 흙을 가지고 1년 만에야 발해까지 겨우 한 번 왕복을 끝내는 정도였다.

황하(黃河) 가에 사는 지수(智叟)라는 사람이 그것을 보고 웃으면서 충고했다. "영감님의 어리석음도 대단하군요. 앞날이 얼마 남지 않은 영감님의 그 노쇠한 힘으로 이런 큰 산의 흙이나 돌을 대체 어쩌자는 겁니까?" 우공은 딱하다는 듯이 탄식하면서 이렇게 대답했다. "자네처럼 천박한 생각밖에 못 하는 사람에게는 도저히 이해가 가지 않겠지. 자네의 생각은 저 과부댁 아들의 생각만도 못해. 가령 앞날이 얼마 안 남은 내가 죽는다고 해도 아이들은 남고, 아이들은 다시 손자를 낳고, 그 손자도 또 아이를 낳고, 그 아이가 또 아이를 낳고 손자가 생겨 자자손손 끊이지 않네. 그런데 산은 더 커지지 않거든. 그렇다면 언젠가는 틀림없이 평지가 될 때가 오지 않겠나?"

그런데 그 말을 듣고 더 놀란 것은 그 두 산의 사신(蛇神)이었다. 산을 파내는 일이 언제까지나 계속되어서는 큰일이라고 생각하여 천제(天帝)께 사정을 호소했다. 천제는 우공의 진심에 감탄하여 태행·왕옥의 두 산을 하나는 삭동(朔東) 땅으로, 다른 하나는 옹남(雍南) 땅으로 옮겨 놓았다. 그 후부터 기주의 남쪽과 한수의 남쪽으로는 낮은 야산도 보이지 않게 되었다.

얼마 전에 텔레비전을 통하여 어떤 여성 노인이 사자성어를 깨알같이 달력 종이에 하루에 석 장씩 빼곡하게 쓴 것이 방영되었다. 그 할머니가 25년간 하루도 빠짐없이 달력 뒷장에 쓴 것을 모아 놓으면 아마도 방 안에 가득 찰 것이라고 한다. 초등학교 3학년밖에 다니지 못했다고 하는 할머니는 살아오면서 항상 학교에 못 다닌 것이 한(恨)이 되었다. 남편까지 일찍 세상을 떠나자, 홀로 남아 세상풍파(世上風波)를 헤쳐 나가야 했다. 못 배운 한을 달래기 위하여 영어를 배워 보려고 했으나 어려워서 포기했다. 그 대신 한자 공부를 하기로 했다. 사자성어가 들어 있는 한자책을 구하여 수없이 읽고 썼다. 한자책이 너덜너덜하도록 읽고 또 읽고 계속 써 나갔다고 한다. 달력 종이에 하루 석 장씩 빼곡하게 한자를 수십 년간 하루도 빠짐없이 썼다. 그래서 이제는 한자에 대해서는 상당한 수준에 도달하게 되었다는 것이다.

한자를 매일 써 나가다 보니 그렇게 즐거울 수가 없고, 생활에 활력도 붙었다고 했다. 텔레비전에 나온 한문 어구를 막힘없이 읽어 가면서 풀이하는 그 할머니를 보고 필자는 감탄했다. 웬만한 한문학과 대학생 못지않다고 생각되었다.

일찍이 공자께서도 《역경(易經)》이라는 책에 심취해서 수없이 보다 보니, 그 책을 맨 가죽끈이 세 번이나 끊어졌다고 한다. 이를 위편삼절(韋編三絶)이라고 한다.

하루에 세 시간씩 10년을 지속하면 일만 시간이 된다. 누구나 뜻을 가지고 일만 시간을 투여한다면 그 분야의 전문가가 된다고 하는 것이 '일만 시간의 법칙'이다. 25년간 한자를 써 나간 그 할머니는 이제 사자성어 분야의 전문가가 된 것이다.

《중용(中庸)》에 이런 말이 나온다. "남이 한 번에 할 수 있다면 나는 백 번 하고(人一能之己百之: 인일능지기백지), 남이 열 번에 성취한다면 나는 천 번을 되풀이해서 성취하리라(人十能之己千之: 인십능지기천지)." 다른 사람이 능력이 뛰어나서 한 번에 잘할 수 있다면 나는 이것을 백 번을 거듭하고, 남이 열 번에 할 수 있다면 나는 천 번이라도 되풀이해서 이루겠다는 뜻이다. 무슨 일이건 이렇게 끊임없이 노력한다면 누구라도 성취할 수 있다는 뜻이다.

발명왕 에디슨도 "천재는 99%의 땀과 1%의 영감으로 만들어진다."고 갈파했다. 옛말에 "부지런함이 뛰어나면 천하에 어려움이 없다(一勤天下無難事: 일근천하무난사)."라는 말과 맥을 같이한다. 우공이산은 우리에게 끊임없는 노력의 중요성을 일깨워 주고 있다.

화광동진(和光同塵)

화할 화(和), 빛 광(光), 화광이란 '빛을 부드럽게 조화시킨다'는 뜻이고, 한 가지 동(同), 티끌 진(塵), 동진이란 '속세와 같이한다'라는 의미이다. 따라서 화광동진이라 함은 "자기의 빛을 부드럽게 하여 속세의 티끌에 같이한다."라는 말이다. 자기의 지혜와 덕을 밖으로 드러내지 않고, 속인과 어울려 지내면서 참된 자아를 보여준다는 뜻이다. 불교에서는 부처가 중생을 구제하기 위하여 그 본색을 감추고 속세에 나타나는 것을 화광동진이라고도 한다. 이는 불교가 중국에 전해진 뒤부터 이 노자의 말을 받아들여 쓴 것이다.

화광동진(和光同塵)이라는 말은 노자의 《도덕경》 제56장에 나오는 구절이다.

아는 사람은 말하지 않고, 말하는 사람은 알지 못한다.
(知者不言 言者不知: 지자불언 언자부지)
그 이목구비를 막고 그 문을 닫아서, 날카로운 기운을 꺾고, 혼란함을 푼다.
(塞其兌 閉其門 挫其銳 解其紛: 색기열 폐기문 좌기예 해기분)
지혜의 빛을 늦추고, 속세의 티끌과 함께하니 이것을 현동이라고 말한다.

(和其光 同其塵 是謂玄同: 화기광 동기진 시위현동)

여기서 화광동진이란 말이 비롯되었으며, 노자의 도가사상(道家思想)을 단적으로 나타내 주는 말 중의 하나가 되었다.

배우고 지위가 높은 사람들의 가장 큰 문제는 자신의 생각과 결정이 옳다고 믿는 것이다. 다른 사람들의 수준은 낮고, 오로지 자신만이 올바른 판단과 결정을 내릴 수 있다고 생각한다. '내로남불'하기 일쑤이고, 도무지 자신의 주장과 고집을 거두려 하지 않는다. 주장이 세고 말이 많다. 무릇 아름다운 사람은 자신의 그 똑똑한 광채를 줄이고, 세속의 눈높이에 맞추는 사람이다. 노자의 《도덕경》에 나오는 화광동진이라는 말에 부합되는 행동을 하는 사람이다. 화(和)는 온화하게 조화(harmony)시킨다는 뜻이다. 광(光)은 빛남(brightness)이다. 나의 잘남을 숨기고 세속과 함께 한다는 뜻임을 알 수 있다.

2022년 10월 4일 김동길 박사가 영면(永眠)했다. 나는 그분이야말로 화광동진을 실천하셨던 분이라고 생각된다. 평안남도 맹산 출신의 평남도민이었기 때문에, 필자는 평안남도 도지사 시절에 여러 번 접촉할 수가 있었다. 언제나 소탈하고 부담이 없으며 온화했다. 마치 너그러운 큰형님 같은 풍취였다. 결코 자기 잘난 체를 하질 않고, 박학다식(博學多識)하다 하여 이를 내세우지도 않았다. 김동길 박사의 글은 누구나 이해하기 쉽고 또 글맛이 있었다. 자기의 생각을 가감 없이 그려내었고, 글 내용이 유익하고 유머러스했다. 모든 사람에게 편안함과 즐거움을 주었고, 평생 국민과 동고동락(同苦同樂)했다. 이것이 참으로 동진(同塵)이라고 생각된다. 대중 속에 묻혀 국민의 사랑을 받던 송해 선생의 모습도 연상된다. 두 분 모두 소탈하게 자기를 내세움이 없이 국민과 함께했기 때문이다.

세상의 모든 사람은 모두 자신이 가지고 있는 광채를 더욱 빛내려고 한다. 그러나 그 빛이 빛나면 빛날수록 주변의 사람들과는 멀어져 갈 뿐이다. 똑똑한 사람이 자신의 생각을 너무 확신하고 밀어붙이면, 주변 사람들이 접근 못 하게 된다.

훌륭한 지도자가 되기 위해서는 우뚝 서서 잘난 체하는 것보다, 자신의 빛을 누그러뜨려야 한다. 세상 사람들의 눈높이에 내려가 민중과 함께하는 자세가 필요하다.

영웅이 필요한 시대가 있었다. 유능하고 똑똑하고 명석한 사람이 우매한 사람들을 인도하던 시대였다. 그러나 이제 시대는 변했다. 누군가 앞장서서 밀어붙여야 일이 되는 시대는 저 멀리 지나갔다. 사람들은 모두 배울 만큼 배웠고, 의식 수준도 상당히 높아졌다. 그들의 눈높이에 맞추지 아니하면 가정도 기업도 나라도 편안치 못하게 된다. 지도자는 몸을 낮추고 국민들 속에서 고락(苦樂)을 함께해야 한다. 화광동진(和光同塵)을 해야 한다.

연목구어(緣木求魚)

인연 연(緣), 나무 목(木), 연목이라 함은 '나무를 인연으로 하여'라는 뜻이고, 구할 구(求), 고기 어(魚), 구어란 '고기를 구하다'라는 의미이다. 따라서 '연목구어'란 "나무에 올라 물고기를 구하는 것"을 의미한다.

물고기를 잡으려면 바다에 가거나, 강에 가서 잡아야 한다. 엉뚱하게 산에 가서 나무에 올라가 물고기를 구하는 것은 불가능한 일이다. 이처럼 불가능한 일을 하려고 할 때 이를 '연목구어'라고 한다.

연목구어와 비슷한 말로 승산채주(升山採珠)라는 말도 있다. '산에 올라가 진주를 캐려고 하는 것'과 같은 불가능한 일을 비유한 것이다. 《삼국지(三國誌)》에 전수작빙(煎水作氷)이라는 말이 나온다. '물을 끓여 얼음을 만든다'라고 하는 말인데 이 사자성어도 전혀 가당치도 않은 일을 할 때 쓰는 말이다.

《순자(荀子)》는 권학편(勸學篇)에서 불가능한 일을 이지측하(以指測河)라는 말로 비유하고 있다. '손가락으로 강물의 깊이를 헤아리려 하는 것'과 같다는 말이다. 창으로 곡식(기장)을 찧는 것을 이과용서(以戈舂黍)라고 하는데, 이도 역시 목적을 이룰 수 없는 것에 대한 비유이다. 창 과(戈)는 그렇다 치더라도, 찧을 용(舂)과 기장 서(黍) 자는 어려운 글자에

인생길 밝히는 사자성어

속한다.

전기가 처음 들어왔을 때, 시골의 노인이 입으로 불어 전깃불을 끄려고 함과 같이 전혀 이루어질 수 없는 일을 하려고 할 때 연목구어라고 한다.

이러한 연목구어라는 말은 《맹자》에 나오는 말이다. 맹자는 일찍이 이렇게 말했다. "힘으로써 정치를 하는 것은 패도(覇道)이고, 덕으로써 인(仁)을 행하는 사람은 왕도(王道)이다. 힘으로써 사람을 복종시킬 것이 아니라 마음으로부터 복종시켜야 한다."

하루는 제(齊)나라의 선왕(宣王)이 맹자에게 물었다.

"덕이 어떠해야 왕 노릇을 할 수 있나요?"

"백성을 편안하게 살게 해 주는 것이 왕 노릇을 하는 것입니다."

"나도 백성을 편안히 살게 해 줄 수 있나요?"

"하실 수 있습니다."

"하지 않는 것과 하지 못한다는 것은 어떻게 다릅니까?"

"태산을 옆에 끼고서 북해를 뛰어넘는 일을 사람들이 누구나 '나는 못 한다'고 말한다면, 이것은 진실로 못 하는 것입니다. 그러나 웃어른을 위하여 몸을 굽혀 절하는 일을 사람들이 '나는 못 한다'고 말한다면 이것은 하지 않는 것이지, 못 하는 것이 아닙니다. 왕께서 왕 노릇을 못 하는 것은 태산을 옆에 끼고 북해를 뛰어넘는 것에 비유되는 것이 아니라, 바로 몸을 굽혀 절하는 것에 비유되는 것입니다. 하려면 능히 할 수 있습니다."

맹자는 이어서 다음과 같이 말했다.

"왕께서 영토를 크게 확장하여 여러 나라들을 굴복시키고, 중원에 군림하여 사방의 오랑캐들을 거느리려고 하는 것은 전쟁의 방법으로 큰 욕망을 달성하려 하시는 일로서, 이는 마치 나무에 올라가 물고기를 잡으려는 것(緣木求魚)과 같습니다."

"그것이 그토록 터무니없는 일입니까?"

"아마 그보다도 더욱 터무니없을 것입니다. 나무에 올라가 물고기를 잡으려는 것은 비록 물고기를 잡지 못할지라도 후환은 없을 것입니다. 그러나 무력으로 대망을 달성하고자 하면 백성을 잃고 국가재난만이 올 뿐입니다."

이상의 대화는 덕으로써 나라를 경영할 것이지, 힘으로써 다스려서는 안 된다는 것을 강조한 말이다. 이른바 맹자의 왕도정치(王道政治) 핵심을 갈파한 것이다. 힘으로써 나라를 다스리는 것은 연목구어나 마찬가지이다. 북한의 김정은이 새겨들으라고 2,400년 전에 맹자께서 말씀하신 것 같다. 김정은에게는 맹자의 말씀이 들리지 않을 것이다. 우크라이나를 침공하고 있는 푸틴에게도 맹자의 말씀이 들리지 않기는 마찬가지일 것이다.

무릇 되지도 않을 일은 일찌감치 포기하고 다른 곳으로 전환하는 것이 현명하다. 공부는 하지 아니하면서 합격을 바란다는 것은 노력 없이 성공을 바라는 것과 같다. 자기는 하지 않으면서 남에게 대접받으려고 하거나, 베풀지 않는 인색한 사람이 남의 은혜를 입으려고 하는 것도 연목구어나 마찬가지의 어리석은 일일 것이다. 수영도 할 줄 모르는 사람보고

인생길 밝히는 사자성어

올림픽에 나가 금메달을 획득해 오라는 것도 마찬가지이다.

　인격 형성이 도무지 되지 않은 사람은 설령 지식이 많다 하더라도 그 지식을 올바로 쓰기를 바라는 것은 연목구어나 마찬가지이다. 변명과 위선으로 일관하고 거짓말을 능사로 하기 때문이다. 전문지식이나 이렇다 할 경륜도 갖추지 못한 사람을 요직에 등용해서 일을 잘해 보라고 하는 것도 연목구어 같은 허망한 일일 것이다. 낙하산 인사에 이런 경우가 많다.

　지혜로운 사람은 주위 환경과 인물 됨됨이를 냉철하게 판단하여 등용할 만한 인물을 등용하는 것이다. 결코 연목구어와 같은 어리석은 일을 되풀이하지는 않는다.

필작어세(必作於細)

반드시 필(必), 지을 작(作), 필작이라 함은 '반드시 일어난다'라는 뜻이고, 어조사 어(於), 작을 세(細), 어세라 함은 '작은 데에서'라는 뜻이다. 따라서 '필작어세'라 함은 "작은 데에서부터 반드시 일어나는 것"을 의미한다. 큰일은 작은 곳에서부터 시작된다. 큰 병이 나기 전에 반드시 몸에 작은 조짐들이 있기 마련이다. 그래서 작은 일도 빈틈없이 성실하게 처리하는 사람이 나중에 큰일을 도모하게 된다.

필작어세(必作於細)라는 말은 노자의 《도덕경》에 나온다.

세상의 어려운 일은 언제나 쉬운 일에서부터 생기고,

(天下難事 必作於易: 천하난사 필작어이)
세상의 큰일은 언제나 사소한 일에서부터 생긴다.
(天下大事 必作於細: 천하대사 필작어세)

세상의 모든 큰일이 사소한 것에서 비롯된다는 것을 한비자(韓非子)는 다음과 같이 비유하고 있다.

천 길 높은 둑은 개미나 땅강아지의 구멍으로 인해 무너지고,
(千丈之堤 以螻蟻之穴潰: 천장지제 이누의지혈궤)

백 척의 높은 집이라도 자그마한 굴뚝 사이의 불씨에 의해 타 버린다.

(百尺之室 以突隙之烟焚: 백척지실 이돌극지연분)

세상을 지혜롭게 사는 사람들은 조그만 조짐에 주목하라고 한다. 아이의 사소한 잘못을 가지고 부부가 다투다가, '너네 집안이 어떻고, 우리 집안은 어떻고'로 비화(飛火)되더니, 급기야 보따리 싸고 뛰쳐나가는 큰일이 벌어지기도 한다. 아파트 단지에서 사소한 주차 문제나 층간 소음 관계로 다투다가 결국 폭력까지 동원되어 법정에 서게 되는 일도 있다.

사람의 성공이 조그마한 말 한마디 실수로 한순간에 무너지는 것도 비일비재(非一非再)하다. 개인만이 아니라, 국가 간에서도 사소한 것이 발단되어 전쟁으로 확대되기도 한다. 제1차세계대전이 그런 예이다.

1914년 6월, 발칸반도의 심장부 사라예보에서 열아홉 살 세르비아 청년이 오스트리아 황태자 부부를 쏘아 죽인 사건이 제1차세계대전의 발화점이 된 것은 역사적 사실이다. 당시 유럽의 여러 나라들은 제국주의 정책을 펴면서 서로 더 많은 식민지를 차지하기 위하여 치열한 경쟁을 벌이고 있었다. 식민지 쟁탈전은 크게 두 세력의 대결로 압축되었는데, 영국을 중심으로 프랑스와 러시아가 손을 잡았고, 독일과 오스트리아와 헝가리가 동맹국이 되었다.

두 세력이 날카롭게 부딪친 곳이 발칸반도였다. 발칸반도는 오랫동안 오스만 제국의 지배를 받았으며, 오스만 제국이 쇠퇴해진 19세기에 이르러 곳곳에서 민족 운동이 일어나고 있었다. 그러나 워낙 많은 민족과 종교가 복잡하게 얽혀 있다 보니, 이해관계가 엇갈리는 경우가 많았다. 사라예보 사건은 이 '유럽의 화약고'에 불을 붙인 셈이 되었다. 오스트리아가 세르비아에 선전 포고를 하자, 러시아는 세르비아를 지원하고 나섰다. 곧 동맹 관계에 따라 전선이 형성되었다. 유럽 전체가 전쟁터가 되었다.

마오쩌둥(毛澤東) 어록에 "작은 불씨는 들판을 불사른다(星星之火 可以 燎原: 성성지화 가이요원)."는 말이 등장한다. 마오쩌둥은 조그마한 것에 주목하면서 게릴라전을 펼쳐 국공내전을 승리로 이끌었다. 《채근담(菜根 譚)》에도 "작은 일을 소홀히 하지 말아야 한다(小處不滲漏: 소처불삼루)." 고 했다. 소홀히 하기 쉬운 작은 일에 정성을 다하면 인생에 성공할 수가 있다.

프랑스에 포목점의 점원으로 성실하게 일하는 소년이 있었다. 소년은 호텔에 투숙하고 있는 한 은행가에게 옷감을 팔고 돌아와 돈을 세어 보았는데, 값을 잘못 계산해서 지나치게 많이 받아 왔다. 소년은 제값 이상으로 받은 돈을 되돌려 주기 위해 자리를 박차고 일어났다. 포목점 주인이 그럴 필요 없다고 만류했지만, 소년은 부리나케 호텔로 달려갔다. 그는 은행가에게 사실을 말하면서 정중히 사과했다. 그리고 여분의 돈을 되돌려 주었다. 그러나 화가 난 포목점 주인은 소년을 해고해 버렸다. 공짜로 굴러들어 온 큰돈이 소년이 되돌려 주는 바람에 물거품이 되어 버렸기 때문이다. 이튿날 고맙다고 은행가가 찾아왔다. 은행가는 소년이 일자리를 잃었다는 말을 듣고, 소년을 자기 은행 직원으로 채용했다. 소년은 은행가를 따라 파리로 가서 유능한 은행원이 되었다. 은행에서 키운 경험과 재능으로 마침내 프랑스의 재무장관이 되었다. 그 소년이 바로 루이 14세 때 재무장관을 지낸 콜베르(Jean-Baptiste Colbert)이었다.

흔히 사람들은 달성하기 어려운 큰 목표를 설정하고, 성급하게 이에 도달하고자 한다. 그러나 번번이 실패하기 마련이다. 내가 할 수 있는 작은 일부터 시작하는 것이 현명하다. 우리가 달성할 수 있는 일을 작은 목표로 나누고 이를 하나씩 차근차근 이루어 나가다 보면 큰 목표에 다가가게 된다. 그때가 되면 더 높고 가치 있는 목표에 눈길이 가게 된다. 작은 목표를 달성해서 불과 1% 나아지는 것은 그 순간에는 큰 의미가 없지만, 시간이 흐르면서 그것이 쌓이면 믿지 못할 큰 차이로 나타난다. 하루에 한두 자라도 한자를 익히다 보면 어느새 그가 한자의 달인이 되는 것과 같다. 이를 눈덩이 효과(snowball effect)라고 한다.

　미국 포드 자동차 창업자 헨리 포드(Henry Ford)는 "우리가 그것을 작은 일로 나눈다면 어떤 것도 특별히 어렵지는 않다."라고 했다. 영국의 작가 피터 마셜(Peter Marshall)은 "작은 실천은 원대한 계획보다 낫다."라고 말했다.

　작은 일을 꾸준히 하는 사람이 인생의 성공자가 된다. 괜히 로또 복권식 일확천금(一攫千金)을 꿈꾸어 보아야 허망(虛妄)하기 일쑤이다.

　필작어세와 비슷한 말로 이소성대(以小成大)라는 말이 있다. 작은 일에서부터 비롯되어 큰일이 이루어진다는 의미이다.

약팽소선(若烹小鮮)

같을 약(若), 구울 팽(烹), 약팽이라 함은 '굽는 것과 같다'라는 뜻이고, 작을 소(小), 생선 선(鮮), 소선이란 '작은 생선'을 말한다. 따라서 약팽소선이란 "작은 생선을 굽듯이 한다."라는 의미이다.

팽(烹)이라는 말은 '삶는다' 또는 '굽는다'라는 뜻을 가진 글자이다. '팽'자를 파자해 보면 형(亨) 자 밑에 점이 네 개가 있는 것을 알 수 있다. 이 점 네 개(灬)는 불 화(火)가 발에 쓰일 때 쓰이는 글자이다. 따라서 팽은 불(火)과 관련된 글자임을 알 수 있다. 흔히 '팽'당했다고 하기도 하고, 토사구팽(兎死狗烹)이라고도 하는 데 쓰인다. 토사구팽이란 토끼를 잡으니, 용도가 끝난 사냥개를 삶아 먹는다는 뜻이다. 공적을 세웠음에도 나중에 버림을 받는 형국을 가리킨다.

약팽소선(若烹小鮮)은 노자의 《도덕경》에 나오는 말이다. "큰 나라를 다스리는 지도자는 작은 생선을 굽는 것처럼 조직을 이끌어 나가야 한다(治大國 若烹小鮮: 치대국 약팽소선)." 무릇 나라를 다스림에 있어서는 작은 생선을 굽듯이 해야 한다. 작은 생선을 불에 구울 때 자주 뒤집으면 안 되듯이, 나라를 경영함에도 리더가 시시콜콜히 간섭이나 강요를 해서는 안 된다는 것을 말한다.

인생길 밝히는 사자성어

노자는 무위(無爲)의 리더십에 대하여 강조하고 있다. 무위는 억지로 강요하거나 억압하지 않는 리더십을 말한다. 태상유지(太上有之)와 같은 리더십을 말한다. 위대한 지도자는 그 존재 자체만으로 사람에게 편안함을 준다. 결코 떠들썩하게 자기 존재감을 드러내거나 군림하려 들지 않는다. 그런 리더가 《도덕경》에서 말하는 태상유지이다.

이는 기업에서도 마찬가지이다. 유능한 리더는 직원들의 업무를 시시콜콜 간섭하거나 그들의 무능을 탓하는 사람이 아니다. 모든 직원이 최선의 능력을 발휘할 수 있도록 조직의 분위기를 만드는 사람이다. 소리 지르며 강하게 군림하기보다는 그들의 열정을 끌어낼 수 있는 분위기를 만들어야 한다.

조직을 이끄는 지도자는 조그만 생선을 굽듯이 이끌어 나가야 한다. 조그만 생선은 스스로 익을 수 있는 여건을 만들어 주었을 때 가장 완벽하게 익는다. 무위(無爲)가 오히려 생선을 제대로 익게 만드는 것이다. 작은 실수 하나하나에 반응하여 사사건건 지적하거나 감정을 다스리지 못해 성질을 내면 기대했던 성과를 이끌어 내기는커녕 직원들 스스로 주저하게 만드는 경우가 많다. 그러나 가만히 둔다고 해서 돌보거나 간섭하지 않고 제멋대로 내버려 두는 방임의 의미는 아니다. 리더는 조직원들이 스스로 할 수 있도록 분위기를 조성하고 창의성을 발휘할 수 있는 공간을 만들어야 한다는 철학을 담고 있다. 리더의 가장 큰 역할은 업무 성격과 진행 상황을 정리해서 이를 체계화하고 인재를 적재적소에 배치하는 것이다.

자식과 마누라 자랑하는 사람을 흔히 팔불출(八不出)이라고 한다. 약팽소선과 관련해서 필자가 팔불출이 되어 보고자 한다. 필자는 1남 2녀를 두고 있다. 아들은 서울대 공대를 나와 하버드에서 반도체 박사를 취득한 후 현재 삼성전자의 임원으로 근무하고 있다. 장녀는 서울대 자연대를 나와 역시 하버드에서 석사학위를 취득하고 현재 금융감독원에서 팀장으로 근무하고 있다. 막내딸은 연세대 영문과를 나와 미국 MIT에서 석사학위를 취득하고 현역 작가로 활동하고 있다. 모두 결혼해서 분가했다. 미국에 유학할 때도 장학생으로 선발되어 공부했기 때문에 학비 걱정이 없었다.

나는 얘네들이 학교 다닐 때 공부하라고 말해 본 기억은 없다. 그 대신 필자는 직장 일이 끝나 집에 돌아오면 조용히 책을 보거나 글을 쓰곤 했다. 그래서 지금까지 《한국인사행정론》 등 전문 분야에 10권의 저서를 가지고 있고, 수필집도 3권을 출판했다.

자녀 교육에 대하여 필자는 이렇게 생각한다. 자녀들에게 말로 자꾸 이래라저래라 할 것이 아니라 부모 스스로가 몸과 행동으로 보여주는 것이 훨씬 효과적인 교육 방법이라고 생각한다. 그리고 열 개 과목 중 한 가지라도 나은 과목이 있으면 그 과목을 적극 칭찬해 주는 것이 효과적이다. 그러면 그다음 번에는 다른 과목도 차차 나아질 수가 있다. 이는 마치 펌프에 마중물을 한 바가지 넣으면 땅 밑의 물이 따라 올라오는 것과 같다. 그런데 못하는 과목을 집중해서 지적하면, 잘하던 과목도 내려가게 된다. 아이의 장점을 살리고 잘하는 과목을 적극 격려함이 공부를 잘하게 하는 방법이라고 생각된다.

물은 위에서 아래로 흐르기 마련이다. 아이들은 부모의 행태를 그대로 닮아가면서 자란다. 자기는 술만 마시면서 아이에게는 학업에 열중하라고 소리 질러 보아야 아무런 효과가 없다. 공부하는 분위기를 조성해 주어야 한다. 그러기 위해서는 부모 스스로 시간이 있는 대로 독서하거나 신문 쪼가리라도 들여다보는 정성이 있어야 한다. 의사 집안에서 의사 나오고, 음악가 집안에서 음악가가 나오는 것이다. 부모가 자식을 일일이 간섭하거나 강요한다고 해서 성적이 올라가는 것은 아니다. 아이들 스스로 동기 유발과 열정이 핵심이라고 생각된다.

이러한 것은 국가 경영에서도 마찬가지일 것이다. 대통령이 수재 현장이나 재난 현장에 나가 둘러보는 것은 필요한 일이다. 그것은 국민을 안심시키고 피해자 가족의 아픔을 위로한다는 점에서도 당연한 일이라고 할 수 있다. 그러나 현장에 나간 대통령이 사태 수습은 어떻게 하고 피해 복구 대책은 어떻게 하라고 시시콜콜히 지시한다면 관계 장관과 관계 공무원의 업무를 침탈하는 것이 된다. 그들을 무능한 사람으로 만들 공산도 크다.

대통령은 큰 줄기만을 지시하고 나머지 세부 사항은 관계 장관 등이 책임지고 알아서 할 일이다. 대통령의 세부적인 행정 관여는 이른바 "소 잡는 칼을 닭 잡는 데 쓰는 것"과 같다. 대기업도 마찬가지라고 생각한다.

지록위마(指鹿爲馬)

　가리킬 지(指), 사슴 록(鹿), 지록이라 함은 '사슴을 가리키다'라는 의미이고, 할 위(爲), 말 마(馬), 위마라 함은 '말이라고 하다'는 뜻이다. 따라서 지록위마란 "사슴을 가리켜 말이라고 한다."라는 의미이다. 즉, '사슴을 보고 말이라고 우긴다'라는 뜻으로, 위압으로 남을 짓눌러 바보로 만들거나, 그릇된 일을 가지고 속여서 남을 죄에 빠뜨리는 것을 의미한다. 또한 윗사람을 농락하여 권세를 마음대로 휘두를 때도 쓰인다.

　지록위마는 《사기(史記)》의 진시황 본기에 나오는 말이다. 조고(趙高)는 진나라의 환관이었다. 불로초를 찾아 영생하고자 했던 진시황은 51세 나이에 지방을 순시하던 중 평대(平臺: 河北省)에서 병사했다. 진시황제를 따라 여행하던 조고는 간교한 사람이었다. 원래 시황제의 조서(詔書)에는 영민한 맏아들 부소(扶蘇)가 장례식을 치르고 그가 황제의 법통을 이어 나가게 되어 있었다. 간교한 조고는 승상 이사(李斯)와 짜고 조서를 거짓으로 꾸며, 시황제의 맏아들 부소와 장군 몽염(蒙恬)을 자결하게 했다. 그리고 시황제의 우둔한 막내아들 호해(胡亥)를 2세 황제로 삼아 자기들 마음대로 국정을 농단하였다. 이후 조고는 이사를 반역죄로 몰아 제거했다. 조고는 자연스럽게 승상의 자리에 오르게 되었고, 큰일이든 작은일이든 모두 조고에 의해 결정되었다. 조고의 말이 곧 황제의 말이나 다름없었다.

　　　　　　　　　　　인생길 밝히는 사자성어

조고는 어리석은 호해 황제를 정치에서 멀어지도록 사치와 향락에 탐닉하게 만든 뒤, 종국에는 자신이 황제의 자리에 오르려고 하였다. 조고는 자기의 권세가 어느 정도이고, 자기를 추종하는 자가 누구인지를 알아보기 위해 한 가지 꾀를 내었다. 어느 날 조고는 황제에게 사슴을 바치면서 말했다.

"이것은 말이옵니다."

우둔한 2세 황제도 사슴과 말은 구분할 줄 아는지라 웃으며 말했다.

"승상은 묘한 말을 하는구려. 사슴을 보고 말이라고 하다니."

"아닙니다. 말이올시다."

2세 황제는 좌우에 있는 신하들에게 물었다.

정직하게 사슴이라고 대답하는 신하도 있었으나, 고개를 숙이고 잠자코 있는 자들도 있었다. 조고의 편을 들어 말이라고 아첨하는 자들도 있었다. 세 가지 부류의 인간 행태가 나타났던 것이다. 조고는 사슴이라고 말한 사람과 잠자코 있던 사람들을 기억해 두었다가 무고한 죄를 뒤집어씌워 처형했다. 이후로 모든 관리들이 조고를 무서워하며 몸을 사렸다. 이 일화에서 고사성어 '지록위마'가 나왔다. 조고는 2세 황제를 더는 속일 수 없게 되자, 그를 죽이고 부소의 아들 자영(子嬰)을 임시 황제에 앉혔으나 도리어 자영에게 죽임을 당하게 된다. 오만방자(傲慢放恣)한 자의 말로는 항상 비참한 법이다.

그래서 일찍이 왕양명(王陽明)은 인생의 가장 큰 병폐가 오직 '오(傲)' 자 한 글자라고 했다(人生大病 只是一傲字: 인생대병 지시일오자). 오만의 반대는 비양(卑讓)이고 겸허(謙虛)이다. 나를 낮추고(卑) 상대방을 높이며 한 걸음 물러서서(讓) 상대방에게 길을 터주는 것이 비양이다. 곡식은 익을수록 고개를 숙인다. 그래서 비양(卑讓)은 덕의 기본이 된다(卑讓德之基也: 비양덕지기야).

무릇 장수는 행군 중에 샘을 발견하면 목마른 사병들이 모두 목을 축인후, 비로소 샘물을 마시는 법이다. 맛있는 음식을 앞에 두고 자식보다 먼저 먹는 어머니는 드물다. 자식을 먼저 배부르게 먹인 뒤에 먹다 남은 것을 어머니가 먹는다. 나라가 어지러우면 충신을 생각하게 된다. 이를 국란사충신(國亂思忠臣)이라고 한다. 《십팔사략(十八史略)》에 나오는 어구이다.

현재 국내외 정세가 매우 혼란스럽게 돌아가고 있다. 러시아-우크라이나 전쟁은 종식되지 않은 상태이고, 이 와중에 북한은 핵무기 개발과 미사일 발사에 광분해 있다. 세계 경제는 출렁대고 있고, 코로나는 아직도 멈추지 않고 있다. 우리의 경우, 고물가, 고환율, 고이율의 삼고(三高)에 민생경제가 어려워지고 있다. 이러한 상황에서 이태원 참사로 꽃다운 젊은이들이 어이없게도 숨지는 안타까운 사태가 벌어졌다. 어찌 보면 오늘의 국가 상황은 총체적인 위기 국면에 직면해 있다고 볼 수도 있다.

이런 어려운 난국에서는 국가 위기를 극복해 나갈 리더십의 발휘가 절대적으로 필요하다. 자기 한 몸을 던져 국가와 국민을 구출할 수 있는 용기와 지략이 절실히 요구되는 시대이다. 국회에서 정권 다툼의 싸움질이나 하고 있어서는 안 된다. 이태원 참사와 관련하여 책임을 회피하려고 둘러대는 행태는 비겁하고 국민의 분노를 사기 마땅하다. 그런가 하면 유언비어(流言蜚語)를 퍼뜨려 혹세무민(惑世誣民)하는 행태는 전형적인 지록위마식의 행태로서 역시 역겹기만 하다.

《천자문》에 지과필개(知過必改)라는 말이 있다. 허물을 알았으면 반드시 고쳐야 한다는 뜻이다. 이태원 참사의 경우에는 우선적으로 사고 수습을 최우선으로 하고, 사고 원인을 철저히 파헤쳐 유사한 사고가 다시는 일어나지 않도록 대책을 강구하는 것이 가장 중요하다.

세월호 참사가 났던 것이 2014년이었다. 그간 정부는 아홉 번이나 원인 규명을 하려고 시도했다. 그러나 해난 사고는 매년 더 늘어났다는 보도가 있다. 이는 세월호 참사에서 이렇다 할 교훈이나 학습효과를 얻지 못했다는 것을 말해 주고 있는 것이다. 이태원 참사의 경우, 이를 교훈으로 삼아 전국 곳곳의 사람이 운집하는 장소에 대한 파악과 그에 대한 시스템적 재난 대비책을 구체적으로 강구해야 한다. 참사를 정치적으로 이용하려고 하면 할수록 재난 시스템의 개선이나 재발방지책의 마련과는 거리가 멀어지게 된다. 지금은 건전한 시민의식의 발휘와 참다운 정치인들의 자세 정립이 절실히 필요한 시기라고 생각된다. 지록위마식 정치선전이나 가짜 뉴스는 근절되어야 한다.

공회형제(孔懷兄弟)

깊을 공(孔), 생각할 회(懷), 공회라 함은 '깊이 생각하다'라는 뜻이고, 형형(兄), 아우 제(弟), 형제라 함은 '형과 아우'를 의미한다. 따라서 '공회형제'라 함은 "형과 아우가 깊이 생각한다."라는 의미이다. 형과 아우가 서로 걱정해 주는 것을 말한다.

공회형제는 《천자문》에 나오는 사자성어이다. '공회형제 동기연지(孔懷兄弟 同氣連枝)'가 그것이다. "형제가 서로 깊이 생각하는 것은 한 부모의 기를 받은 같은 뿌리의 가지"이기 때문이다. 여기서 형제는 남자 형제뿐만 아니라 여자 형제, 즉 자매(姉妹)간도 모두 일컫는다.

"맏형은 아버지 맏잡이고, 맏형수는 어머니 맏잡이"라는 옛말이 있다. 즉, 큰형은 아버지 버금가고, 맏형수는 어머니의 역할을 대신한다는 뜻이다. 부모가 일찍 돌아가시거나 부양 능력이 없을 땐 형이 아버지를 대신해서 동생들을 돌보고 키우는 아름다운 광경을 우리는 많이 보아 왔다.

형제의 의(誼)는 하늘이 맺어 준 불가분의 관계이므로 마땅히 다정하고 친하게 지내야 한다. 동물의 세계에서도 같은 어미에서 난 동기간은 친밀하다. 나는 북한산 기슭에 지은 아파트 1층에 살고 있다. 아침이면 산새들이 아파트 앞 나뭇가지에 많이 날아온다. 그래서 10여 년 전부터 모이통을 달아 놓고 아침마다 새들에게 모이를 주곤 한다. 그런데 모이를 주면 색깔이 같은 비둘기끼리는 사이좋게 먹지만, 다른 색깔의 비둘기들은 서로 부리로 쪼아대면서 먹이 다툼을 한다. 새들도 자기 동기간에는 음식을 함께 먹지만, 뿌리가 다른 새들 간에는 서로 배척하는 것을 알 수 있다.

하찮은 미물(微物)이 그러할진대, 사람이야 동기간의 친밀도는 말해서 무엇 하겠는가? 그래서 《소학》에서도 "동생이 먹을 것이 없으면 형은 마땅히 주어야 한다(弟無飮食 兄必與之: 제무음식 형필여지)."고 했다. 반대로 형은 굶는데 동생만 배부르다면 이는 짐승이나 할 짓이다(兄飢弟飽 禽獸之遂: 형기제포 금수지수)라고 가르치고 있는 것이다.

형제가 한집에서 살 때에는 의좋게 살다가도, 결혼하고 분가하면 소원(疎遠)해지기도 한다. 그리고 형제의 배우자인 동서 간의 친밀도 여하에 따라 사이가 벌어지기도 한다. 그래서 장가가더니 사람이 달라졌다는 말을 듣기도 한다.

옛날 어느 동네에 우애가 좋은 삼 형제가 있었다. 그들 삼 형제는 자주 만나 서로의 안부를 묻고, 감자 한 쪽도 서로 나누어 먹으며 항상 사이좋게 지냈다. 삼 형제가 그렇게 친하니 그들의 부인들도 또한 우애가 매우 좋았다. 어느 날 삼 형제가 한자리에 모여 술상을 받았는데 그때 부인들 세 동서(同壻)가 웃으며 "사랑어른 삼 형제가 이렇게 사이가 좋은 것은 모두 안사람들의 사이가 좋기 때문입니다."라고 하였다. 그러나 남편들은 한결같이 "아니오. 우리 삼 형제는 본래부터 우애가 돈독(敦篤)하기 때문에 동서들도 사이가 좋은 것이오." 하고 반박하였다. 그러자 부인들은 웃으며 그 자리를 물러났다. 그리고 남편들 몰래 서로 약속을 했다. 삼 형제 사이에 금이 가도록 각자 자기 남편에게 거짓으로 이간질하자고 합의하였다. 삼 동서는 매일 자기 남편에게 시숙(媤叔)의 흉과 불평을 거짓으로 늘어놓기 시작하였다. 처음에는 부인들의 말을 듣지 않던 남편들이 차츰차츰 부인 말에 물들기 시작하였다. 열 번 찍어 안 넘어가는 나무가 없듯이 몇 달이 지나자, 그렇게 사이좋던 형제가 서로 원수처럼 대하고, 서로 잘 만나지도 않고, 서로 대면해도 말도 하지 않게 되었다. 이것을 본 부인들은 서로 "이만하면 되었으니 다시 옛날처럼 우애 있게 지내도록 합시다." 하며 웃었다. 어느 날 부인 삼 동서가 맛있는 음식을 장만하고 좋은 술을 빚은 다음, 서로 만나지 않으려고 고집하는 삼 형제를 달래서 한자리에 모이게 하였다. 그리고 술을 권한 다음, 지금까지의 이야기를 모두 털어놓으면서 "이래도 당신들이 우애가 있는 것입니까? 사랑어른 우애가 있는 것은 모두 우리 안사람들이 우애가 있기 때문입니다." 하였다. 삼 형제는 서로 크게 웃으며 마음껏 술을 마시고 다시 옛날처럼 정답게 한세상 잘 살았다고 한다. 이를 보면 형제간의 우애는 그 부인들의 영향이 큰 것임을 알 수 있다.

일반적으로 힘없고 가난한 집의 가족들은 화목하게 오손도손 잘 살아가고 있는 데 비해, 권력이 있고 돈이 많은 집에서 오히려 형제간에 불화가 많이 발생하는 것을 볼 수 있다. 다툴 것이 많아서 그런지도 모른다.

역사적으로 보더라도 고구려는 연개소문의 세 아들인 남생, 남건, 남산

인생길 밝히는 사자성어

의 불화와 다툼 때문에 국력이 쇠퇴한 가운데 나당연합군에게 멸망당하고 만다. 후백제를 건국한 견훤 역시 넷째 아들 금강에게 왕위를 물려주려다가 첫째 아들인 신검에 의해 금산사에 유폐(幽閉)당하는 곤욕을 치르고 왕건에게 투항하고 만다.

중국도 마찬가지이다. 《삼국지》에 나오는 조조의 아들인 조비는 평소 아우 조식의 뛰어난 재능을 경계하였다. 왕이 된 후에도 혹시 자기를 해치지 않을까 걱정했다. 그래서 시문에 뛰어난 조식을 죽이려고 불러 놓고, 일곱 발자국 걸을 때까지 시를 짓지 못하면 처형하겠다고 했다. 이때 조식이 지은 시가 그 유명한 〈칠보시(七步時)〉이다.

조식은 "같은 뿌리에서 난 콩깍지와 콩이 불을 때서, '삶는 존재'와 '삶기는 존재'로 나뉘어 아옹다옹하는 모습"을 묘사하는 시를 지었다. 이 시를 보고 조비는 마음에 가책을 받아 조식을 벌하지 않았다. 《세설신어(世說新語)》에 수록된 〈칠보시〉는 너무나 유명하고 그 내용이 재미있어 한번 감상해 볼 필요가 있다.

> 콩깍지를 태워 콩을 삶는다(煮豆燃豆箕: 자두연두기).
> 콩이 가마솥 안에서 울고 있네(豆在釜中泣: 두재부중읍).
> 본래는 같은 뿌리에서 생겨났건만(本自同根生: 본자동근생)
> 서로 지지고 볶는 것이 어찌 이리 급한가(相煎何太急: 상전하태급)?

이 시를 지은 조식은 그 후 조비의 경계하에, 변방에서 유랑생활하며 떠돌며 살다가 41세의 나이로 불우한 인생을 마감했다.

오늘날 우리는 황금만능 시대에 살고 있다. 돈은 귀신도 부릴 수 있다고 해서 돈보다 더 좋은 것이 없다고 생각한다. 재산상속으로 형제간에 얼굴을 붉히고 소송다툼을 하기도 한다.

그러나 세상에는 돈보다 더 귀중한 것이 얼마든지 있고, 돈으로 살 수 없는 것도 너무나 많다. 형제간의 우애도 또한 돈으로 살 수 없는 귀한 보물 가운데 하나이다. 형은 동생을 사랑하고 동생은 형을 존경하며 화목하게 살아갈 때 행복은 늘 그 옆에 있다. 형제가 화목하게 지내는 것은 본인들이 편안할 뿐만 아니라 부모 마음을 기쁘게 해 주는 훌륭한 효도가 된다.

다언삭궁(多言數窮)

많을 다(多), 말씀 언(言), 다언이라 함은 '말이 많다'는 뜻이고, 자주 삭(數), 궁할 궁(窮), 삭궁이라 함은 '빈번하게 어려워진다'라는 의미이다. 따라서 '다언삭궁'이라 함은 "말을 많이 하면 자주 궁지에 몰릴 수 있다."는 의미이다.

여기서 '數' 자라는 한자의 발음에 유의할 필요가 있다. '헤아린다, 센다' 할 때에는 '수'로 읽는다. 수식(數式)이라든지 수차(數次) 등이 그러하다. 그러나 빈도수라든지 '자주'라는 뜻을 나타낼 때에는 이를 '삭'으로 발음해야 한다. '매우 잦은 것'을 빈삭(頻數)이라 하고, '자주 여러 번'을 삭삭(數數)이라고 읽는 것과 같다.

다언삭궁이라는 말은 노자의 《도덕경》에 나오는 말이다. 지도자가 시시콜콜 너무 말이 많으면 결국 궁지에 몰릴 수밖에 없다는 뜻을 담고 있다. 상대방을 설득할 때에도 말을 많이 한다고 해서 설득되는 것은 아니다. 말을 적게 하고 상대방에게 생각할 시간을 많이 주는 것이 설득하는 데 보다 효과적일 수가 있다.

희랍의 철학자 소포클레스가 말했다. "짧은 말이 때로는 많은 지혜를 내포한다(A short saying often contains much wisdom)."

요즘 정치인들은 말을 너무 많이 한다는 평을 받고 있다. 얼마 전 영부인이 캄보디아 프놈펜에서 심장병 아동을 방문했을 당시, 사진 촬영을 위해 조명 장치를 사용했는가, 아닌가에 관하여 티격태격하고 있다. 지금이 그럴 때인가? 민생경제가 심각하고, 또 이태원에서 150명이 넘는 꽃다운 젊은이들이 어이없는 참사를 당한 상황에서, 그런 사소한 것 가지고 말씨름이나 하는 모습들을 보노라면 한심하다는 생각이 든다.

노자는 사람이 말을 많이 할수록 꼬투리가 잡혀 자주 궁지에 몰릴 수 있기 때문에 중용을 지키는 것이 중요하다고 말했다. 이를 '다언삭궁 불여수중(多言數窮 不如守中)'이라고 한다. 무릇 백 마디의 말보다 한 가지의 실천이 더욱 소중하다. 그저 말없이 자신의 자리를 지키는 것만 못하다.

나관중이 쓴 《삼국지연의》에 '조조삼소(曹操三笑)'라는 말이 나온다. 조조삼소는 조조가 경솔하게 말하면서 세 번을 비웃는다는 뜻이다.

조조는 적벽대전에서 대패하여 도주하는 처지가 되었다. 겨우 목숨을 건져 도망가는 패군지장(敗軍之將)이면 잠자코 행군함이 마땅할 것이다. 그러나 입이 가벼운 조조는 산림이 우거지고 험준한 곳에 이르러 자기라면 이런 곳에 군사를 매복시켜 상대를 섬멸했을 것이라고 말하면서, 주유와 제갈량의 지략이 별것이 아니라고 비웃었다. 그때 조자룡이 군사를 이끌고 나타나 공격하여 조조는 겨우 목숨을 구하여 패주했다.

이렇게 달아나던 조조가 호로구에 이르자, 또다시 이러한 요새에 군사를 매복시키지 아니한 주유와 제갈량을 비웃었다. 그 말이 떨어지기 무섭게 이번에는 장비가 나타나 큰 타격을 받고 도망갔다.

　그러다가 화용도에 이르러 조조는 화용도의 험준한 지형을 가리키면서 "이러한 험준한 곳에 수백 명 군사만 매복시켰더라면 능히 적을 사로잡을 수 있을 것"이라고 말하면서 주유와 제갈량의 무능함을 비웃었다. 조조의 그 말이 떨어지자마자 관운장이 나타나 공격하였다. 조조는 관운장에게 사정하여 목숨만을 겨우 유지한 채 패주했다.

　이처럼 조조는 교만을 버리지 못하고 상대방을 비하하다가 곤욕을 세 번이나 당한다. 말이 많은 조조는 재주는 승하나 덕은 박약한 인물로 경솔하게 말을 하고 비웃다가 망신을 당하게 되었던 것이다.

　입을 닫고 가만히 있었으면 될 것을 공연히 말을 함으로써 망신을 당하는 경우를 종종 보게 된다. 그래서 주자(朱子)는 "말이 많으면 반드시 실수하게 마련이다(多言則必失: 다언즉필실)."라고 말했다.

　말은 필요한 말만 하여야 한다. 서양에서도 "필요 이상으로 말하지 말아라(Never say more than is necessary)."라고 강조하고 있다.

　현명한 우리 선조들은 말조심을 속담에 담고 있다.

　「 말은 적어야 하고, 돈은 많아야 한다. 」
　「 말은 반만 하고, 배는 팔 부만 채우랬다. 」

「 말을 할 때는 반드시 두 번 생각한 다음에 한다(言必再思: 언필재사). 」

「 말이 많은 집은 조용할 날이 없다(말이 많은 집은 싸움이 잦아 조용하게 지낼 수 없는 법이다). 」

「 말 많은 집은 장맛도 쓴 법이다. 」

《청구영언(靑丘永言)》에 실려 있는 무명씨의 시조가 가슴에 와닿는다.

말하기 좋다 하고 남의 말을 하지 말 것을
남의 말 내가 하면 남도 내 말 하는 것이
말로써 말이 많으니 말하지 않을까 하노라.

당나라 때 풍도(馮道)라는 정치인은 평생 입조심한 사람으로 유명하다. 그가 지은 〈설시(舌詩)〉가 이를 말해 주고 있다.

입은 재앙을 불러들이는 문이요(口是禍之門: 구시화지문)
혀는 몸을 자르는 칼이로다(舌是斬身刀: 설시참신도).
입을 닫고 혀를 깊이 감추면(閉口深藏舌: 폐구심장설)
가는 곳마다 몸이 편안하리라(安身處處牢: 안신처처뢰).

공자께서도 "일에는 민첩하고 말에는 신중해야 한다."라고 말했다. 지도자가 되려면 함부로 말하는 버릇을 고쳐야 한다. 천 근의 무게를 가지고 신중하게 말을 해야 한다. 충무공이 말씀하신 대로 '산과 같은 묵직함'

인생길 밝히는 사자성어

이 있어야 한다. 이를 정중여산(鄭重如山)이라고 한다.

 필요할 때 말을 하되, 바르고 품위 있는 말을 써야 한다. 말을 자주 하면 궁지에 몰린다는 '다언삭궁'을 명심할 필요가 있다.

초지일관(初志一貫)

처음 초(初), 뜻 지(志), 초지라 함은 '처음 먹은 마음'을 뜻하고, 한 일(一), 꿰뚫은 관(貫), 일관이라 함은 '한결같이 관철한다'라는 의미이다. 따라서 초지일관이란 "처음 먹은 마음을 끝까지 관철한다."라는 것을 말한다.

2022년 카타르 월드컵 본선에서 대한민국의 축구팀이 보여준 자세가 초지일관의 자세였다. 강팀과 만나도 주눅이 들지 않고 끝까지 운동장을 누벼서 소망했던 16강을 쟁취했다. 강호 우루과이와 대결할 때도 대등한 경기를 벌이는 투혼을 발휘했다. 가나와의 전반전에서 2:0으로 지고 있던 상황에서도 후반전에 두 골을 만회하는 등 경기를 포기하지 않고 잘 싸웠다. 포르투갈을 2:1로 꺾으리라고는 아무도 예상하지 못했다. 그 기적 같은 일이 일어난 것도 초지일관하여 16강에 오르고자 하는 신념이 철석같았기 때문이다. 한결같은 정신력이 얼마나 큰 힘을 내는가를 여실히 증명했다. 브라질과의 대전에서도 현격(懸隔)한 실력 차임에도 경기를 포기하지 않고 선전 분투한 것은 한국팀의 정신력이 강했기 때문이다. 아마도 한국팀에 있어 '포기(抛棄)'라는 단어는 '김치 한 포기', '배추 한 포기' 하는 단순한 숫자로 여겨졌는지도 모른다. 인천공항에 귀국한 선수들의 인터뷰에서도 "16강에 오르려고 시종일관 경기를 포기하지 않고 뛰었다."라고 말하는 것으로 보아 선수들 모두 초지일관의 자세가 철저했었음을 알 수 있다.

이처럼 무엇이든지 한번 마음먹었으면 끝까지 밀고 나가는 것이 중요하다. 그런데 사람들은 얼마 못 가서 그만두기 일쑤이다. 그래서 작심삼일(作心三日)이라는 말이 생겨나기도 했다. 마음먹은 일을 얼마 못 가서 그만둔다는 것을 말한다.

역사적으로 목숨을 걸고 자기의 뜻을 굽히지 않았던 인물들은 적지 않다. 고려 말의 정몽주 선생이 그러했고, 세조의 찬탈에 항거하여 단종의 복위를 시도했던 사육신이 그러했다. 성삼문 등 사육신은 세조의 혹독한 고문에도 세조를 '나으리'라고 호칭하면서 뜻을 굽히지 않는 절개를 보였다. 처형을 앞두고 읊은 성삼문의 시조가 심금(心琴)을 울린다.

이 몸이 죽어가서 무엇이 될꼬 하니
봉래산 제일봉에 낙락장송 되었다가
백설이 만건곤할 제 독야청청하리라.

[내가 죽은 뒤에 무엇이 되느냐 하면,
봉래산에서도 제일 높은 봉우리의 큰 소나무가 되어,
흰 눈이 온 천지를 덮을 때 홀로 푸르리라.]

중국에서 뜻을 굽히지 않았던 인물로 예양(豫讓)을 꼽을 수 있다. 예양은 춘추전국시대에 진나라 사람이었다. 자기가 섬기던 군주가 조나라 왕에게 죽고 멸망당하자, 예양은 조나라 왕(襄子: 양자)을 살해해서 원수를 갚고자 결심한다. 그래서 이름을 바꾸고 일부러 죄인이 되어 남성의 성기를 거세하는 형벌인 궁형을 받고 조나라의 궁궐 안으로 들어가 변소의 벽을 바르고 있었다. 가슴속에 단도를 숨긴 채 화장실에 숨어 있다가 화장실로 들어오는 양자를 살해하려고 했으나 발각되고 말았다. 양자는 예양이 주군을 위해 원수를 갚으려 했다는 말을 듣고 그 행위를 의롭게 여겨 풀어 주었다.

그러나 예양은 다시 복수하기로 결심하고, 이번에는 몸에 칠을 하고 나병 환자 행세를 하고 숯을 먹고 벙어리가 되어 그 모습을 아무도 알아보지 못하게 만들었다. 그러곤 다리 밑에 몸을 숨긴 채 양자가 지나가는 것을 기다리고 있었다. 어느 날 양자가 다리를 건너려고 했을 때 갑자기 말이 놀라자, 조사하니 예양이 다리 밑에 숨어 있음이 발견되었다.

거듭해서 조나라 왕을 살해하려는 예양을 용서할 수가 없어 처형하기로 했다. 예양은 처형당하기에 앞서 말했다.

"나는 물론 죄인으로서 죽겠소. 그러나 원수인 조나라 왕의 의복을 빌려서 그 의복을 찔러서 원수를 갚았다는 마음을 다하고 싶소."

양자는 예양의 소원대로 자신이 입은 옷을 벗어 주었다. 그러자 예양이 칼을 뽑아서 세 번 그 옷을 찌르고 나서 말했다.

"이것으로 나는 죽어서 지하에서 주군에게 보고할 수 있습니다."

그리고 난 후, 스스로 칼로 목을 찔러서 죽었다.

죽을 때까지 초지(初志)를 굽히지 않았던 예양의 모습이 잘 표현되어 있다. 사마천이 쓴 《사기(史記)》라는 책에 나오는 역사적 기록이다.

《논어》에 일이관지(一以貫之)라는 말이 나온다. 공자는 평생 충(忠)과 서(恕)로써 일관했다. 여기서 충(忠)이라는 개념은 '자기 자신을 다하는 진기(盡己)'를 의미하며, 서(恕)라는 개념은 '상대방의 처지에서 생각하는 것'을 말한다. 그래서 공자는 "자기가 하고 싶지 않은 일을 타인에게 시키지 말라."라고 강조했다. 이를 기소불욕 물시어인(己所不欲 勿施於人)이라고 한다.

일이관지(一以貫之)나 초지일관(初志一貫)이나 시종일관(始終一貫)이나 모두 그 뜻이 비슷하다. 한번 뜻을 세웠으면 하늘이 두 쪽이 나더라도 이를 밀고 나가야 성공할 수가 있다. 중도에 그만두면 애당초 시작하지 아니함만 못하다.

누구나 새해를 맞이하면서 크고 작은 소망과 계획을 세우기 마련이다. 계획을 세우는 것도 중요하지만, 이를 중단함이 없이 실천해 나가는 것이 더욱 중요하다. 도달하기 어려운 거창한 목표보다 실천할 수 있는 생활 목표를 설정하는 것이 효과적이다.

적수공권(赤手空拳)

붉을 적(赤), 손 수(手), 적수라 함은 '빈손 또는 맨손'을 뜻하고, 빌 공(空), 주먹 권(拳), 공권이라 함은 '빈주먹 또는 맨주먹'을 의미한다. 따라서 '적수공권'이라 함은 "맨손과 맨주먹"이라는 뜻으로 "아무것도 가진 것이 없음"을 이르는 말이다.

공권(空拳)은 '빈주먹'으로 금방 의미가 와 닿는데, 적수(赤手)는 '붉은 손'으로 해석되는데 왜 '맨손'인지가 이해하기 어렵다.

그러나 적(赤) 자에는 뜻이 여러 가지가 있다. '붉다, 발가숭이, 비다, 멸하다, 가뭄' 등의 뜻이 그것이다. 이렇게 하나의 글자에도 뜻이 여러 가지이기 때문에 '적수공권' 할 때의 '적수'는 '맨손'을 의미하는 것으로 보면 된다.

물론 적(赤)은 '붉다'라는 의미로 쓰임이 대부분이다. 부끄러워 귀가 빨갛게 되었을 때 이를 적이(赤耳)라고 한다. 옛날 일본의 바둑 명인이 도전자와 대국할 때 이를 관전하던 의사가 누구의 귀가 빨개졌는지를 보고 승패를 예측했다는 일화(逸話)가 있다.

어쨌든 '적수공권'은 믿을 것은 자기 자신뿐, 아무것도 가진 것이 없는 처지를 말한다. 속된 표현으로 '맨땅에 헤딩하기'에 해당하는 말이다.

인생길 밝히는 사자성어

흔히 인생은 공수래공수거(空手來空手去)라고 한다. 빈손으로 왔다가 빈손으로 가는 것이 인생인데 너무 탐내지 말라는 말이다. 공수래공수거를 나름대로 혼자 생각해 보았다.

누구나 이 세상을 떠나갈 때는 빈손으로 간다. 수의(繡衣)에 주머니가 없듯이 빈손으로 간다. 부자든 가난한 사람이든 빈손으로 가는 것은 마찬가지이다. 그러나 이 세상에 올 때는 다르다. 부모를 잘 만나서 '금수저'를 물고 태어나는 사람이 있는가 하면, 가난한 집에서 '흙수저'로 태어나는 사람도 있다. 아주 빈한(貧寒)한 집에서 금수저건 흙수저건 숟가락 구경조차 못 하고 세상에 태어났다고 자조(自嘲)하는 사람도 있다.

서울 강남의 부잣집 4살짜리 어린아이가 아파트 2채를 보유하고 있는가 하면, 초등학생이 수십억 원에 호가하는 아파트를 매입했다고 해서 국세청에서 탈세 여부 조사에 나섰다는 언론 보도가 있었다.

이처럼 태어날 때부터 두 손에 재산을 가득 안고 태어나는 것이 금수저라면, 맨손, 빈주먹인 적수공권으로 태어나는 것이 흙수저이다.

그러면 금수저가 좋은 것인가 흙수저가 좋은 것인가? 이는 세월이 지나가 보아야 알 수 있다. 금수저인 경우, 물려준 재산을 흥청망청 써 버린다면 그것은 재산이 독(毒)이 된다. 반면에 물려준 재산을 기반으로 해서 융성, 발전할 수 있다면 그것은 약(藥)이 된다.

적수공권인 흙수저의 경우에도 마찬가지이다. 가난을 딛고 자수성가(自手成家)한다면 가난이 오히려 성공의 밑거름이 될 수도 있다. 그러나 가난을 빈곤의 대물림이라고 탓하며 뒷골목만을 배회한다면 가난은 독(毒)이 될 수 있다. 인간 만사가 그렇듯이 결국은 자기가 할 탓이다.

나는 흙수저 출신이다. 그래서 그런지 흙수저에 손을 들어 주고 싶다. 차가운 겨울이 있어야 따뜻한 봄기운을 제대로 느낄 수 있다. 기나긴 장마가 걷힌 후에 태양은 더욱 찬란하고 눈부신 법이다. 인간도 혹독한 시련을 겪어야 비로소 인생의 참맛을 알게 된다. 그래서 눈물과 함께 빵을 먹어 보지 않은 자와는 인생을 논하지 말라고 괴테가 말하지 않았던가? 거친 땅 위에서 굳어진 발굽을 가진 짐승은 어떠한 길도 걸을 수 있다.

일병식재(一病息災)라는 말이 있다. "한 가지 병으로 만병을 예방한다."라는 뜻으로, 지병이 하나 정도 있는 사람이 병이 전혀 없는 사람보다 건강에 더 주의를 기울이고 절제된 생활을 해서 오래 살 수 있다는 말이다.

적수공권이던 한국이 한강의 기적을 이루고 선진국 반열에 올라섰다. 1953년 국민소득 66달러에서 2022년 3만5천 달러의 경제강국이 되었다. 돌이켜 보면, 한국전쟁이 끝난 후 한국은 최빈국(最貧國)의 상태였다. 초근목피(草根木皮)의 가난한 시절에 끼니도 제대로 때우기가 힘들었다. 1950년대 중학 시절, 나는 미국의 원조물자인 옥수숫가루를 쪄서 만든 빵을 가지고 가서 점심을 때우고 수돗물로 배를 채우곤 했다. 이렇게 적수공권으로 배고프게 자랐기 때문에 이후 아무 음식이나 가리지 않고 맛있기만 하다. 굳이 좋은 음식 찾아다닐 필요 없이 순댓국도 맛있고 된장국도 맛있기만 하다.

　　　　　　　　　　　　인생길 밝히는 사자성어

우리 속담 중에 "젊어 고생은 금을 주고도 못 산다."는 말이 있다. 고생을 해야 인생의 참맛을 알 수 있다. 편히 사는 것은 사는 것이 아니다(To live at ease, is not to live).

미국의 16대 링컨 대통령도 오두막 집의 가난한 상태에서 자라 위대한 인물이 되었다. 맹자도 가난한 베를 짜는 홀어머니 밑에서 자랐고, 한석봉 명필가 역시 떡을 써는 홀어머니 밑에서 대성했다. 이로 보면 역사적으로 적수공권의 상황에서 큰 인물이 많이 나왔음을 알 수 있다.

조고각하(照顧脚下)

비출 조(照), 돌아볼 고(顧), 조고라 함은 '비추고 돌아본다'는 뜻이고, 다리 각(脚), 아래 하(下), 각하라 함은 '다리 아래'를 의미한다. 따라서 '조고각하'라 함은 "자기의 다리 아래를 돌아본다."는 말이다.

사찰(寺刹)에 가면 스님들의 선방 댓돌 위에 조고각하라는 주련(柱聯)이 걸려 있는 것을 볼 수 있다. 고무신을 가지런히 놓는 것을 살피라는 것이다. 항상 자기 자신을 돌아보고 가지런히 정리되어 있는 마음 자세인지를 살펴보라는 의미를 담고 있다.

댓돌에 벗어 놓은 신발을 보면 공부하는 스님의 마음자리를 알 수 있다. 하얀 고무신이 깔끔하게 갈무리되어 있다면 스님의 마음은 잘 정돈된 상태라고 볼 수 있다. 신발이 아무렇게나 널브러져 있다면 그 스님의 마음자리가 흐트러져 있는 것이라고 할 것이다.

지난 일요일 동네 목욕탕에 가서 목욕을 끝내고 옷장을 여는데, 그때 막 들어온 어린 소년이 나의 옷장 아래 번호 키를 쥐고 머뭇거리고 있었다. 나는 얼른 옷장의 내 옷을 다 꺼낸 후 자리를 비켜 주었다. '감사합니다' 하고 인사한 소년은 자기 옷을 벗어 옷장에 넣기 시작했다. 그런데 특이한 것은 소년이 옷을 벗어서는 하나하나 잘 개어서 단정하게 옷장에 옷을 넣는 것이었다. 기특하다고 생각하면서 과연 저 소년의 마음은 참으로 잘

정돈되어 있을 것이라는 생각이 들었다. 조고각하를 연상시키고 있는 것이다.

불교에서 나온 말인 조고각하는 "진리를 밖에서 구하지 말고 자신에게서 구하라."는 의미를 담고 있다. 자기 발밑부터 잘 살펴보고 바르고 정의롭고 참되게 인생을 살아가라는 뜻이다.

조고각하는 송나라 때 발간된 《오등회원(五燈會元)》의 삼불야화(三佛夜話)에서 비롯된 말이다. 11세기 법연 선사가 제자 세 사람과 길을 가다가 나눈 선문답에 나온다. 밤길을 가다가 초롱불이 세찬 바람에 꺼지고 칠흑 같은 어둠 속에 제자들의 생각들이 피력되는데, 제자 중 한 사람인 원안 스님이 '간각하(看脚下)'라는 말을 했다. '발밑을 잘 살펴본다'라는 이 말이 나중에 '조고각하'로 바뀐 것이다. 그 뜻은 동일하다. 지금 바로 여기 자기 자신이 서 있는 발아래를 잘 살피라는 것은 마음을 다잡아 모든 현상의 본질을 꿰뚫어 본다는 의미이다.

사람은 자기를 아는 것이 중요하다. 그래서 소크라테스는 '너 자신을 알라(Know Yourself)'라고 말했다. 《손자병법》에도 "적을 알고 나를 알면 백번 싸워도 위태롭지 않다."고 했다. 한문으로는 '지피지기 백전불태(知彼知己 百戰不殆)'라고 한다.

흔히 '지피지기 백전백승'이라고 말하는데 이는 잘못된 표현이다. 적을 알고 나를 안다고 해서 무조건 다 이기는 것은 아니다. 막강한 전력과 화력을 가진 적과 싸워 보아야 승산이 없다. 그럴 경우 싸움을 피해 후퇴함으로써 위태로움을 벗어나는 것이다. 그래서 백전백승이 아니라 백전불태(百戰不殆)로 쓰이는 것이다. 여기서 태(殆) 자는 '위태롭다'라는 의미이다. '적을 모르고 나만 아는 경우에는 일승일패'이며, '적도 모르고 나도 모르는 경우에는 싸우면 매번 패할 뿐'이라고 했다.

일반적으로 사람은 세상도 잘 모르고 자기도 잘 모르는 상태에서 인생을 살아간다. 그래서 살아가는 과정에서 실패를 거듭하게 된다. 자기 자신을 잘 모르는 상태에서 교만심을 부려서 타인과의 갈등과 다툼을 초래한다.

이 세상에는 '자기가 제일'이라고 하면서 남을 무시하는 사람이 많다. 자기만 대단한 것처럼 생각하는 것이다. 심지어는 대통령이 되고자 하는 사람들까지 이러한 생각에 빠져 출마하는 경우를 흔하게 볼 수 있다.

"다른 사람들은 대통령감이 될 수 없다. 나만이 대통령감이다. 내가 대통령이 되어야 이 나라가 바로 설 것이다!" 이렇게 망자존대(妄自尊大)하는 사람을 대통령으로 뽑는다면 그 나라의 꼴은 어떻게 되겠는가? 대통령 임기가 끝나서 칭송받는 사람이 얼마나 되는가?

제 잘난 맛에 산다고 하지만, 그 '잘난 나'를 자세히 들여다보면 허망하기 짝이 없는 것이다. 먼저 나의 육체를 관찰해 보라. 이 몸뚱이는 물질에 불과하다. 물질이 차츰 낡아서 부서지듯이, 몸뚱이가 아무리 잘 생기고 튼튼하더라도 별수가 없다는 것이다. 자동차가 오래되면 못 쓰게 되듯이 물질인 육체 역시 세월이 가면 사라지게 마련인 것이다. 한 여름날, 뜬구름 한 조각이 일어났다가 스러지는 것이 인간인 것이다.

나의 정신 또한 다를 바가 없다. 아무리 정신력이 뛰어난 사람이라 할지라도, 수시로 변하는 생각을 멈추게 할 수는 없다. 한 생각이 일어나서는 잠시 머물다가 사라져 버리는 번뇌가 계속 반복되고 있는 것이다.

그래서 육체와 정신으로 구성된 인간은 무상하고 허망하기 짝이 없는 존재인 것이다. 그런데 이 무상한 나를 대단한 것인 양 내세우고 우쭐대고 있는 것은 얼마나 어리석은 짓인가?

그러므로 구만리 창공 같은 자유로움을 얻으려면 자만심부터 없애야 한다. 아상(我相)을 버려야 한다. 아상을 버리고 나를 낮추는 하심(下心)을 가지게 되면 저절로 마음이 편안해지며, 나를 대하는 상대방의 마음도 편안하게 할 수 있다.

옛 선지자가 말씀하시기를 "이 몸은 돌아다니는 변소요, 구정물 통이다."라고 했다. 아무리 아름다운 사람이라 하더라도 그 몸속은 피와 고름과 똥오줌으로 채워져 있다. 또한 자기 마음대로 되지 않으면 성을 내며, 탐하고 항상 마음이 뒤숭숭하다. 본래 깨끗하고 천진했던 항아리에 온갖 찌꺼기들을 자꾸 담다 보니 구정물 통처럼 되어 버린 것이다.

마음을 맑게 하기 위해서는 스스로 자세를 겸허히 낮추는 마음을 길러야 한다. 남을 먼저 생각하고 내가 잘났다는 망상을 털어내야 한다. 연꽃은 높은 산에 있는 것이 아니라, 낮은 연못 진흙 속에서 꽃을 피운다. 자유로운 삶은 더 높이 더 많이 가지려는 것이 아니라, 더 낮게 더 적게 가지려는 마음에서 비롯된다.

더 많이 가지려는 권력과 금력 때문에 대통령을 지낸 사람이 교도소로 가는 것을 많이 보아 왔다. 한심한 일이고 서글픈 일이기도 하다. 그래서 선인들은 "너 자신의 허물을 살피고, 네가 선 자리 네 발밑을 살펴보라."는 조고각하(照顧脚下)를 강조하고 있는 것이다.

인생길 밝히는 사자성어

권토중래(捲土重來)

말 권(捲), 흙 토(土), 권토라 함은 '흙을 말듯이'라는 뜻이고, 무거울 중(重), 올 래(來), 중래라 함은 '거듭해서 온다'라는 의미이다. 따라서 '권토중래'라 함은 "흙먼지 말아 올리면서 다시 온다."는 뜻이다.

'한번 실패한 사람이 다시 분기하여 세력을 되찾는다'라는 의미로 쓰인다. 지난번에 선거에 졌던 사람이 다음 총선에 다시 일어나 출마하는 경우에 해당하는 말이다. 기업도 마찬가지이다. IMF의 혹독한 시련에 쓰러졌던 회사가 다시 재기하였다면 이는 권토중래한 것이다. 개인 역시 마찬가지이다. 자기보다 월등히 실력이 좋은 사람에게 패배를 거듭하다가 다시 분기일전(憤氣一轉) 실력을 쌓아 대적한다면 이는 권토중래한 것이다.

권토중래라는 말은 당나라 때 시인 두목(杜牧)의 〈제오강정(題烏江亭)〉이라는 시에 나온다. 두목은 '작은 두보(小杜)'라는 명칭으로 불릴 정도로 시를 잘 지었다.

오강(烏江)은 항우가 유방과 천하를 다투는 결전에서 패하여 도주하다가 마지막으로 다다른 곳이었다. 거기에서 항우는 젊은 나이로 자결한다.
항우가 죽은 지 천 년이라는 세월이 지난 후, 두목이라는 시인이 오강이 보이는 나루터에서 항우를 그리며 너무나도 빠른 그의 죽음을 애석(哀惜)

해하면서 다음과 같은 시를 읊었다.

> 승패는 병가도 기할 수 없는 것(勝敗兵家不可期: 승패병가불가기).
> 수치를 참을 수 있는 것이 바로 사나이다(包羞忍恥是男兒: 포수인치
> 시남아).
> 강동의 자제에는 준재가 많으니(江東子弟多俊才: 강동자제다준재)
> 흙먼지를 일으키며 다시 왔으면 승패는 알 수 없었을 터인데(捲土重
> 來未可知: 권토중래미가지).

오강은 지금의 안휘성(安徽省) 화현(和縣) 동북쪽, 양자강 오른쪽에 위치하고 있다. 그때 오강을 지키고 있던 정장(亭長)이 배를 언덕에 대놓고 항우가 오기를 기다리고 있었다. 항우가 나타나자 정장(우리로 치면 파출소장 격이다)이 말했다. "강동 땅이 비록 작기는 하지만 그래도 수십만 인구가 살고 있으므로 충분히 나라를 이룰 수 있습니다. 어서 배를 타십시오. 제가 모시고 건너가겠습니다." 하며 항우에게 강동으로 돌아가라는 권고를 한다.

강동은 양자강 하류의 땅으로 강남이라고도 부르는 곳인데, 항우가 24살에 처음으로 군사를 일으킨 곳도 이곳이었다. 정장은 항우가 다시 옛 고향으로 돌아가기를 권했던 것이다.

그러나 항우는 "옛날 내가 강동의 팔천 명의 젊은이를 데리고 서쪽으로 향했었는데 지금 한 사람도 남아 있지 않다. 내가 무슨 면목으로 강동의 그들 부형(父兄)들을 대할 수 있겠는가?"라고 말했다.

인생길 밝히는 사자성어

강을 건너기를 거절한 항우는 자기가 타고 온 말은 죽일 수 없다면서 이를 정장에게 선사했다. 그리곤 뒤쫓아 온 한나라 군사를 맞아 잠시 그의 용맹을 보여준 다음 스스로 목을 쳐서 죽었다.

요즘에도 흔히 힘센 사람을 "항우장사"라고 부르듯이 항우의 힘은 산을 뽑고(力拔山: 역발산), 기운이 세상을 덮을 정도(氣蓋世: 기개세)였다. 젊은 나이에 7년간 군사들을 이끌고 세상을 종횡무진(縱橫無盡)하였으나, 유방과의 결전에서 패하여 오강에서 자결한 항우의 처절한 모습이 너무나 허무했다. 그때 항우의 나이가 서른한 살이었다.

〈제오강정(題烏江亭)〉이라는 시에서 "강동의 부형에 대한 수치를 참고 견디었더라면 우수한 자제가 많은 곳이므로 만회할 가능성이 있었을지도 모르지 않는가." 하고 항우를 애석하게 여기는 정이 넘쳐흐르고 있음을 알 수 있다.

항우는 단순하고 격한 성격의 소유자였으나 우희(虞姬)와의 사랑에서는 인간적인 감성이 넘쳐흐른다. 〈패왕별희(霸王別姬)〉라는 경극은 이를 그린 중국의 대표적인 전통예술 작품이다.

권토중래와 비슷한 말로 사회부연(死灰復燃)이라는 고사성어가 있다. "다 탄 재가 다시 불이 붙는다."는 말로서 "세력을 잃었던 사람이 다시 세력을 잡는 것을 뜻하거나, 또는 곤경에 처했던 사람이 훌륭하게 됨"을 이르는 말이다. 《사기(史記)》의 한장유 열전(韓長孺 列傳)에 나온다.

한나라 때 관리 한장유가 법을 어겨 감옥에 갇히게 되자 옥리(獄吏)조차도 그를 우습게 대했다. 이에 한장유가 "다 타 버린 재에서도 불길이 살아나지 않겠는가(死灰獨不復然乎: 사회독불부연호)?"라면서 권력을 되찾겠다고 말하자, 옥리가 "다시 불이 붙으면 오줌을 싸서 끄겠다(然則溺之: 연즉요지)."고 비웃었다. 참고로 여기서 연(然)은 불타다의 연(燃)과 같은 뜻으로 쓰였고, 물에 빠질 익(溺)은 오줌 누다의 요(溺)의 뜻으로 쓰였다.

권토중래(捲土重來)에서 권토는 수많은 말과 수레, 병사가 달릴 때 흙먼지를 일으키는 것을 말한다. 한번 실패하였다가도 온 힘을 기울여 다시 시작하는 것을 의미한다.

헤밍웨이가 쓴 〈노인과 바다〉에서 노인 어부는 망망대해에 나가 악전고투 끝에 큰 물고기를 잡았다. 그러나 그 큰 물고기를 끌고 오다가 상어 떼에게 살점은 모두 뜯기고 앙상한 뼈만 남게 된다. 그럼에도 불구하고 노인은 또다시 바다로 나가는 꿈을 버리지 않는다. 노인의 불굴의 투지가 우리에게 공감을 불러일으키고 있다.

무릇 겨울을 이겨낸 매화의 꽃이 아름답고 향기로운 법이다. 시금치도 언 땅에서 자란 것이 더욱 달고 맛이 있다. 인간은 누구나 한세상을 살아가면서 크고 작은 실패와 시련을 겪게 마련이다. 그 실패와 시련을 극복하고 성공에 이르렀을 때 진정한 기쁨을 맛보게 된다. 두목(杜牧)의 시(詩)에서처럼 권토중래(捲土重來)할 필요가 있는 것이다.

　　　　　　　　　인생길 밝히는 사자성어

각주구검(刻舟求劍)

새길 각(刻), 배 주(舟), 각주(刻舟)라 함은 '배에 새긴다'라는 뜻이고, 구할 구(求), 칼 검(劍), 구검(求劍)이란 '칼을 구한다'라는 의미이다. 따라서 각주구검(刻舟求劍)이라 함은 "배에 새겨 놓았다가 칼을 찾는다."라는 뜻이다.

"칼 빠뜨린 자리를 뱃전에 표시해 놓고 나중에 칼을 찾는다."는 것은 참으로 우매한 짓이다. 배가 움직이는 것은 생각하지도 않고 칼 빠트린 자리에 그대로 있을 거로 생각하는 융통성이 없는 어리석음을 나타낼 때 쓰이는 말이다.

각주구검은 《여씨춘추(呂氏春秋)》라는 책에 등장하는 말이다. 춘추전국시대에 초나라 사람이 칼을 소중히 껴안고 양자강을 건너고 있었다. 그런데 여러 사람이 재미있게 하는 이야기에 정신이 팔려 배가 강 한복판에 이르렀을 때 그만 소중히 여기던 칼을 강물에 빠뜨리고 말았다.

사나이는 몸을 일으켰으나, 칼은 이미 물속에 가라앉고 말았다. 사나이는 당황했으나, 허리춤에서 주머니칼을 꺼내어 칼이 떨어진 뱃전에 자국을 표시했다. 사람들이 의아하게 생각하자 사나이는 껄껄 웃으며 말했다. "내 칼이 여기서 떨어졌기는 하지만 표시를 해 놓았으니 이제 안심이다."

얼마 후 배가 언덕에 닿았다. 사나이는 곧 표시를 해 놓은 뱃전에서 물속으로 뛰어들어 칼을 찾아보았다. 그러나 배는 사나이가 칼을 떨어뜨린 곳에서 한참 이동했으므로 칼이 그곳에 있을 리가 만무했다.

사람들은 "배에 표시해서 칼을 찾는다."라고 하면서 그의 어리석음을 비웃었다. 한강 물은 어제도 오늘도 쉬지 않고 흐른다. 흐르는 한강 물에 발을 씻은 사람이 내일 같은 강물에 발을 담글 수는 없다. 어제 그가 씻은 강물은 벌써 저 멀리 인천 앞바다로 흘러 들어갔기 때문이다.

삼라만상(森羅萬象)에 변하지 않는 것이 없다. 그래서 현명한 사람은 시대의 변화를 알고 이에 대처한다. 시시각각 변하는 현상을 알지 못한 채 옛날의 낡은 방식만을 고집한다면 이 역시 각주구검이나 다름없다.

양성평등이 이루어지고 있는 오늘날, 옛날의 가부장적(家父長的)인 권위만을 내세우거나 여필종부(女必從夫)를 외쳐 봐야 통할 리가 없다. 21세기는 개성이 중요시되는 시대이다. 젊은 여성이 배꼽을 내놓고 다니기도 하고, 일부러 찢어진 바지를 입고 다닌다고 해서 말세라고 한탄해서도 시대에 맞지 않는다. 시어머니가 며느리를 부리던 시대가 지나가고, 지금은 시어머니가 며느리 눈치를 보는 시대로 역전되기도 했다. 풍속도 바뀌고, 사람도 바뀌고, 환경도 바뀌고 모든 것이 바뀌고 있다. 사회에 낙오자가 되지 않기 위해서는 이러한 시대의 변화에 민감해야 한다.

각주구검과 유사한 말로 수주대토(守株待兎)라는 말이 있다. 수주대토

인생길 밝히는 사자성어

란 "나무 그루터기를 지키며 토끼가 나오기만을 기다린다."는 뜻이다. 착각에 사로잡혀 되지도 않는 일을 고집하는 융통성 없는 처사를 비유하는 말이다.

《한비자(韓非子)》에 나오는 수주대토의 이야기는 다음과 같다. 송나라 시절에 한 농부가 하루는 밭을 갈고 있는데, 토끼 한 마리가 급히 나오다가 밭 가운데 있는 나무 그루터기에 머리를 들이받고 목이 부러져 죽었다. "이게 웬 떡이야!" 하며 토끼를 공짜로 얻은 농부는 그 후부터 농사일은 집어던지고, 날마다 밭두둑에 앉아 토끼를 기다렸다. 그러나 토끼가 나타나 나무에 머리를 들이받는 일은 두 번 다시 일어나지 않았다. 농부의 밭은 그 때문에 잡초만 무성하게 자라 버렸다. 농사가 기본인데도 농사일은 소홀히 하고 토끼만을 기다리는 농부의 어리석음을 표현한 말이다.

중국의 춘추시대는 각 제후가 자기 나라의 국력을 팽창시키는 부국강병(富國强兵)으로 천하를 제패하려고 했다. 공자는 정치적으로는 요순(堯舜)과 같은 이상적인 정치를 꿈꾸었고, 옛날 주나라 문왕의 아들인 주공(周公)을 본보기로 삼았다. 공자는 인(仁)에 기반한 도덕 정치를 펼치려고 여러 나라를 10여 년간 돌아다녔다. 그러나 이러한 도덕 정치는 어느 나라에서나 먹혀들어 가지를 않았다. 당시의 약육강식(弱肉强食)하는 시대적 여건과 공자의 이상정치(理想政治)는 거리가 먼 것이었다.

옛날 주나라의 문물제도를 노나라에 시행한다는 것은 육지에서 배를 끄는 것과 마찬가지였다. 옛날과 지금의 차이는 하늘과 땅만큼의 차이였다.

그리스의 플라톤의 철인정치(哲人政治)가 실패하듯이, 공자의 도덕 정치 역시 현실에 뿌리내릴 수가 없었다. 결국 공자는 자신의 학문적 이상이 현실의 정치 상황에서 결코 실현될 수 없음을 깨달았다. 그래서 고향으로 돌아온 후 만년에는 후학 양성에 전념하게 된 것이다.

이처럼 시대 상황에 따라 사상과 제도가 다름을 알 수 있다. 이른바 강남의 귤도 토양이 다른 강북에 가면 탱자가 되는 것과 같다.

자식도 장성하면 옛날 어릴 때 자식하고는 사고방식과 세상 보는 눈이 달라진다. 그런데 아직도 옛적 어린 시절로 생각하여 분가한 자식에게 이래라저래라 하는 것은 세월의 흐름을 감지하지 못하고 하는 처사라고 할 수 있다.

기업에서도 경험이 많고 연륜이 깊은 경영자일수록 시대의 흐름과 상황의 변화에 대하여 각별한 주의를 기울인다. 국제관계 역시 마찬가지이다. 뼈아픈 과거사를 잊어서는 결코 아니 된다. 그러나 역사는 흐르고 세계는 변하는데, 그 과거에만 얽매여 한 발자국도 나가지 못해서도 안 될 것이다. 현재가 중요한 것이다. 현재의 변화와 상황을 정확히 파악해서 거기에 상응하는 대책을 강구함이 현명하다.

"가는 사람 붙잡지 말고, 오는 사람 막지도 말라."고 했다. 각주구검(刻舟求劍)과 같은 어리석음은 버리고, 변화하는 상황에 따라 순리대로 대처해 감이 중요하다.

인생길 밝히는 사자성어

불치하문(不恥下問)

아니 불(不), 부끄러워할 치(恥), 불치(不恥)라 함은 '부끄러워하지 않는 다'라는 뜻이고, 아래 하(下), 물을 문(問), 하문(下問)이라 함은 '아랫사람 에게 묻다'라는 의미이다. 따라서 '불치하문'이라 함은 "아랫사람에게 묻 는 것을 부끄러워하지 않는다."라는 말이다. 아무리 지위가 낮고 신분이 미천한 사람일지라도 자기가 모르는 부분은 알 수도 있으니, 지위의 높낮 이와 관계없이 자기가 모르는 것을 묻는 것을 부끄러워해서는 안 된다는 의미이다.

불치하문은 《논어》에 나오는 말이다. 위나라에 공어(孔圉)라고 하는 대 부가 있었는데, 죽은 뒤에 시호를 문(文)이라고 하였다. 그래서 사람들은 그를 공문자(孔文子)라고 불렀다.

이 일을 두고 공자의 제자인 자공(子貢)이 어느 날 공자에게 "공문자는 왜 시호를 문(文)이라고 했습니까?"라고 물었다. 자공이 이런 질문을 한 것은, 그 공문자가 남의 아내를 강제로 취하는 등 평소 행실이 도저히 문 (文)이라는 시호를 받을 만한 위인이 아니었기 때문이었다. 공문자의 인 간성이 이와 같았는데도 시호를 '문'이라고 했기 때문에 자공이 의아하게 여겨 공자에게 물은 것이다.

시호(諡號)는 선왕의 공적이나 학자·관료의 행적을 칭송하여 그가 죽은 뒤 임금이 추증(追贈)하는 이름을 말한다. 시호법에서 문(文)이라는 글자는 "부지런히 공부하고 질문하기 좋아한다."라는 의미이다. 우리나라도 이퇴계 선생의 시호를 문순(文純), 이율곡 선생의 시호를 문성(文成)이라 했으며, 정약용 선생은 순종으로부터 문도(文度)라는 시호를 받았다.

이렇게 문(文)이라는 시호는 학덕을 칭송하는 시호인데, 행실이 좋지 않았던 인물에게 붙이는 것이 의아해서 공자에게 물었다. 그 물음에 공자는 "그가 영민하면서도 배우기 좋아했고 아랫사람에게 묻는 것을 부끄럽게 여기지 않기 때문에 시호를 문이라고 한 것이다(敏而好學 不恥下問 是以謂文也: 민이호학 불치하문 시이위문야)."라고 대답했다.

'불치하문'은 바로 공자의 이 말에서 유래한 성어로, 진실로 배우기를 좋아하는 사람이라면 자신보다 못한 사람에게도 기꺼이 물어볼 줄 알아야 한다는 교훈이 담겨 있다.

물어보는 대상은 남녀노소를 가리지 않고, 부귀빈천을 구별하지 않는다. 공자 같은 성인도 뽕밭에 있는 아낙네한테 구슬을 꿰는 방법을 물어 구슬을 꿰었다. 이를 공자천주(孔子穿珠)라고 한다.

어린아이도 그 지혜가 어른을 능가하는 경우가 있다. 그러니 어린아이한테도 모르는 것이 있으면 물어보아야 한다. 50~60대라고 하더라도 손주 같은 어린 유단자 소년한테 자기가 잘 모르는 바둑을 주저 없이 물어보아야 한다. 그래야 바둑이 는다.

《위지(魏志)》라는 중국 삼국시대의 역사책에 다음과 같은 이야기가 나온다.

위나라 무제의 아들인 '창서'는 어릴 때부터 총명하고 사리에 밝아 아주 재기가 있었다. 그래서 대여섯 살 때 이미 어른과 같은 지혜가 있었다.

어느 날 오나라의 손권이 커다란 코끼리를 위나라에 보냈다. 무제는 코끼리의 체중을 알고 싶어서 어떻게 하면 좋을지 그 방법을 신하에게 물었으나 아무도 그것을 잴 방법을 생각해 내는 자가 없었다. 그때 어린 창서가 나서서 이렇게 말했다.

"그 코끼리를 커다란 배에 태워서 그 무게 때문에 배가 물에 가라앉는 그곳에 표시하세요. 그리고 따로 돌이라든지 나무의 무게를 재서 이것을 배에 싣고 그것을 비교해서 잰다면 코끼리의 무게를 알 수 있습니다."

무제는 크게 기뻐하며 그대로 실행해서 코끼리의 무게를 알 수 있었다.

우리나라도 어린 시절부터 뛰어난 어린아이들이 있었다. 예를 들면 조선시대 홍섬(洪暹) 같은 경우이다. 홍섬이 여섯 살 때 아버지 방에 들어가 보니, 그 아버지께서 베개를 베고 낮잠을 주무시는데, 뱀이 아버지의 가슴과 배 위에 가로 걸쳐 똬리를 틀고 있었다. 아버지는 이를 알고 있었으나, 뱀이 깨물까 두려워 감히 움직이지 못하고, 목석과 같이 누워만 있을 뿐이었다. 홍섬은 즉시 수풀 가운데로 가서 개구리 서너 마리를 잡아 와 그것들을 땅 위에 풀어놓으니, 개구리들이 뛰어 흩어졌다. 뱀이 이에 똬리를 풀고 사람을 놓아두고 개구리를 쫓아갔다. 이래서 아버지는 몸을 일으킬 수 있었다. 홍섬은 지혜롭기가 어려서부터 이와 같았다. 자라서 과거 급제하고 선조 때 영의정에 올랐다. 《해동명신록(海東名臣錄)》에 나오는 이야기이다.

　무릇 배우기 좋아하면 자동으로 궁금한 것이 많기 마련이다. 그래서 질문을 많이 하게 된다. 나는 과거에 대학교 학장을 하면서 10여 년간 강의했다. 강의할 때, 질문의 많고 적음에 따라 듣는 학생들의 수준을 가늠할수 있었다. 수준이 높고 배우려는 의욕이 왕성한 집단에서는 자연히 강의내용에 관한 질문이 많았다. 수준이 낮은 그룹에서는 질문도 없고, 그저강의가 빨리 끝나기만을 바라는 분위기였다.

　《논어》에 세 사람이 길을 가면 반드시 나의 스승이 있다고 했다. 이를"삼인행필유아사언(三人行必有我師焉)"이라고 한다. 길을 같이 가는 사람 중에 착한 사람이 있으면 그를 본받아 나도 인격을 수양하고, 나쁜 사람이 있으면 그의 나쁜 행실을 거울삼아 나의 행실을 되돌아볼 수가 있다. 그러니 선인이든 악인이든 모두 나의 스승이 되기는 마찬가지이다.

　"아는 것이 힘이다(Knowledge is power)."라고 경험주의 철학자 베이컨이 말했다. 알려면 배워야 하고, 배우려면 누구한테나 물어보아야 한다. 배우지 못하면 무지(無知)하게 되고, 무지하면 남한테 업신여김을 받게 된다.

　업신여김을 한자로 모멸(侮蔑)이라고 한다. 모(侮) 자는 사람 인(亻)과매양 매(每)가 합쳐진 글자이다. 매일매일 배우지 않으면 머릿속이 텅 비어 다른 사람에게 멸시(蔑視)당한다는 뜻이다.

　　　　　　　　　　　　　　　　인생길 밝히는 사자성어

모멸당하지 않으려면 배워야 한다. 배우려면 자기가 모르는 것은 체면 차리지 말고, 계급장 떼고, 서슴없이 아무에게나 물어야 한다. 불치하문(不恥下問)이다. 아랫사람에게 묻는 것을 부끄러워하지 말아야 한다.

정업필보(定業必報)

정할 정(定), 일 업(業), 정업이라 함은 '정한 일대로'라는 뜻이고 반드시 필(必), 갚을 보(報), 필보라 함은 '반드시 갚음을 받는다'라는 의미이다. 따라서 '정업필보'라 함은 "자기가 행한 만큼 갚음을 받는다."라는 의미이다.

불가에서는 자기가 지은 만큼의 업(業)의 대가를 치른다고 하여 이를 업보(業報)라고 한다. 현세에 좋은 업을 쌓으면, 다음 세상에 기쁨과 행복을 누리게 된다. 이와 반대로 현세에 악업을 지으면 내세에 나쁜 일만 겪게 된다고 한다. 선인선과(善因善果)요, 악인악과(惡因惡果)라 함은 이를 두고 하는 말이다.

그래서 살아생전에 되도록이면 남을 돕고 베풀기를 아끼지 말아야 한다. 이렇게 음덕(陰德)을 쌓으면 자손이 잘되고 집안이 번창하게 된다.

유교에서도 적선지가(積善之家)에 필유여경(必有餘慶)이라고 했다. "좋은 일을 많이 한 집안에는 반드시 경사가 있게 된다."는 뜻이다.

그런데 세상에는 착하기만 한 사람이 모진 고통을 받으며 살아가고 있는 반면에, 거짓말하고 나쁜 짓만 한 사람이 오히려 떵떵거리며 잘 살아가는 경우가 허다하다. 왜 이럴까? 착한 사람이 고통에 시달리는 것은 전생의 악업 때문이라고 한다. 그런 경우, 그 전생의 업을 소멸시켜야 비로소 고통의 굴레에서 벗어나게 된다. 업을 소멸시키기 위해서는 남을 돕고 공덕을 두텁게 쌓는 일에 힘써야 한다. 그렇게 하면 업장소멸(業障消滅)이 되면서 발복(發福)하게 된다.

어느 마을에 한 부부가 살고 있었다. 자녀의 교육이나 생활에는 별문제가 없었으나, 단 한 가지 부인이 견디기 힘든 일이 있었다.

그것은 부부가 서로 의견이 맞지 않을 경우, 툭하면 남자가 여자를 때리는 것이었다. 그것도 맨손으로 때리는 것이 아니라 주변에 있는 물건들을 닥치는 대로 집어서 때리는 것이었다. 그래서 부인의 몸은 하루도 멍들지 않고 성한 날이 없었다.

요즘 같으면 당장 이혼감이며, 형사처벌의 대상이 되겠지만, 그때는 여필종부(女必從夫)의 시절이라 여자는 무조건 참고 살아야 했다. 이미자의 노래 〈여자의 일생〉처럼 "아아, 참아야 한다기에 눈물로 보냅니다."와 같은 질곡(桎梏)의 생활이었다.

그러던 어느 날, 삿갓을 쓴 한 스님이 탁발(托鉢)을 왔다. '탁발'이라 함은 스님이 집집이 돌아다니면서 동냥을 구하는 것을 말한다. 심성(心性)이 착한 부인은 바가지에 가득 쌀을 퍼서 스님에게 보시(布施)했다. 그러면서 자신의 고초(苦楚)를 스님에게 하소연해 보았다.

부인의 눈물 어린 하소연을 들은 스님은 물끄러미 부인을 쳐다보더니, "그럼 내가 시키는 대로 한번 해 보겠소?" 하면서 처방을 말해 주었다.

스님이 내린 처방은 이러했다. 마을 앞 강가로 나가서 잘 자란 갈대를 한 묶음 베어다가, 굵직한 몽둥이처럼 가는 다발로 묶어 눈에 잘 띄는 곳에 세워 두라는 것이었다. 그렇게 말한 후 스님은 행운유수(行雲流水)처럼 사라졌다.

부인은 스님이 시키는 대로, 갈대를 베어다가 묶어 큰 몽둥이를 만들어서 잘 보이는 곳에 세워 두었다. 그리고 며칠이 지났다. 남편은 무슨 말을 하다가 비위에 맞지 않아, 예의 그 버릇이 나타났는데, 눈에 잘 띄는 그 갈대 몽둥이를 집어 들고, 부인을 사정없이 때리는 것이었다.

부인은 갈대 몽둥이가 다른 물건보다는 조금 덜 아팠기 때문에 참을 만했다. 그렇게 갈대 몽둥이로 맞기를 2년 정도 세월이 흘렀다. 그런데 어느 날 남편이 더 이상 때리지를 않는 것이었다. 갈대 몽둥이를 치워 버렸는데도 다시 그것을 찾지도 않았다. 집 안에는 모처럼 평화가 찾아왔다. 부인은 영문은 모르지만, 남편의 버릇을 고쳐 준 스님을 고마워하며 잊지 않고 있었다. 그런데 한 3년이 지난 어느 따뜻한 봄날, 삿갓 쓴 그 스님이 다시 탁발을 왔다.

부인은 반가워 스님을 따뜻하게 맞이하고, 그간의 자초지종을 얘기하면서 공양미를 듬뿍 시주했다. 그러면서 남편과 자기 사이에 무슨 사연이 있어 그랬는지 듣고 싶다고 했다.

스님은 부인을 물끄러미 바라보면서 말하기를 "전생에 당신은 마부였고, 남편은 말이었소. 전생에 부인은 남편에게 수없이 채찍질했던 것이고, 그만큼 남편에게 매 빚을 졌던 것이오. 후생에서 부인은 전생에서 때린 숫자만큼 맞아야만 했던 것이오."

스님이 갈대 몽둥이를 준비해 놓으라고 한 것도 그 이유가 있었다. 남편이 갈대 몽둥이로 한 번 때릴 때마다 수십 대 내지는 백 대를 한꺼번에 맞는 효과가 있었다. 정해진 업대로 맞는 것이 업보의 법칙인지라 전생에 때린 매질의 횟수대로라면 평생을 매질 속에서 살아야 했지만, 스님의 처방에 따라 짧은 기간에 전생 빚을 모두 갚은 셈이다. 그리고 부인이 평소에 베푸는 공덕을 쌓고 착한 마음을 지녔기에 전생의 업장소멸이 가일층 빨라지기도 했다.

'전설의 고향'에 나오는 이야기와 흡사하지만, 요컨대 "사람은 전생에 지은 업대로 금생에 받게 된다."라는 정업필보(定業必報)를 강조한 것이다. 아울러 금생에 베풂을 많이 하고, 공덕을 쌓으면 그 업장을 가볍게 할 수 있다는 교훈도 담겨 있다.

와신상담(臥薪嘗膽)

    엎드릴 와(臥), 섶나무 신(薪), 와신이라 함은 '땔나무 위에 누워서 잠을 잔다'라는 뜻이고, 맛볼 상(嘗), 쓸개 담(膽), 상담이라 함은 '쓸개를 맛본다'라는 의미이다. 따라서 '와신상담(臥薪嘗膽)'이라 함은 "장작개비 같은 땔나무에 누워서 잠을 자고, 쓸개를 맛본다."라는 뜻이다. 목적을 달성하기 위해 갖은 고통을 참고 견디는 것을 비유하는 말이다.

    와신상담은 《사기(史記)》에 나오는 말이다. 춘추시대 오왕 합려(闔閭)는 월(越)왕 구천(句踐)과의 싸움에서 대패했다. 이 전투에서 합려는 화살에 맞은 상처로 죽었는데, 그가 죽으면서 아들 부차(夫差)에게 원수를 갚아 달라고 유언했다.

    아버지의 뒤를 이어 오나라 왕이 된 부차는 무슨 일이 있어도 아버지의 원한을 풀어야겠다는 굳은 결심을 하고, 밤마다 장작 위에 누워, 월왕에 대한 복수심을 불태웠다. 그럴 뿐만 아니라 자기 방에 출입하는 자에게는 반드시 아버지의 유명(遺命)을 소리쳐 말하게 했다.

    "부차여, 네 아비를 죽인 자는 월왕 구천임을 잊어서는 안 된다."

    부차는 그럴 때마다 이렇게 대답했다.

    "네. 절대로 잊지 않겠습니다. 3년 이내에 반드시 원수를 갚겠습니다."

    그것은 임종 때 부차가 아버지에게 대답한 말과 똑같은 말이었다. 부차는 낮이건 밤이건 오로지 병사를 훈련해 때가 오기를 기다렸다.

월왕 구천이 그것을 알자, 범려(范蠡)의 간언에도 불구하고, 기선을 잡아 오나라를 치려고 군사를 일으켰다. 이리하여 양군은 오나라의 부초산에서 격돌했다. 기원전 494년에 일어난 전쟁이다.

부차의 오군(吳軍)에 의하여 월군(越軍)은 대패했다. 구천은 패잔병 5,000명을 이끌고 회계산(會稽山)으로 도망쳤다. 오군은 계속 추격하여 산을 포위해 버렸다. 진퇴양난(進退兩難)에 빠진 구천은, 오왕의 신하가 된다는 조건으로 항복했다. 오나라의 명신 오자서(伍子胥)가 월왕 구천을 살려 두면 후환이 있을 것이라고 간언했으나, 먹혀들어 가지를 않았다. 그것은 당시 오나라 재상 백비가 월나라로부터 뇌물을 받고, 화친을 주장했기 때문이었다. 부차는 간신 백비의 화친 주장에 따라 구천의 목숨을 살려 주었다. 이것이 화근이 되었다.

구천은 고국으로 돌아갈 수도 있었으나, 월나라는 이제 오의 속국이고 스스로는 오왕의 신하가 된 몸이었다. 그래서 전에 부차가 장작 위에 누워 망부(亡父)의 유한을 되새기듯, 구천은 곁에 쓸개를 매달아 놓고, 항상 그 쓴맛을 핥아 '회계의 치욕'을 되새기면서 복수를 다짐했다. 그는 또 스스로 밭을 경작하여 거친 음식에 만족하고, 인재를 등용하여 그 충언을 듣고 오직 국력의 부흥만을 도모했다.

구천이 회계산에서 오에 항복한 지 12년이 지난 해 봄, 오왕 부차는 천하의 패자(霸者)가 되어 득의의 절정에 있었다. 그때까지 오래도록 은인자중(隱忍自重)하고 있던 구천은 범려와 함께 부차의 부재를 노려 느닷없이 오나라를 공격해 들어갔다. 구천은 오의 잔류군을 크게 격파하고, 마침내 오의 수도인 고소성을 포위하여 오왕 부차에게서 항복을 받았다. 이렇게 회계의 치욕을 설욕한 구천이 부차를 귀양 보내려 했으나, 부차는 스스로 목을 쳐 자살하였다. 이렇게 하여 구천은 오를 대신해서 천하의 패자가 되었다. 이상이 와신상담의 유래 이야기이다.

프랑스의 계몽주의 철학가 장 자크 루소는 말했다. "인내는 쓰나 그 열매는 달다." 이 말은 와신상담이라는 말과 상통한다.

무릇 어떤 목적을 달성하려면 피나는 고통의 과정을 거쳐야 한다. 아픔과 쓰라림을 참고 힘을 다할 때 무언가 이루어지는 것이다. 세상에 공짜로 이루어지는 일은 별로 없다.

참을 인(忍)은 칼날 인(刃) 밑에 마음 심(心)을 받친 글자이다. 마음 위에 칼날이 위협하고 있으니 두려워서 "참는다."라는 뜻이다. 인생을 살아가면서 누구나 참고 견디어야 하는 일이 많다. 참지 못하고 나중에 후회하는 일도 허다하다. 그래서 인내를 강조하는 교훈이 많다.

당나라 때 누사덕(屢師德)은 관리로 출발하는 동생에게 물었다.
"네가 누구를 화나게 하여 그가 너의 얼굴에 침을 뱉거든 어떻게 할 것인가?"
"아무렇지도 않은 듯 참고 묻은 침을 닦아내겠습니다."

인생길 밝히는 사자성어

동생은 관리로서 이 정도라면 충분하다는 생각으로 대답한 것이었다. 그러나 형 누사덕은 이렇게 말한다.

"그게 아니야. 얼굴에 묻은 침이 저절로 마를 때까지 그냥 두어야 해. 그래야 상대의 화가 누그러지는 것이야."

남에게 순간에 지는 것은 작게 지는 것이지만, 화가 나서 참지 못하면 인생 전체가 지게 된다. 사소한 일에도 참지 못하고 화를 내는 사람은 결코 큰 인물이 될 수 없는 법이다.

인내 없이 이루어지는 일은 별로 없다. 큰 뜻은 모두 인내를 거쳐 이루어지는 것이다.

와신상담과 유사한 말로 절치부심(切齒腐心)이라는 말이 있다. "이를 갈면서 속을 썩이며 복수에 노력한다."라는 의미이다.

원수지간(怨讐之間)이 한자리에서 만나는 것을 오월동주(吳越同舟)라고 부른다. 서로가 원수인 오나라와 월나라 사람이 같은 배에 타고 있다는 뜻이다.

한편, 오월동주는 "아무리 원수지간이라 할지라도 한배에 탄 이상 목적지에 도착할 때까지는 서로 운명을 같이하고 협력하게 된다."라는 뜻도 담고 있다.

국내적으로는 고물가·고환율·고이율 등 3고(高)에 시달리고 있고, 국제적으로는 우크라이나 전쟁이 계속되고 있는 가운데, 북한은 여전히 핵무기에 광분(狂奔)하고 있는 상황이다.

이러한 국가적인 위기에 여야가 오월동주처럼 한배에 타고 있다. 위기를 극복하고 대한민국이 번영과 평화의 길로 나가기 위해서는, 여야가 당리당략(黨利黨略)만 앞세운 싸움은 이제 그만해야 한다. 국리민복(國利民福)을 위하여 서로 협치(協治)를 해 나가야 한다. 국회에서 여야 합의도 없이 일방적으로 통과된 법률에 대하여, 대통령이 거부권을 행사하는 것과 같은 낭비적인 입법 행태는 없어야 한다.

인생길 밝히는 사자성어

후안무치(厚顔無恥)

두꺼울 후(厚), 얼굴 안(顔), 후안이란 '두꺼운 얼굴, 낯이 두껍다'라는 뜻이고, 없을 무(無), 부끄러워할 치(恥), 무치라 함은 '부끄러움이 없다'라는 의미이다. 따라서 '후안무치(厚顔無恥)'라 함은 "낯이 두꺼워 부끄러울 게 없다."라는 의미이다. 흔히 "얼굴에 철판을 깔았다." 또는 "철면피(鐵面皮)이다."라는 말을 쓰기도 한다.

후안무치라는 말은 《시경(詩經)》에 나오는 말이다. 중국 하나라 시절 계왕의 맏이인 태강은 정사는 돌보지 않고 사냥만을 좋아하다가 결국 나라를 잃고 비참한 죽임을 당한다. 이에 태강의 다섯 형제들이 맏형을 원망하는 노래를 불렀는데, 그중 막내의 노래에 후안무치가 나왔다고 한다.

맹자는 인간은 본성이 착하게 태어났다는 성선설(性善說)을 주장했다. 사람이 착하게 태어났다는 근거로 맹자는 사단(四端)을 들고 있다. 측은지심과 수오지심, 사양지심, 시비지심이 그것이다. '단(端)'이란 '일이 시작되는 실마리'를 뜻하는 글자이다. 어떤 사건을 해결하는 단서(端緒)를 찾았다고 할 때의 단서와 같은 것이다.

먼저 측은지심(惻隱之心)은 곤경에 빠진 사람을 불쌍하게 여기는 마음으로서 인(仁)의 실마리가 된다고 했다. 수오지심(羞惡之心)은 부끄러움과 함께 나쁜 짓을 미워하는 마음으로서 의(義)의 시초가 된다. 사양지심(辭讓之心)은 다른 사람을 존중하고 양보할 줄 아는 마음으로 이는 예(禮)의 발단이 되며, 시비지심(是非之心)은 학문을 연구하고 옳고 그름을 판단하는 마음으로 지(智)의 시초가 된다. 이것이 바로 인의예지(仁義禮智) 4가지 덕목으로 수천 년이 넘도록 동양사상의 표본이 되어 왔다.

구태여 맹자의 사단설(四端說)을 거론하는 것은, 사단 중 부끄러워할 줄 아는 수오지심(羞惡之心)이 후안무치와 관련되어 있기 때문이다.

부끄러울 수(羞), 미워할 오(惡), 어조사 지(之), 마음 심(心), 수오지심이란 자신의 옳지 못한 행동을 후회하고 부끄러워하며, 다른 사람의 불의한 행동에도 분노하거나 미워하는 마음을 말한다. 이는 의로움(義)을 추구하는 마음이다.

자기가 바르면 언제나 당당하고 떳떳하다. 올바르지 못하면 저열하고 비굴해진다. 참고로 수오지심(羞惡之心)에서 '惡' 자는 '오'로 읽어야 한다. 악인(惡人), 선악(善惡) 등 '악하다'는 의미로 쓰일 때에는 악(惡)으로 읽지만, 혐오(嫌惡), 증오(憎惡)처럼 '미워하다, 싫어하다'의 의미로 쓰일 때는 '오'로 읽는다.

《논어》에서 공자는 "불의로써 부귀를 누림은 나에게는 뜬구름과 같다."라고 했다(不義而富且貴 於我如浮雲: 불의이부차귀 어아여부운). 나쁜 짓을 해서 부자가 되고 높은 지위에 오르게 된들, 그것이 얼마나 가겠는가. 공자는 모두 흘러가는 뜬구름처럼 허망한 것으로 생각할 뿐이다. 정상적으로 얻은 부귀공명(富貴功名)이라고 하더라도, 그 자체는 허망하고 부질없는 것인데, 하물며 옳지 않은 방법으로 부귀를 득하는 것은 공자에게는 전혀 관심 밖의 사항이었다. 《논어》의 이 말씀은 특히 정치인이나 고위직들이 잘 새겨들어야 할 것이다. 왜냐하면 후안무치(厚顔無恥)는 정치인이나 고위직으로 갈수록 많이 발견되기 때문이다.

농사나 짓고, 고기를 잡아 생계를 유지해 나가는 어부 같은 평범한 사람들은 순박하고 바른 생활을 해 나간다. 도회지에서 행세깨나 하는 배웠다는 지식인들이 오히려 부끄러움 없이 '내로남불' 하기 일쑤이다. 음주 운전을 했던 판사가 음주 단속에 걸린 사람에게 가혹한 선고를 하기도 한다. 가짜 뉴스를 부끄러워하지 않고 계속 반복하기도 한다. 도무지 수치심이 무엇인지를 모르고 사는 사람들이다.

나는 부끄러움을 아는 역사적 인물로 김삿갓을 들고 싶다. 김삿갓의 본명은 김병연(金炳淵: 1807~1863)이다. 안동 김씨 뿌리로 경기도 양주에서 태어났다. 시문(詩文)에 출중한 그는 과거(백일장)에서 장원급제를 한다. 그때 시제(詩題)가 "홍경래란 때 굽히지 않고 저항했던 정가산의 충절을 논하고, 홍경래에게 항복한 김익순의 죄를 탄핵하라(論鄭嘉山忠節死, 嘆金益淳罪通于天: 논정가산충절사 탄김익순죄통우천)."라는 것이었다.

김병연은 그의 시에서 전개하기를, 정가산의 충절은 송나라의 악비(岳飛)도 미치지 못하고 은(殷)의 백이(伯夷)도 따르지 못한다고 극찬했다. 반면에 홍경래(洪景來)에게 무릎을 꿇었던 김익순은 '혼이 죽어서 황천에도 못 가리'라고 준열히 꾸짖었다. 그러나 그가 맹렬히 비난했던 김익순은 실은 그의 조부였다. 그의 조부 선천 부사 김익순은 홍경래의 난 때 투항했다. 그래서 역적의 집안으로 폐문(閉門)을 당하고, 김병연은 모친을 따라 영월 땅으로 은거하게 된 것이었다. 그의 모친은 이 사실을 숨기고 있다가, 김병연이 장원하자 비로소 밝혔다. 폐문의 자손으로 조상을 비난한 김병연은 번민 끝에 푸른 하늘을 등지고 평생 삿갓을 쓴 채 전국을 유랑, 걸식하면서 시를 읊다가 전남 화순 땅에서 57세의 나이로 비운의 인생을 접게 된다.

나는 영월 땅에 있는 김삿갓 묘소를 찾아가 둘러본 후, 김삿갓이야말로 진정한 인간의 도리와 수치심이 무엇인지를 나타낸 인물이라고 생각했다. 조상을 비방한 자책감과 수치심으로 일생을 삿갓을 쓰고 푸른 하늘을 보지 못한 채 방랑길을 헤맸던 것이다.

무릇 인간은 신이 아니다. 불완전한 존재이다. 그러기에 인간은 누구나 살아가는 과정에 부끄러운 행동이나 실수를 하게 된다. 그럴 때 잘못을 솔직히 인정하고, 사과할 것은 사과해야 한다. 그리고 부끄러운 행동은 깊이 반성하여 재발 방지에 힘써야 한다. 과실을 감추거나, 이를 고치지 않는 것이 진짜 큰 잘못이다. 대장동 비리라는 엄청난 잘못을 저지르고도, 이를 반성하지 아니하고 발뺌하기에 급급하다면 이는 전형적인 후안무치이다. 부끄러움을 모르는 사람은 의롭지 못하다. 그래서 입으로 나오는 것이 대부분 거짓말이다. 바르지 못하기 때문에 거짓말하는 것이 습성화되어 있다. '아니면 말고' 식의 가짜 뉴스 양산자가 그러하다.

사람은 어릴 때는 막연히 귀신이 두렵지만, 철이 들어가면 사람이 두렵고, 나이 들면 세월이 두렵고, 노년에 이르면 외로움이 두렵게 된다. 나이가 들어가면서 두려움의 대상은 달라질 뿐이지 두려움이 있기는 여전하다.

부끄러운 짓을 하지 않거나 죄를 짓지 않았으면, 귀신이 문을 두드려도 두려울 것이 하나도 없다. 마음이 올바르면 어두운 방 안에서도 푸른 하늘을 볼 수 있다. 의(義)를 추구하는 바른 마음을 가진 사람은 부끄러움을 알기 때문에 후안무치(厚顔無恥)와는 거리가 멀다.

마이동풍(馬耳東風)

말 마(馬), 귀 이(耳), 마이(馬耳)라 함은 '말의 귀'를 뜻하고, 동녘 동 (東), 바람 풍(風), 동풍(東風)이란 '동쪽에서 불어오는 바람'을 의미한다. 따라서 마이동풍(馬耳東風)이라 함은 "말의 귀를 스치는 동쪽 바람"이라 는 뜻이다. 다른 사람의 의견이나 충고 등을 전혀 듣지 않거나, 상대에게 아무런 반응도 하지 않는 것을 의미하는 말이다. 우리 속담에 "쇠귀에 경 읽기"라는 뜻의 우이독경(牛耳讀經)과 같다. 흡사 담벼락에 대고 얘기하 는 것과 같다.

말의 귀에 동풍이 부는 것이 왜 '남의 말을 귀담아듣지 않는 것'을 의미 하는지 자못 궁금하다. '동풍'은 '봄바람'을 의미한다. 음양오행설에서 동 (東)은 봄(春)을 의미하고, 남(南)은 여름(夏)을, 서(西)는 가을(秋), 북(北) 은 겨울(冬)을 각기 가리킨다. 따라서 동풍은 봄바람을 의미하고 북풍은 차가운 겨울바람을 나타낸다. 북풍이 몰아칠 때는 추위가 대단하다는 것 을 뜻하는 것과 같다. 따라서 마이동풍은 "흡사 말의 귀에 봄바람이 스쳐 지나가듯이 귓등으로 흘려버리는 것"을 의미한다.

'마이동풍'이란 말은 이백의 〈왕거일(王去一)의 '한야(寒夜)에 독작(獨 酌)하고 회포에 잠긴다'에 답한다〉라는 시에 나온다. 시 제목이 말하듯, 이 시는 왕거일이라는 친구가 보내온 시에 대한 회답시이다.

　　　　　　　　　　　　인생길 밝히는 사자성어

이백의 친구인 왕거일이 자기의 불우(不遇)함을 이백에게 호소한다. 이백은 거기에 대해 달이 휘영청 밝고 추운 밤에 독작을 한 왕거일의 쓸쓸함을 생각하면서 시를 지어 보냈다.

그 내용을 보면, "술을 마셔 만고의 쓸쓸함을 씻어 버릴 것을 권하고, 또 그대처럼 고결하고 뛰어난 인물은 지금 세상에서는 쓰이지 못함이 당연하다."고 위로한다. "지금 세상은 투계(鬪鷄)의 기술이 뛰어난 인간이 천자의 사랑을 얻을 수 있고, 그렇지 않으면 만적(蠻賊)의 침입을 막아 공을 세운 인간이 권력을 잡고 거드름을 피우는 세상이다. 자네나 나는 그런 인간들의 흉내를 낼 수 없다. 우리는 창에 기대어 시를 읊거나 부(賦)를 짓는다. 그러나 그것이 걸작이라도 세상에서는 한 잔의 물만 한 가치도 없다. 세상 사람들은 우리의 작품을 듣고 고개를 흔들며, 동풍이 말의 귀를 스치는 정도로밖에 생각하지 않는다. 어리석은 자들이 명월이나 주옥과 같은 우리들을 비웃고 귀한 지위를 대신 차지하려고 한다. 옥석혼효(玉石混淆)하고 현우전도(賢愚轉倒)되어 있는 것이 지금의 세상이다. 우리 시인에게는 경상(卿相)의 자리는 없다. 청년 시절부터 우리는 산야에서 고답하는 것이 원이 아니었던가?" 하고 격려하여 힘을 북돋우고 시를 끝맺는다.

상대방 말을 귀담아듣는 것을 경청(傾聽)이라고 한다. 경청해야 의사소통된다. 총명한 사람과 유연한 사람은 경청하면서 상대방의 쓴소리도 달갑게 듣는다.

경청에서 경(傾)은 사람 인(亻)에 머리 기울일 경(頃)이 합쳐진 글자이다. 머리를 기울여 열심히 듣는 모습을 뜻한다. 상대방이 말할 때 먼 산을 바라보며 손이나 만지작거리며 듣는 자세는 경청하는 자세가 아니다. 대화 중에 스마트폰을 꺼내서 들여다보는 것 역시 경청과는 거리가 멀다.

소통은 상대방을 존중하고 상대방의 말에 귀를 기울일 때 이루어진다. 능변가라고 해서 소통을 잘하는 것은 아니다. 상대방을 논리로 압도했다고 해서 상대방이 설득되는 것은 아니다. 논리정연한 말에 눌린 상대방은 "그래! 너 참 똑똑하다. 잘났다~ 어디 두고 보자!" 하면서 속으로 반감이 있기도 하다.

옛날 공자 일행이 제(齊)나라 변방을 지날 무렵이었다. 일행의 말이 남의 밭에 들어가 보리를 뜯어 먹어 버려 농부가 노발대발하면서 말을 빼앗아 돌려주지 않았다. 공자의 제자 중 언변이 좋은 자공(子貢)이 이치를 늘어놓았지만, 소용이 없었다. 공자는 마부를 2차 사절로 보냈는데 어쩐 일인지 농부는 아까와는 전혀 다르게 온화한 기색으로 화를 풀었다.

공자가 설득 비결을 물었더니 마부는 "별것 없습니다. 이 고장의 관습대로 '형님'이라고 불렀을 뿐입니다."라고 했다. 그 마부가 '형님'이라고 불러서 된 것만은 아닐 것이다. 지식인 자공과는 다른 태도와 화법, 그리고 마음씨 좋은 마부의 인간적인 매력이 화가 난 농부의 마음을 움직였을 것이다. 지식과 권위만을 내세운다면 이는 소통이 아니라 먹통이 됨을 알 수 있다. 소통은 무엇보다 상대방의 감정을 배려하는 것에서 시작된다.

고집이 세고 남의 말을 잘 듣지 않는 사람을 '벽창호' 같다고 표현하기도 한다. 벽창호는 벽창우(碧昌牛)에서 유래된 말이다. 벽창우에서 벽은 평안북도의 벽산군(碧山郡)의 첫 자이고 창은 창성군(昌盛郡)의 첫 글자이다. 벽산과 창성 지방의 소(牛)들은 몸집이 크고, 힘이 세며 고집이 대단했다. 그래서 달구지를 끌고 산길을 가다가 호랑이를 만나도 피하지 아니하고, 머리로 들이받는 성질을 가지고 있었다. 그래서 고집이 세고 남의 말을 듣지 않는 사람을 '벽창우' 같다고 했는데, 세월이 흐르면서 '벽창호'로 변음되었다고 한다.

우리 주위에는 마이동풍 하는 경우가 적지 않다. 예를 들면, 게임에 중독된 아이에게 스마트폰을 멀리하라고 아무리 얘기해도 이는 마이동풍일 것이다. 열애(熱愛) 중인 애인하고 헤어지라고 부모가 권유하더라도 이역시 마이동풍이기 십상이다. 핵무기 개발에 광분(狂奔)하고 있는 김정은에게 '세계 평화를 위해 핵을 포기하라'고 권해 본들 마이동풍일 것이다.

무릇 인생을 넉넉하고 편안하게 살아가려면, 마음을 열고 남의 말에 귀를 기울이는 여유가 있어야 한다.

구상유취(口尙乳臭)

입 구(口), 오히려 상(尙), 구상이라 함은 '입에 아직도'라는 뜻이고, 젖유(乳), 냄새 취(臭), 유취라 함은 '젖 냄새가 난다'라는 의미이다. 따라서 구상유취란 "아직도 입에서 젖 냄새가 난다."라는 뜻이다. 말과 행동이 어린아이처럼 유치할 때 이를 가리켜 '구상유취'라고 한다.

원래 '구상유취'는 한고조(漢高祖)가 말한 데에서 유래되었다. 한나라의 유방(劉邦)이 위나라를 치기 위해 한신을 출정시키면서 신하들에게 물었다. "위나라 군대의 대장은 누구인가?" 신하들이 대답했다. "백직(栢直)이라는 자입니다."

이에 유방이 코웃음을 치며, "그런 녀석은 구상유취야. 어찌 백전백승의 우리 한신 대장군을 당할 수 있겠는가."라고 한 말에서 비롯되었다. 백직의 행동이 어리석고 유치함을 나타내는 말이다.

여기에서 유래된 구상유취는 당랑거철(螳螂拒轍: 사마귀가 앞발을 들어 수레를 막듯이 분수없는 행동을 가리킴)과 같이 분수없이 날뛰는 자, 또는 적수가 되지 않는 자를 얕잡아 일컬을 때 흔히 쓰이게 되었다.

이처럼 구상유취는 상대를 얕보고 하는 말이지만, 어딘가 애교가 있는 것처럼 느껴지기도 한다.

인생길 밝히는 사자성어

김삿갓(金笠)이 어느 더운 여름철 한 곳을 지나던 중, 젊은 선비들이 개를 잡아 놓고 술을 주거니 받거니 하면서 자기들 딴에는 시를 짓는다고 하여 마구 떠들썩했다. 술을 좋아하는 김삿갓이 말석에 앉아 술 한잔 돌아오기를 기다리고 있었는데 행색이 초라해서인지 본 체도 않고 있었다.

김삿갓은 약간 아니꼬운 생각이 들어 "구상유취로군!" 하고 일어나 가버렸다. 선비들이 김삿갓이 하는 말을 들었다. "그 사람이 지금 뭐라고 했지?" "구상유취라고 하는 것 같더군." 선비들은 이 말의 뜻을 알았기 때문에 하인들을 시켜 김삿갓을 잡아 오게 했다. "방금 뭐라고 그랬지? 양반이 글을 읊고 있는데 구상유취라니?" 그러면서 옆에 세운 채 매질을 할 기세를 보였다. 김삿갓은 태연히 "내가 뭐 잘못 말했습니까?"라고 말했다.

"뭐라고, 무얼 잘못했냐고? 선비들을 앞에 놓고 입에서 젖내가 난다니 그런 불경(不敬)한 말이 또 어디 있더냐?"

"그건 오해입니다. 내가 말한 구상유취는 입에서 젖내가 난다는 그런 구상유취가 아닙니다. 내가 말한 구상유취는 '개 잡아 놓고 선비들이 모였다'라는 구상유취(狗喪儒聚)의 뜻입니다."

김삿갓이 말한 구상유취는 개 구(狗), 죽을 상(喪), 선비 유(儒), 모일 취(聚)인데, 취(聚) 자가 다소 어려운 한자이다. 사람이 모여 사는 마을을 취락(聚落)이라고 한다.

한문의 묘미라 할까, 선비들은 그만 무릎을 치고 웃으며 "우리들이 몰라보았소이다. 자, 이리로 와서 술이나 들며 시라도 한 수 나눕시다." 하며 술을 권했다. 과연 방랑시인 김삿갓의 재치가 엿보이는 대목이다. 입이 노란 새의 새끼에 비유하여 어린아이를 가리켜 황구소아(黃口小兒)라고도 한다.

참고로《사기(史記)》에 나오는 구상유취 원문을 소개해 본다.

漢王以韓信擊魏王豹(한왕이한신격위왕표)
한왕이 한신을 시켜 위왕 표를 치게 했다.
問魏大將誰(문위대장수)
위나라 군대의 대장은 누구인가라고 물었다.
左右對曰柏直(좌우대왈백직)
좌우 신하들이 백직이라고 아뢰었다.
漢王曰是口尙乳臭(한왕왈시구상유취)
한왕이 가로되 '이는 구상유취로구나.'
安能當吾韓信(안능당오한신)
'어찌 그가 우리 한신대장군을 당해낼 수 있겠는가?'

여기 나오는 한신대장군은 유방을 도와 한나라가 천하통일 하는 데 큰 공을 세운다. 그러나 그도 나중에 유방에 의하여 처형당하면서 토사구팽 (兎死狗烹)이라는 유명한 말을 남긴다.

토사구팽이란 사냥개가 토끼를 잡아 주니, 이번에는 용도가 끝난 사냥개를 끓는 물에 삶아 죽인다는 뜻이다. 처형당하는 한신 자신의 처지를 말하는 것이다. 토사구팽은 요즘도 흔히 쓰이는 말이다. 필요할 때 교묘히 부려 먹다가, 필요가 없어지면 헌신짝처럼 버릴 때 쓰이는 말이다. 그래서는 안 될 것이다.

인생길 밝히는 사자성어

중구삭금(衆口鑠金)

무리 중(衆), 입 구(口), 중구라 함은 '여러 사람의 입'을 뜻하고, 녹일 삭(鑠), 쇠 금(金), 삭금이라 함은 '쇠도 녹인다'라는 것을 의미한다. 따라서 '중구삭금'이라 함은 여러 사람의 말은 쇠라도 녹일 만큼 무서운 힘이 있음을 뜻하는 것이다.

'중구삭금'에서 삭(鑠)이라는 글자가 다소 어려운 한자에 속한다. 쇠붙이를 달구어 녹이는 것을 나타내는 한자이다. 돌에 화기를 쐬어 녹일 때 삭석(鑠石)이라고 표현하기도 한다.

'중구삭금'이라는 말은 楚(초)나라 屈原(굴원)이 쓴 말에서 유래된다. '뭇 간신의 입이 쇠를 녹인다'라고 표현하고 있다. 본래 이 말은 '간신들의 말에 임금이 속는 것'을 뜻한다고 볼 수 있다. 그러나 지금은 이 말이 '뭇사람의 말은 쇠도 녹인다'라고 해서 여론의 위력을 나타내는 속담이 되어 쓰이고 있다.

대중의 입에서 이치에 맞는 말이 나오면 그것은 상식이 되고, 민주주의의 기초인 여론을 형성하기도 한다. 그러나 대중의 근거도 없는 뜬소문은 쇠도 녹일 정도로 무시무시한 위력을 발휘하기도 한다.

'누가 누구를 만났대~' 하는 소문이 '둘이 함께 살림을 차렸대~'로 확대 전파되고, 또 몇 사람 건너가면 '아이도 낳았대~'라는 엉뚱한 소문으로까지 번지게 된다. 멀쩡한 사람을 간단히 매장시킬 수 있는 괴력을 가지게 된다.

특히 요즘같이 정보통신이 발달하고, 인터넷이 생활화된 시대에 있어서는 소문은 본인이 해명할 시간 여유도 없이 순식간에 확산한다. 사람은 본래 남의 눈 속의 티는 잘 보면서 자신의 눈 속의 대들보는 보지 못한다는 말이 있다. 그만큼 남의 허물은 쉽게 찾아서 입 밖에 내는 것이 인간이다.

진실 여부를 정확히 파악하지도 않은 채, 대중에 휩쓸려 자기가 무슨 정보통이라도 되는 것처럼 남의 얘기를 옮긴다. "아니면 말고." 하는 식의 말을 자기 마음대로 무책임하게 내뱉기도 한다. 정치인들이 상대방을 비방(誹謗)할 때 흔히 쓰기도 한다.

'발 없는 말이 천 리를 간다(無足之言飛千里: 무족지언비천리)'고 한다. '소에게 한 말은 소문이 안 나도, 아내한테 한 말은 소문난다(言牛則滅語妻則洩: 언우즉멸어처즉설)'는 속담이 있다. 아무리 친한 사이에서 한 말이라도 새어 나가게 되어 있다.

주작부언(做作浮言)이라 해서 터무니없는 거짓말을 지어내는 것이 있는가 하면, 말을 부풀려서 전달하는 소문도 적지 않다. 지어낸 말이든 부

인생길 밝히는 사자성어

풀린 말이든 간에 사람을 상하게 하는 것은 마찬가지이다.

몇 해 전 유명 연예인의 자살 사건도 바로 대중의 입방아로 말미암아 빚어진 사례라고 한다. '나만 아니면 됐지, 남들 입방아에 신경 쓸 필요가 무어 있느냐'고 할 만큼 담대한 사람도 있다. 그러나 아리스토텔레스가 갈파했듯이 '인간은 사회적 동물'인 것이다. 그러기 때문에 주위에 신경을 쓰지 아니할 수가 없다. 언어폭력은 신체적인 물리적 폭력 못지않게 치명적이다.

'삼인성호(三人成虎)'라는 말이 있다. 세 사람이 짜면 없는 호랑이도 만들어 낸다는 뜻이다. 전국시대 위(魏)나라 방총(龐葱)이란 대신이 있었다. 방총은 임금에게 이렇게 물었다.

"지금 누가 저잣거리에 호랑이가 나타났다고 한다면, 임금께서는 믿으시겠습니까?"

"그런 터무니없는 소리를 누가 믿겠소."

"그러면 또 한 사람이 같은 소리를 한다면 믿으시겠습니까?"

"역시 믿지 않을 거요."

"만약 세 번째 사람이 똑같은 말을 아뢰면 그때도 믿지 않으시겠습니까?"

"그땐 믿어야겠지."

저잣거리에 호랑이가 나타날 수 없다는 것은 어린애도 알 만한 상식이다. 그러나 두 사람, 세 사람, 이렇게 전하는 입이 여럿이다 보면 솔깃해서 믿게 된다. 예컨대 '없는 호랑이를 사람 셋이 만드는 셈'이다. 이처럼 근거 없는 말이라도 여러 사람이 말하면 곧이듣게 됨을 이르는 말이 '삼인성호'

이다.

우리 주위에도 근거 없는 말이 떠돌기도 한다. '천안함 폭침'이라든지 '광우병 소동'이 대표적인 사례이다. 여러 사람의 입은 쇠도 녹인다는 중구삭금(衆口鑠金)의 피해가 막심한 것은 말할 나위도 없다.

대기만성(大器晩成)

클 대(大), 그릇 기(器), 대기라 함은 '큰 그릇'을 뜻하고, 늦을 만(晩), 이룰 성(成), 만성이라 함은 '늦게 이루어진다'라는 의미이다. 따라서 대기만성(大器晩成)이란 "큰 그릇은 늦게 이루어진다."라는 의미이다. "큰일이나 큰 인물은 쉽게 이루어지는 것이 아니라, 오랜 시간 많은 노력을 들인 뒤에야 이루어진다."라는 말로 쓰이고 있다.

대기만성은 노자(老子)의 《도덕경》에 나온다. 최고의 가치가 있는 큰 그릇은 모든 것의 최후에 완성된다. 가장 힘이 강한 소리는 소리가 나지 않는 것같이 생각된다. 큰 그릇 역시 다소 미숙한 것처럼 보인다.

큰 그릇이 중요한 것이 아니라 큰 그릇으로 완성해 나가는 과정이 중요하다. 어제보다 나은 오늘을 산다면 그가 발전해 가는 사람이다. 오늘보다 더 나아지는 내일이 있는 기업은 지속 성장이 가능한 기업이다. 대기만성의 철학을 가진 기업이라면 언제나 더 나은 기업이 되기 위하여 부단한 노력을 한다. 세계 초일류기업으로 올라선 삼성과 LG 등이 끊임없이 변화와 발전을 추구하는 것도 큰 그릇이 되기 위한 당연한 몸짓이라고 할 수 있다.

영국의 웨스트민스터 사원은 영국의 유명 인사들이 묻히는 곳이다. 그곳의 묘비에 다음과 같은 문구가 새겨져 있다고 한다.

"나는 일생 동안 세상을 바꾸려고 노력했다. 그러나 그것이 불가능하다는 것을 알았다. 그래서 나는 내 가정만이라도 변화시키려고 했다. 그러나 그것 역시 불가능한 일이었다. 이제 세상을 떠나는 마당에 비로소 내가 바꿀 수 있는 것은 내 자신뿐인 것을 알았다."

내가 바뀌어야 세상이 바뀌는 것이다. "먼저 내 몸을 닦고, 가정을 잘 제도한 후, 나라를 다스리고 천하를 평정한다."라는 '修身齊家治國平天下(수신제가치국평천하)'가 이를 말한다.

무릇 내가 날마다 새롭게 변해야 내 주변 사람들이 새롭게 변하게 된다. 위대함(great)을 구하려면, 먼저 나음(better)을 구하는 것이 순서인 것이다.

《맹자》에 "하늘이 장차 큰일을 어떤 사람에게 맡기려 할 때는 반드시 먼저 그 마음을 괴롭히고 그 근골을 지치게 하고 그 육체를 굶주리게 한다. 그리고 그 생활을 곤궁하게 한다(天將降大任於是人也 必先苦其心志 勞其筋骨 餓其體膚: 천장강대임어시인야 필선고기심지 노기근골 아기체부)."라고 했다.

큰 인물을 만들기 위해 하늘은 수많은 고통과 역경을 부여한다. 쇠도 여러 번 달구어야 명검을 만들 수 있듯이, 사람 역시 온갖 고초를 겪어야 비로소 큰 사람이 될 수 있다. 입지전적인 인물에 대기만성형이 많음이 이를 말해 주고 있다.

인생길 밝히는 사자성어

나는 정부의 인사국장을 역임한 탓으로 많은 사람들을 보아 왔다. 그릇 노릇을 하는 사람들의 공통점으로 다음 두 가지를 꼽고 있다.

첫째는, 자기 분야에 탁월한 식견을 가져야 한다. 경쟁사회에서는 누구보다도 전문지식이 뛰어나야 인물로 발탁된다. 그러기 위하여 평소에 실력 양성을 위해 꾸준히 연마해야 한다. 이른바 '낡은 지식을 버리고 최신의 지식으로 대체하는 것'이다. 고장 난 벽시계처럼 과거에 머물러 있는 사람은 결코 그릇이 될 수 없다.

둘째는 인간관계가 좋아야 한다. 능력이 아무리 뛰어나도 인간관계가 좋지 않다면 그릇으로 성장하기 어렵다. 이런 사람들을 '재주는 승하나 덕이 박약한 사람'이라고 한다. 재승덕박(才勝德薄)이라고 한다. 궂은일에 적극 나서고 남이 싫어하는 일을 솔선해서 나서서 처리하는 사람이 나중에 그릇 노릇을 하게 된다. 인간관계가 좋으면 주위에 사람이 많이 몰려들게 마련이다. 공자도 '덕이 있는 사람은 외롭지 않다'고 했다. 이를 덕불고필유인(德不孤必有隣)이라고 한다.

일찍이 도산 안창호 선생은 "우리에게 인물이 없다고 탓하지 말고, 그 자신이 인물 공부를 해서 인물이 돼라."고 강조했다. 인물 공부는 자기혁신(自己革新) 하면서 배려지심(配慮之心)을 기르는 것이 요체라고 할 수 있다.

견리사의(見利思義)

볼 견(見), 이로울 리(利), 견리(見利)라 함은 '이익을 본다'라는 뜻이고, 생각 사(思), 옳을 의(義), 사의(思義)라 함은 '올바른 것인가를 생각한다'라는 의미이다. 따라서 견리사의(見利思義)라 함은 "이익을 보거든 그것이 올바른 것인지를 먼저 생각해 보는 것"을 의미한다.

견리사의라는 말은《논어》의 헌문편(憲問篇)에 나온다. 공자는《논어》를 통해 "불의로써 부귀를 누리는 것은 나에게는 뜬구름과 같다."라고 했다(不義而富且貴 於我如浮雲: 불의이부차귀 어아여부운).

이율곡 선생이 쓴《격몽요결(擊蒙要訣)》에 견득사의(見得思義)라는 말이 나온다. 견득사의도 같은 말이다. 재물 앞에서는 반드시 정의로운 것인가를 분명히 따지고, 정의에 합당한 것만 취하라는 것이다. 율곡 선생은 인생의 지혜를 높이는 것으로 아홉 가지 생각할 것(九思)을 들고 있다.

① 사물을 밝게 보는가?(視思明: 시사명)
② 들을 때는 총명하게 듣는가?(聽思聰: 청사총)
③ 얼굴빛은 온화하게 하는가?(色思溫: 색사온)
④ 몸자세는 공손하게 하는가?(貌思恭: 모사공)
⑤ 말을 할 때는 충성되게 하는가?(言思忠: 언사충)

⑥ 일을 할 때는 공경하게 하는가?(事思敬: 사사경)

⑦ 의문이 있으면 묻는가?(疑思問: 의사문)

⑧ 분노가 생기면 나중에 어지러울 것을 생각하는가?(忿思難: 분사난)

⑨ 이득을 볼 때는 의로운 것인지를 생각하는가?(見得思義: 견득사의)

이러한 아홉 가지 생각할 항목은 오늘날에도 적합한 것들이다. 율곡 선생은 선견지명(先見之明)이 있어 십만양병설을 주장했고, 《격몽요결》을 통해 후대에 가르침을 주고 있다. 견득사의를 몸소 실천한 율곡 선생은 일생을 청빈하게 살았다. 선생이 세상을 떠난 후, 남은 것은 책과 부싯돌 뿐이었다고 한다. 아무것도 가진 것이 없어 제자들이 모금하여 장례를 치렀다는 이야기가 전해지고 있다.

이렇듯 의로울 의(義)는 선비 정신의 표상이며, 모든 덕목에서 우선이었다. 이익보다 의리를 중요시하는 경리중의(輕利重義) 사상과 대의를 위해서는 죽음을 두려워하지 않는 사생취의(捨生取義) 사상은 선비의 인생관과 가치관의 기본 원리였다. 선비는 의를 위해서는 목숨을 바칠 수는 있어도, 살아서 그 뜻을 굽혀 몸을 욕되게 하는 일은 하지 않았다. 의는 그들의 혼이요 행동의 최고 원리이며 의를 떠나서는 선비를 생각할 수 없으므로 대의멸친(大義滅親)이나 선공후사(先公後私)는 당연한 귀결이었다.

의리는 행동을 통해 실현하는 행동 규범으로 굳은 의지와 용기가 필요하다. 그러므로 선비는 의를 행할 수 있는 용기를 위해 절차탁마하였으며 부단히 수양에 힘썼다. 불의를 용서하지 않았으며 비판과 직언을 서슴치 않았다. 목숨을 걸고 상소를 올렸으며 국란을 당해서는 책과 붓을 던지고 분연히 일어나 적과 싸웠다.

조헌(趙憲) 선생은 임진왜란 때 700명의 선비를 모아 의병을 일으켰다. 금산싸움에서 모두 함께 죽음을 맞아 칠백의사총(七百義士塚)에 묻혔다. 이들은 의를 따라 죽은 것이며 이 순국 정신은 이후 국가를 지키는 주춧돌이 되고 있다.

조선 초 세종을 도와 훈민정음 창제에 공헌한 성삼문은 대쪽 같은 절의(節義)의 선비였다. 그가 읊은 〈절의가(絶義歌)〉가 이를 말해 준다.

"수양산 바라보며 이제(夷齊)를 한하노라.
주려 죽을지언정 채미(採薇)도 하는 것가.
아무리 푸세였거들 긔 뉘 땅에 났더니."
(수양산을 바라보며 백이·숙제 형제를 원망하노라.
굶어 죽을지언정 고사리를 캐어 먹는다는 말인가.
그것 역시 그대들이 섬길 수 없는 주나라 무왕의 땅에서 난 것이 아닌가.)

성삼문은 세조 찬탈에 맞서서 단종 복위를 도모하다가 실패하여 형장의 이슬로 사라지면서도 그 의기는 꺾임이 없었다고 한다.

서울의 남산 기슭에 안중근 의사의 기념관이 있다. 기념관 앞의 비교적 넓은 공터에 안중근 의사의 옥중 글씨가 바윗돌에 새겨져 있다. 여러 글씨 중 "견리사의 견위수명(見利思義 見危授命)"이 돋보인다. "이익을 보면 그것이 의로운 것인가를 먼저 생각하고, 나라가 위급하면 목숨을 바친다."라는 뜻이다.

안중근 의사는 1909년 10월 26일 하얼빈역에서 한반도 침략을 기획하고 실행한 이토 히로부미(伊藤博文)를 사살했다. 이것은 당시 일본이 외쳤던 대동아공영(大同亞共榮)이 허구라는 점을 세계에 알리는 의거였다. 스스로 목숨을 던져 저항의 횃불을 들었던 안중근(1879~1910) 의사는 견리사의와 견위수명을 몸소 실천한 분이다.

이익을 보면 의리도 내팽개치는 견리망의(見利忘義)의 혼탁한 세상에 우리에게 인간의 참모습을 일깨워 주고 있다. 사람은 가도 그 정신과 위업은 영원한 것임을 알 수 있다.

괄목상대(刮目相對)

비빌 괄(刮), 눈 목(目), 괄목(刮目)이라 함은 '눈을 비빈다'라는 뜻이고, 서로 상(相), 대할 대(對), 상대(相對)라 함은 '서로 마주 대한다'라는 의미이다. 따라서 괄목상대(刮目相對)란 "눈을 비비고 다시 보며, 상대방을 대한다."라는 뜻이다. 상대방이 깜짝 놀랄 정도로 학문이나 재주가 발전했을 때 쓰는 말이다.

괄목상대라는 말은 《삼국지》에 나온다. 위나라, 오나라, 촉나라 등 삼국이 정립하여 격렬한 대립을 하고 있던 무렵, 오나라에 여몽(呂蒙)이라는 장수가 있었다. 그는 어려서 매우 가난해서 제대로 먹거나 입지를 못했고, 형제가 없어 무척 외롭게 자랐다. 배우지 못한 탓에 무식했지만, 무예를 익혀 큰 전공(戰功)을 쌓아 장군이 되었다.

어느 날 오나라의 왕인 손권이 여몽에게 "그대는 장군의 지위에 올랐으니, 이제는 글을 많이 읽어 학문을 익히는 것이 좋겠다."라고 권고했다. 여몽은 "제가 지금 군무(軍務)에 눈코 뜰 새 없이 바빠서 글 읽을 겨를이 없습니다."라고 답변했다.

여몽의 말을 들은 후 손권은 고개를 저으면서 웃음을 지었다. "자네가 내 뜻을 오해했나 보군. 내가 그대에게 경학박사가 되라는 것이 아니고, 그저 옛날 사람들이 남긴 기록, 예컨대 경서(經書) 같은 책을 많이 읽어 두라는 말일세. 그대가 군무에 바쁘다고 하지만 어디 나만큼이나 바쁘겠나?"

인생길 밝히는 사자성어

그리고 손권은 덧붙여 말했다. "공자도 가장 유익한 것은 독서라고 했고, 한나라의 광무제도 책이 손에서 떠남이 없이 열심히 글을 읽었다네. 조조도 스스로 책 읽기를 좋아한다고 했으니, 그대도 힘써야 할 것이네."

이리하여 여몽은 그날부터 마음과 힘을 돋워 글을 읽었다. 그 결과 책 속에서 다양한 지식을 얻었고, 사물의 이치를 깨닫게 되었다.

얼마 후 손권의 부하 중 가장 학식이 뛰어난 노숙(魯肅)이 여몽을 찾아왔다. 여몽과는 오랜 친구 사이였던 노숙이 이야기하는 사이에 여몽의 박식함에 깜짝 놀라고 말았다. "언제 그렇게 공부했는가? 이제 학식이 대단하니 이미 오나라 시골구석에 있던 여몽이 아니로군." 옛날의 오나라 여몽이 아니라는 말을 한문으로 '비오하아몽(非吳下阿蒙)'이라고 한다. 그러자 여몽은 이렇게 대꾸했다. "선비는 헤어진 지 사흘이 지나면 눈을 비비고 다시 대해야 할 정도로 달라져 있어야 하는 법이라네(士別三日 即更刮目相對: 사별삼일 즉갱괄목상대)."

학문이나 재주 또는 사업에 보잘것없던 사람이 훌륭하게 되었을 때, "그 사람 이젠 옛날 그 사람이 아니야."라고 찬사를 보낸다. 이때 "오하아몽(吳下阿蒙)이 아니군!"이라고 칭찬한다면 상당한 한문 실력자라고 보아도 될 것이다.

돌이켜 보면, 대한민국은 1960년대만 하더라도 국민 소득 80달러의 세계 최빈국(世界最貧國) 중의 하나였다. 그런데 불과 50년 만에 한강 변의 기적을 이루어 이제는 국민 소득 3만 달러의 선진국 대열에 올라섰다. 정말 세계가 깜짝 놀라는 괄목상대할 경제 성장을 이룬 것이다.

1990년대 초, 필자가 미국 유학 시절에 TV가 필요해서 전자상가에 갔다. 금성 TV나, 삼성 TV는 진열대에 있지도 않고 가게 한구석에 놓여 있는 싸구려 제품이었다. 일본의 소니, 도시바, 내셔날 등이 판치는 시절이었다. 그런데 불과 30년 만에 삼성이 소니를 제치고 세계 초일류기업으로 올라섰다. 또한 백악관에 놓인 TV가 LG 제품이라고 한다. 괄목상대할 기업 성장이다.

괄목상대는 개인 간에서 많이 쓰인다. 외국인을 만나면 피하던 녀석이 몇 년 뒤 외국인과 자유자재로 대화를 나누는 것을 보고 깜짝 놀랐다. 외국영화를 자막 없이 감상하는 것을 보고 두 번 놀랐다. 녀석은 미국에 유학하러 가서 밤잠 설치며 피나게 노력했던 것이다.

바둑 두는 사람은 항상 호적수가 있게 마련이다. 그 라이벌이 어느 날 사라지더니 몇 달 후에 나타났다. 바둑을 두어 보니 이건 예전의 스타일과는 포석 단계에서부터 전혀 달랐다. 괄목상대할 정도로 기량이 늘었다. 알고 보니 바둑책과 바둑판을 싸 들고, 절간에 들어가 몇 달 동안 바둑 공부에 몰두했다는 것이다.

인생을 살아가면서 누군가로부터 괄목상대할 정도로 발전했다는 말을 들을 수 있다면 그는 행복한 사람이다. 괄목상관(刮目相觀)이나 괄목상간(刮目相看)도 괄목상대와 같은 의미이다.

인생길 밝히는 사자성어

수처작주(隨處作主)

따를 수(隨), 머물 처(處), 수처라 함은 '내가 머무는 곳'을 뜻하고, 지을 작(作), 주인 주(主), 작주라 함은 '주인이 된다'라는 의미이다. 따라서 '수처작주(隨處作主)'라 함은 "내가 머무는 곳마다 주인이 된다."라는 의미이다.

어느 장소에 가든, 어떤 환경에 처하든 간에 자기가 주인의식을 가지고 생활해 나가는 것을 말한다. 뚜렷한 주관을 가지고 스스로 인생을 개척해 나가는 것을 의미한다. 누구에게 예속됨이 없이 살아간다. 꼭두각시 인생이 아니라 자기 주관을 가지고 인생을 살아 나가는 것이다.

수처작주라는 말은 당나라 임제 선사가 한 말에서 비롯된다. 임제 선사는 "수처작주 입처개진(隨處作主 立處皆眞)"이라고 말했다. 즉 "가는 곳마다 내가 주인이요, 지금 서 있는 그곳이 진리의 자리"라는 의미이다. 결국 모든 문제의 해결은 자신이 주인공이 되어야 하고, 또 진리는 멀리 있지도 않고 현재 내가 서 있는 바로 이 자리에 있다는 의미로 해석된다.

머무르는 곳마다 주인이 되라. 지금 있는 그곳이 바로 진리(깨달음)의 세계이니 자기가 처한 곳에서 주체성을 갖고 전심전력을 다하면 어디서나 참된 것이지 헛된 것은 없다는 말이다.

사람은 자기 인생의 주인공이 되어야 한다. 모든 것을 스스로 선택하고 그에 대한 책임을 본인이 져야 한다. 인생은 남이 대신 살아 줄 수는 없다. 따라서 주도적이고 능동적인 삶을 영위해 나가야 한다. 그래야 후회 없는 인생을 살게 된다. 직장인은 상사가 시키는 일만 단순하게 처리하는 수동적이고 생계유지를 위한 자세로 업무에 임해서는 발전성이 없다. 자기의 꿈과 비전을 실현하는 마음가짐으로 일해야 일이 즐겁고 의미가 있다.

일이 잘 풀리면 내 공이고, 반대로 꼬이기 시작하면 남 탓이라고 하는 것은 거짓된 삶을 살아가는 것이며, 수처작주가 아니다. 어떠한 상황에 처해 있어도 내가 그 자리에서 주인공이 되어야 한다.

충무공 이순신 장군은 관직을 박탈당하고 백의종군(白衣從軍)할 때에도 주인 의식이 철저했다. 나중에 다시 재등용되었을 때도 "신(臣)에게는 아직도 12척의 배가 남아 있습니다."라고 하면서 불굴의 의지를 표출했다. 그래서 12척의 배로 왜선 130여 척을 무찌르는 명량대첩(鳴梁大捷)을 이끌었다. 충무공께서는 어떠한 환경에 처해도 나라 사랑의 주인임을 잊지 않았다. 그렇기에 만고의 성웅(聖雄)이 된 것이다.

꿋꿋하고 주인 의식이 강한 이로는 단재 신채호(丹齋 申采浩) 선생(1880~1936)도 유명하다. 역사학자이면서 독립운동가이던 신채호 선생은 비록 일본에 나라를 빼앗겼을망정 우리 민족의 역사마저 빼앗길 수는 없다고 하면서 심혈을 기울여 《조선상고사(朝鮮上古史)》를 저술했다. 그리고 선생은 이러한 민족정신을 바탕으로 항일 독립운동에 온몸을 바쳤다.

어느 날 선 채로 선생이 세수하고 있을 때, 소설가 이광수가 그의 집에 찾아왔다. 선생은 평소 허리를 구부리지도 않고 고개도 숙이지 않은 채 세수를 했다. 그러다 보니 세숫물이 튀어 선생의 옷자락이 금세 젖어 버렸다. 이 광경을 옆에서 지켜보던 이광수가 그 모습이 너무 이상해서 이유를 물었다.

"아니, 선생님! 어째서 고개를 빳빳이 들고 세수하십니까? 그러면 옷이 물에 다 젖지 않습니까?" 그러자 신채호 선생은 수건으로 얼굴에 묻은 물기를 닦으며 태연하게 말했다. "여보게, 일본 놈들한테 나라를 빼앗겨 고개를 숙이고 사는 것도 분해 죽겠는데, 이까짓 하찮은 세숫대야에 고개를 숙여야 하겠는가? 죽어도 그렇게는 못 하네." 이 말을 들은 이광수는 선생의 강한 민족정신에 큰 감명을 받았다고 한다. 선생은 어떠한 환경하에서도 애국의 주체가 당신임을 분명히 했다. 수처작주이다.

부처님께서 "천상천하 유아독존(天上天下 唯我獨尊)"이라고 했다. 세상에 자기가 유일하게 존귀하다는 것이다. 꽃이 아무리 아름답고, 태양이 저렇게 밝다고 해도 자기가 존재하지 않으면 아무런 것도 의미가 없다.

인생은 하나의 연극에 불과하다고 한다. 그 연극의 주연배우가 되느냐 또는 조연에 불과한 삶을 살 것인가는 본인이 하기에 달려 있다. 자기 자신이 주인이 되어 모든 일을 능동적이고 적극적으로 처리해 나가는 것은 주연배우로서 살아가는 것이다. 남에게 예속됨이 없이 살아가는 것이 수처작주(隨處作主)의 삶이다.

절차탁마(切磋琢磨)

끊을 절(切), 썰 차(磋), 절차(切磋)라 함은 '끊고 썬다'라는 뜻이고, 쫄 탁(琢), 갈 마(磨), 탁마(琢磨)라 함은 '쪼고 갈다'라는 뜻이다. 따라서 '절차탁마'라 함은 "자르고 썰고 쪼고 갈다."라는 의미이다. 부지런히 학문이나 덕행을 닦는 것을 말한다.

고교 시절에 교장선생님이 단상에 올라가 학생들에게 "부지런히 절차탁마해서 훌륭한 사람이 되어 달라."고 훈화(訓話)했던 기억이 있다.

로마가 하루아침에 이루어지지 않았듯이, 좋은 옥도 하루아침에 만들어지는 것은 아니다. 옥의 원석을 갈고 다듬는 과정에서 진정 최고의 옥을 만들어 낼 수 있다. 절차탁마는 옥을 다듬는 과정에서 읽을 수 있다. 옥의 원석을 구하여 원하는 모습의 옥을 만드는 과정은 4단계로 나누어진다.

첫 단계는 옥을 원석에서 분리하기 위하여 자르는 것이다. 이 공정을 '자른다'라는 뜻의 절(切)이라고 한다. 절단(切斷) 할 때의 절(切)이 그것이다.

두 번째 단계는 '썬다'라는 뜻의 차(磋)로 내가 원하는 모양대로 옥을 썰어내는 과정이다.

세 번째 단계는 '쫀다'라는 뜻의 탁(琢)으로 도구로 옥을 모양대로 쪼는 과정이고, 네 번째 공정은 '간다'라는 뜻의 마(磨)로 완성된 옥을 갈고 닦는 과정이다.

이처럼 절차탁마는 자르고 썰고 쪼고 갈아서 옥을 만드는 가공 공정과 같은 것이다. 사람도 옥처럼 갈고 닦아야 제대로 사람 구실을 하게 된다.

절차탁마는 《시경(詩經)》에 나오는 시의 한 구절에서 나온 말이다.

저 기수 물가를 보니 푸른 대나무가 무성하구나!
빛이 나는 군자여,
마치 끊는 듯이 하고 써는 듯이 하며(切磋: 절차)
쪼는 듯이 하고 가는 듯이 하는구나(琢磨: 탁마).

절차탁마는 공자와 그의 제자인 자공의 대화에도 나온다. 자공이 공자에게 물었다. "가난하지만 아첨하지 않고, 부유하지만 교만하지 않다면 어떻습니까?" 공자가 답변했다. "가난하면서도 즐거워하고, 부유하면서도 예(禮)를 좋아하는 사람만 못하다." 그러자 자공이 말했다. "시경(詩經)에 '자르는 듯하고, 가는 듯하며, 쪼는 듯하고, 닦는 듯하도다'라고 하였으니 이를 말함이군요." 공자가 말했다. "자공이 비로소 나와 더불어 시를 말할 만하구나!"

옥을 만들기 위해 절차탁마의 4단계가 있듯이, 세상만사 모든 것이 절차가 있고 과정이 있게 마련이다. 이 절차를 무시하다가는 엉터리 옥이 나오게 된다. 묵묵히 목표를 향하여 한 걸음 한 걸음씩 나아갈 때 천 리 길도 갈 수 있다.

우리 사회에는 절차와 과정을 무시하고 오로지 결과만 좋으면 된다는 생각이 번지고 있다. 최근 법원의 판결에서도 찾아볼 수 있다. 그러나 절차를 무시한 일시적인 성과는 오래가지를 못한다. 정말 큰 성과는 과정과 절차가 얼마나 반듯한가에 달려 있다.

　바쁘다고 바늘허리에 실을 감아 바느질하더라도 그것이 온전한 바느질이 될 리는 없다. 변칙 수를 써서 성공하더라도 그것이 진정한 성공이 되기는 어렵다.

　세상의 모든 일은 시종(始終)이 있다. 선후를 제대로 알고 단계를 거쳐야 목표에 다가갈 수 있다. 절차탁마(切磋琢磨)는 아름다운 인생을 만드는 비법이다. 옥도 갈고 닦지 않으면 단지 돌에 불과할 뿐이다. 사람도 그릇이 되기 위해서는 절차탁마가 필요하다. 성공한 사람들은 목표를 세우고, 그 목표를 달성하기 위하여 끊임없는 노력을 한다. 하루도 거르지 않고 꿈과 희망을 향하여 정진해야 성과를 올릴 수 있다.

인생길 밝히는 사자성어

정저지와(井底之蛙)

　우물 정(井), 밑 저(底), 정저라 함은 '우물 밑, 우물 안'을 뜻하고, 어조사 지(之), 개구리 와(蛙), 지와라 함은 '~의 개구리'를 의미한다. 따라서 '정저 지와'라 함은 "우물 안 개구리"라는 것을 의미한다. 정중지와(井中之蛙)라 고 하기도 한다.

　내가 보는 세상이 가장 크고, 내가 알고 있는 지식이 가장 탁월하다고 생각하며, 내가 뛰고 있는 시간이 가장 빠르다고 하는 삶이 있다. 이런 사 람은 일명 장자가 말하는 우물 안의 개구리이다. 자신이 있는 우물 속에 서 보이는 하늘이 전부라고 생각하는 사람들에게는 진짜 하늘을 설명할 수가 없다. 우물 속에서 바라보는 별은 우물 둘레만큼만 보일 뿐이다. 광 대한 밤하늘의 수많은 별을 바라볼 수가 없다. 옹졸하기 짝이 없다.

　《장자(莊子)》의 추수편(秋水篇)에 이런 이야기가 있다. 어느 날 황하의 신 하백(河伯)이 자신이 다스리는 황하가 물이 불어나서 끝없이 펼쳐진 것을 보고 천하의 아름다움이 모두 자기에게 있다고 생각했다. 그런데 황 하의 기슭을 벗어나 큰 바다를 보고는 그 광대무변(廣大無邊)함에 자기의 견식이 얼마나 옹졸했는지를 깨달았다. 자신이 세상에서 가장 크다고 했 던 생각이 무너진 것이다.

이때 바다를 지키는 신 약(若)은 황하의 신 하백에게 세 가지를 충고해 준다.

"우물에 있는 개구리에게는 바다에 대해서 말해도 알아듣지 못한다. 왜냐하면 그 개구리는 자신이 살고 있는 공간에 얽매여 있기 때문이다.
(井蛙不可以語海者拘於虛也: 정와불가이어해자구어허야)

여름만 살다 가는 곤충에게는 찬 얼음에 대하여 설명해 줄 수가 없다. 왜냐하면 그 곤충은 자신이 사는 시기에만 얽매여 있기 때문이다.
(夏蟲不可以語氷者篤於時也: 하충불가이어빙자독어시야)

생각이 굽은 선비에게는 진정한 도에 대해서 말해도 알아듣지 못한다. 왜냐하면 그 사람은 자신이 알고 있는 가르침에 얽매여 있기 때문이다.
(曲士不可以語道者束於敎也: 곡사불가이어도자속어교야)"

이상을 요약하면, 우물 안의 개구리는 공간에 구속되어 있고, 여름 벌레는 시간에 걸려 있고, 지식인은 지식의 그물에 걸려 있다는 것이다. 있는 그대로 자연과 더불어 사는 것을 존귀하게 생각하는 장자에게는 인(仁)이나 예(禮)나 의(義)에 구속되는 유교의 무리와는 더불어 이야기할 수 없다는 뜻을 내포하고 있다. 그러면서 장자는 이 고사를 통해 세 가지 집착과 한계를 파괴하라고 충고하고 있다.

인생길 밝히는 사자성어

첫째, 자신이 속해 있는 공간을 파괴해야 한다. 인간이 사는 지구도 우주공간에서 바라보면 작은 티끌에 불과하다. 넓은 세계로 나가 안목을 활짝 열어야 한다. 《논어》에 공자가 "태산에 오르니 천하가 작게 보인다."라고 했다. 이를 '등태산 소천하(登泰山 小天下)'라고 한다. 높은 산에 오르면 크고 작은 모든 것들이 다 부질없이 보이는 법이다. 동해 바다를 보고 망망대해라고 느끼던 사람은 태평양을 나가 보아야 동해가 얼마나 협착(狹窄)한지를 알 수 있게 된다. 시골 동네에서 바둑 잘 둔다고 뽐내는 사람도 서울에 올라가 프로기사들과 대적해 보면, 자기가 놀던 세계가 얼마나 작은 곳이었는지를 알게 된다.

무릇 좁은 공간을 벗어나야 세상이 어떤 것인지를 알 수 있게 된다. 좁은 공간을 탈피하기 위해서는 되도록 여행을 많이 해야 한다. 경부선을 타던 사람이 시베리아 횡단 열차를 타면 세상이 얼마나 넓은지를 체감하게 되는 것과 같다.

둘째, 자신이 살아가는 시간을 파괴해야 한다. 자기가 살던 시대만 고집해서 고리타분한 얘기를 하는 것은 시대에 뒤떨어진다. 설득력도 없다. 흡사 고장 난 유성기에서 흘러간 옛 노래를 들으라고 하는 것과 같다. 시대의 흐름과 세태의 변화를 주시할 필요가 있다.

셋째, 자신이 알고 있는 지식을 파괴해야 한다. 21세기는 지식정보의 시대이다. 하루가 다르게 기존의 지식과 기술이 바뀌고 있다. 따라서 기존의 지식만 가지고는 적응력이 떨어지기 마련이다. 인문 계통에서 학위 논문을 심사할 때도 3년이 지난 지식을 인용하는 논문은 좋은 평가를 받지 못한다. 과학기술계는 변화가 더욱 심하다. 과학기술과 지식은 1년을 버티기가 힘들다고 할 정도로 변화가 심하다. 이런 지식 정보화 시대에는 타인의 의견에 보다 귀 기울이고, 새로운 지식 세계에 동참해야 한다.

그러나 일반적으로 인간은 누구나 이 세 가지의 그물(공간과 시간 그리고 기존 지식)에 걸려 있는 경우가 많다. 출생 지역과 출신 학교에 얽혀 있는 지연과 학연 등의 공간의 그물, 눈앞의 이익만 생각하고 멀리 내다볼 줄 모르는 시간의 그물, 알량한 학벌과 지식으로 독불장군처럼 누구의 말에도 귀를 기울이지 않는 지식의 그물, 이 얽힌 그물들을 걷어내지 않는다면 진정한 성공인이 되기는 어려울 것이다. 내가 보는 하늘만이 옳다고 하지 말고, 다른 사람이 보는 하늘도 인정해 줄 필요가 있다.

연애에 빠진 사람에게는 사랑은 달콤하다고 느껴질 수도 있다. 그런가 하면 실연한 사람은 사랑은 쓰디쓴 것이라고 말할지도 모른다. 세상의 쓴맛과 단맛을 다 맛본 사람에게 "사랑이 어떤 맛이냐?"라고 물어보면 "사랑은 달기도 하고 쓰기도 한 것"이라고 대답할지도 모른다. 이른바 헤겔의 정반합(正反合)의 원리에 도달하게 된다.

여야가 민생은 뒷전으로 한 채, 자기 당의 이익과 정권 쟁취에만 혈안이 되어 쟁투하고 있다. 툭하면 '국민의 뜻'이라고 국민의 이름을 판다. 정작 하는 짓은 국민의 이익과는 상반되는 행동을 한다. 이른바 '우물 안 개구리' 식으로 옹졸하게 자기네 이익만을 챙기는 우(愚)를 범하고 있다. 아무쪼록 이러한 정저지와(井底之蛙)식의 정치행태를 벗어나기 바란다.

인생길 밝히는 사자성어

귀생사지(貴生死地)

귀할 귀(貴), 살 생(生), 귀생이라 함은 '몸을 귀하게 여긴다. 몸을 편하게 한다'라는 뜻이고, 죽을 사(死), 땅 지(地), 사지란 '죽을 땅에 들어간다. 나빠진다'라는 의미이다. 따라서 '귀생사지'라 함은 "내 몸을 귀하게 여겨 편안함을 추구하면 몸이 더욱 나빠진다."는 말이다. 이 말은 노자의《도덕경》에 나오는 말이다.

자기 몸을 귀중하게 여겨서 좋은 것 먹고, 좋은 옷 입고, 좋은 차 타고, 좋은 집에서 살면 그 몸이 과연 생각대로 튼튼한 건강 체질로 바뀔 것인가? 오히려 그런 몸 대접이 건강을 해치고 병들게 하는 원인이 될 수도 있다. 100세 장수자들의 공통된 습관 중의 하나는 "몸을 그냥 편하게 놔두지 않고 쉬지 않고 움직이는 것"이라는 점이 이를 뒷받침한다.

대추나무에 대추를 많이 열리게 하려면 염소를 묶어 놓으라고 한다. 묶여 있는 염소는 특성상 잠시도 그냥 있지 않고 고삐를 당기며 나무를 흔들어 괴롭게 된다. 그러면, 대추나무가 본능적으로 위협을 느껴 열매를 번식시키려는 노력을 하게 되고, 그래서 대추를 많이 열리게 한다는 것이다.

미꾸라지를 싱싱하게 서울로 보내려면, 미꾸라지 무리 속에 천적인 메기 몇 마리를 넣어서 보내면 된다고 한다. 미꾸라지가 천적을 피해 다니느라고 계속 움직이다 보면 서울에 싱싱한 상태로 도착할 수 있다는 것이다.

섬에서 토끼를 풀어놓아 사육하는데, 몇 년 지나니, 토끼 숫자는 늘었는데 토끼들이 제구실을 못 하고 있었다. 살만 쪄서 제대로 날렵한 토끼 구실을 못 하게 된 것이다. 맛도 제대로 본래의 토끼 맛을 못 냈다. 그래서 그 섬에 늑대 몇 마리를 구해 풀어놓았더니, 토끼들이 잡혀 먹히지 않으려고 이리저리 뛰어 달아나는 바람에 본래의 토끼 구실을 하게 되었다고 한다.

사람 몸도 그냥 편하게 놔두면 급속히 쇠퇴하고, 질병과 노화에 취약해지기 마련이다. "걸으면 살고, 누우면 죽는다."라는 말이 그대로 우리 인체에 적용된다. 요즘 TV에서 방영되고 있는 〈나는 자연인이다〉라는 프로그램을 보면 한결같이 약해진 몸을 산속에서 자연과 더불어 살다 보니, 병든 몸과 마음을 치유(治癒)했다는 이야기이다.

나도 정무직 공무원으로 재직할 때, 항상 운전기사가 문을 열어 주면 차 안에 들어가 앉았다가 사무실에 도착하면 또 운전기사가 차 문을 열어 주어 내리곤 했다. 도무지 몸을 쓸 기회가 없으니, 체중이 늘어가는 대신에 다리 힘은 빠질 수밖에 없었다. 그러다가 퇴직하고 내 발로 걷고 내 손으로 물건을 들며, 매주(每週) 배낭 메고 땀 흘리며 산을 꾸준히 오르니, 점차로 몸이 회복되었던 기억이 있다. 그 후로는 웬만한 거리는 되도록 걸어서 가는 습관을 들였다. 많이 걷는 것이 건강의 비결이라는 말이 피부로 느껴졌다.

인생길 밝히는 사자성어

무릇 움직이면 생기가 발랄해지고 건강이 유지되어 오래 살 수 있게 된다. 노자는 이러한 논리를 귀생(貴生)과 섭생(攝生)으로 설명했다.

'귀생'은 자신의 생을 너무 귀하게 여기면 오히려 '생'이 위태롭게 될 수 있고, '섭생'은 자신의 '생'을 억누르면 '생'이 오히려 더 아름다워질 수 있다는 것이다.

물질의 풍요와 생활의 편리함이 화두가 되어 버린 이 시대에, 내 몸을 귀하게 대접하는 귀생이 오히려 병이 될 수 있고, 내 몸을 적당히 고생시키는 섭생이 생을 위해 이롭다는 말을 귀담아들을 필요가 있다.

이러한 귀생사지(貴生死地)는 인생을 살아감에도 교훈이 된다. 지금 고통스럽고 부족함이 많다고 해서 낙심하거나 포기해서는 안 된다. 모든 빛은 어두움에서 시작되듯이 현재의 힘듦과 참담함은 미래의 성취를 더욱 빛나게 하기 때문이다.

전설적인 산악인 김홍빈 씨는 열 손가락을 잃었지만, 7대륙 최고봉을 오른 기록적인 장애 산악인이었다. 열 손가락이 없는 중증장애인으로는 세계 최초의 진기록이다. 1991년 북미 매킨리봉을 등반하던 중, 조난사고로 동상을 입은 김 씨는 열 손가락을 모두 절단하는 아픔을 겪었다. 손등까지 망가져 손목 부위에 철심을 박아 뭉툭한 손만 남게 되었다. 김홍빈 씨는 참담한 좌절을 극복하고 새로운 목표를 설정했다. 7대륙의 최고봉을 모두 완등하겠다는 목표였다.

1997년부터 엘부르즈(5,642m, 유럽), 킬리만자로(5,895m, 아프리카), 아콩카과(6,959m, 남미), 매킨리(6,194m, 북미), 코지어스코(2,228m, 호주), 에베레스트(8,850m, 아시아)를 차례로 등정한 후, 2009년 1월 2일 남극대륙의 최고봉인 빈슨매시프(4,897m)의 정상에 오름으로써 12년 만에 꿈을 실현했다.

김홍빈 씨는 온전치 못한 손으로 암벽, 빙벽을 타는 '맞춤 기술'을 스스로 개발했다. 버스 안에서 빈자리가 있어도 서서 가며, 발로만 중심을 잡는 훈련을 했다. 넘어질 때를 대비해 엉덩이나 어깨부터 땅에 닿게 해 다치지 않도록 하는 낙법도 익혔다. 그는 말했다. "매킨리의 조난사고가 없었더라면 7대륙 최고봉 완등이라는 도전은 없었을 것이다."

가장 어둡고 고통스러운 곳에서 가장 강렬하고 찬란한 햇빛이 솟구치는 법이다. 대나무는 매듭의 고통이 있어야 이를 발판으로 하늘로 쭉쭉 치솟을 수 있다. 독일 속담에 '간난(艱難)이 너를 옥(玉)으로 만든다'라고 하는 말도 같은 맥락이다.

수년 전 조선일보 신춘문예로 등단한 시인 고명재 씨는 "배부르면 시(詩)가 안 써질까 봐, 하루 한 끼만 먹기도 한다."라고 술회한다. 마치 옛날 청화 큰스님이 1일 1식(一日一食)하고 수행했던 것과 흡사하다.

공부나 예술이나 등 따습고 배부르면 제대로 이루어지기 힘든 법이다. 어둠 속에서 고민할 때 비로소 찬란한 빛을 보게 된다. 귀생(貴生)은 사지(死地)이고, 섭생(攝生)이 무사지(無死地)임을 알 수 있다.

인생길 밝히는 사자성어

호가호위(狐假虎威)

여우 호(狐), 빌릴 가(假), 호가라 함은 '여우가 빌린다'라는 뜻이고, 범 호(虎), 위엄 위(威), 호위라 함은 '호랑이의 위세'라는 의미이다. 따라서 '호가호위'라 함은 "여우가 호랑이의 위세를 빌어 다른 짐승을 놀라게 한다."라는 뜻이다. 남의 권세를 빌어 위세를 부림을 비유하여 이르는 말이다.

대통령 측근에서 대통령의 위세를 업고 권세를 부리는 경우 이를 '문고리'라고 지칭한다. 세 사람이면 '문고리 삼인방'이라고 불렀다. 정부 인사를 제멋대로 하고 국정을 어지럽히는 등 그 폐해가 작지 않았다.

2022년 7월, 국회 본회의에서 모(某) 야당 국회의원이 "대통령은 문고리 실세 뒤에 숨어서 호가호위하려 하지 마십시오."라고 윤 대통령을 비판하며 호가호위의 사자성어를 사용했다. 대통령이 범이고, 문고리가 여우인데, 호가호위의 의미를 잘못 알고 발언하는 것을 보고 개탄을 금치 못했다. 흡사 청문회에서 '李某(이모) 교수'가 대필해 준 논문을 '姨母(이모)님 교수'가 대필해 준 논문이라고 힐책한 김모 의원과 흡사했다.

사자성어의 뜻을 제대로 알지도 못하면서 유식한 채 사용하면 낭패만 보게 된다. 잘못 사용된 호가호위는 2022년 '올해의 말'에 선정되어 언론에 보도되었다.

호가호위는 《전국책(戰國策)》에 나오는 이야기이다. 기원전 4세기 초, 초(楚)나라 선왕(宣王) 때의 일이다. 하루는 선왕이 신하들에게 "듣자 하니, 위나라를 비롯하여 북방의 여러 나라들이 우리 재상 소해휼(昭奚恤)을 두려워하고 있다는데 그게 사실이오?" 하고 물었다.

이때, 위나라 출신인 강을(江乙)이란 변사가 초나라 선왕 밑에서 벼슬을 하고 있었는데, 그에게는 왕족이자 명재상으로 명망 높은 소해휼이 눈엣가시 같은 존재였다. 그래서 강을은 이때야말로 좋은 기회라고 생각하고 얼른 대답하였다.

"그렇지 않습니다. 북방의 여러 나라들이 어찌 한 나라의 재상에 불과한 소해휼을 두려워하겠습니까? 이런 이야기가 있습니다. 한번은 호랑이가 여우를 잡았습니다. 그러자 교활한 여우가 호랑이에게 말하기를 '나는 천제(天帝)의 명을 받고 내려온 사자(使者)다. 네가 나를 잡아먹으면 나를 백수(百獸)의 왕으로 정하신 천제의 명을 어기는 것이니 천벌을 받게 될 거다. 만약 내 말이 믿기지 않는다면 내가 앞장설 테니 내 뒤를 따라와 봐라. 나를 보고 달아나지 않는 짐승은 하나도 없을 테니'라고 했습니다. 그래서 호랑이는 여우의 뒤를 따라갔습니다. 그랬더니 과연 여우의 말대로 만나는 짐승마다 모두 달아나기에 바빴습니다. 호랑이는 자기가 무서워서 달아나는 줄을 모르고 정말 여우가 무서워서 달아나는 줄로 알았습니다. 지금 대왕께서는 오천 리나 되는 땅과 완전히 무장한 백만 명의 군사를 소해휼 한 사람에게 맡겨 두고 계십니다. 지금 북방의 여러 나라들이 두려워하고 있는 것은 일개 재상에 불과한 소해휼이 아니라 그 뒤에 있는 초나라의 병력, 곧 임금님의 막강한 군사력입니다."

재미있고 묘한 비유였다. 소해휼은 임금을 등에 업고 임금 이상의 위세를 부리는 여우 같은 약은 놈이 되고, 선왕은 자기가 어떤 위치에 있는가를 자각하지 못한 채 소해휼이 훌륭해서 제후들이 초나라를 두려워하는 줄로 알고 있는 어리석은 호랑이가 되고 만 것이다.

이 세상에는 이런 호가호위가 너무도 공공연히 행해지고 있다. 내가 대학 다니던 60년대 시절, 서울대 법대는 전국에서 제일가는 대학이었다. 그 위세가 대단했다. 졸업생 절반 정도가 고시에 합격하여 법조계(法曹界)와 관계(官界)에 대부분 포진했다. 대학 시절 여름방학이 끝나고 학교에 가 보면 간혹 어떤 젊은 여성이 학생과에 찾아와 학생 신원을 확인하곤 했다. 가짜 서울법대생에게 농락당한 여인이었다. 서울법대의 위명(威名)을 빌어 순진한 여성을 울린 것이다.

사법시험이나 행정고시를 빙자하여 사기를 치는 사람도 있었다. 필자가 고시 과장을 하던 시절, 시험 진행 중 학교 화장실을 점검하는 과정에서 화장실 안에서 부스럭거리는 소리가 나서 고시과 직원이 문을 노크했다. 화장실 안에서 시험이 끝나도록 숨어 있던 가짜 수험생을 발견했다. 경찰관에게 연행되어 가는 그의 뒤에 얼굴이 사색이 되어 따라오는 여성이 있었다. '고시에 합격하여 팔자를 고쳐 주겠다'라고 큰소리치던 가짜 고시생의 말을 믿고 시험장 밖에서 초조하게 기다리던 애인이었다. 1970년대만 하더라도 고시는 주로 남성들이 입신하는 코스로 알고 있었다. 행정고시에 여성 최초 합격자가 나온 것이 1973년에 합격한 영남대 출신 전재희 씨(전 광명시장)였고, 외무고시의 최초 여성 합격자는 1978년도에 실시한 시험에 합격한 서울대 출신의 김경임 씨(전 튀니지 대사)였다. 지금은 각종 국가고시에 여성 합격자가 남성과 대등한 비율로 합격하니 상전벽해(桑田碧海)의 감이 든다.

호가호위의 대표적인 사례는 대통령이나 권력자의 이름을 팔아 부당한 이득을 취하는 경우이다. 옛날 자유당 시절 '이강석과 가짜 이강석 사건'이 유명하다. 이기붕의 장남인 이강석이 이승만 대통령의 양자로 입적하자, 대통령의 위세를 업고 서울대 법대에 편입하려 했다. 서울대생들의 강한 반대로 서울대 진학이 무산되자, 육군사관학교에 편입했다. 이강석은 헌병 장교의 뺨을 후려치는 등 안하무인(眼下無人)의 행동을 하다가, 4.19혁명으로 이승만 대통령이 하야하자, 자기 가족을 권총으로 살해한 후 자신도 자살하는 비극을 빚었다.

이강석이 한창 위세를 부릴 때, 경주 지역에 이강석을 자칭한 청년이 나타났다. '아버지의 명을 받고 경주 지방 수행 상황을 살피려고 왔다'라는 거짓말에 경주경찰서장과 군수는 두 손을 비비며 설설 기기만 했다. 경찰서장의 극진한 대접과 경호차까지 제공받고 지방을 순시하다가 3일 만에 가짜로 들통이 났다. 재판 과정에서 가짜 이강석은 "내가 악질범이라면 나에게 아첨한 서장·군수 등은 간신배들이다."라고 하여, 당시 관리들의 부패상과 공직 기강의 문란함을 비웃었다. 가짜 이강석은 10개월 복역했다. 출옥 3년 후 그 역시 음독자살로 생을 마감했다. 이처럼 호가호위하는 사람들의 결말은 좋지 않았다.

'화무십일홍(花無十日紅)이오, 권불십년(權不十年)이라'라고 했다. '꽃은 피어 십 일을 넘기지 못하고, 권세도 오래가기는 어려운 법이다'라고 한다. 한때 득세했다고 기고만장(氣高萬丈)하다가는 나중에 반드시 몰락의 슬픔을 맛보게 된다. 그러니 호가호위하지 말아야 한다. 자기의 본래 모습과 있는 그대로 살아가는 것이 자연의 이치에 맞는다.

위편삼절(韋編三絶)

가죽 위(韋), 엮을 편(編), 위편이라 함은 '가죽끈으로 엮는다'라는 뜻이고, 석 삼(三), 끊을 절(絶), 삼절이라 함은 '세 번 끊어지다'라는 의미이다. 따라서 '위편삼절'이란 "책을 맨 가죽끈이 세 번이나 끊어질 정도로 열심히 독서했다."라는 의미이다.

공자께서 《주역(周易)》을 읽고 또 읽어서 책을 엮은 가죽끈이 세 번이나 끊어졌다는 데서 유래하는 말이다. 후한 시대 채륜(蔡倫)에 의하여 종이가 발명되기 전에는 대나무를 쪼개 엮어서 책으로 만들었다. 대를 길쭉하게 쪼개고 불에 쬐서 기름을 뺀 것에 모필로 글을 써서 가죽끈을 엮어 매어 책을 만들었다. 그것을 죽간(竹簡)이라고 부른다.

공자는 만년(晚年)에 역(易)을 좋아했다. 그래서 《주역》 책의 가죽끈이 세 번이나 닳아 끊어질 정도로 읽었다고 한다(讀易韋編三絶: 독역위편삼절).

여기서 삼(三)이란 숫자는 '자주 또는 빈번하게' 등의 뜻으로 쓰이므로, 문자 그대로 세 번에 한하지 아니한다. 가죽끈이 몇 번 끊어질 정도로 수없이 반복해서 주역을 읽었다는 의미이다.

위편삼절은 〈공자세가(孔子世家)〉에 나오는 말이다. 공자 같은 성인(聖

人)도 학문 연구를 위해서는 피나는 노력을 해야만 했다는 말로, 후세 사람들에게 학문에 대한 정진을 권장할 때 자주 쓰이는 말이다. 공자의 위대한 업적도 위편삼절과 같은 노력이 뒷받침되어 이루어진 것이다.

　공자는 자신을 평하기를 "나는 발분(發憤)하여 밥을 먹는 것도 잊고, 세월이 흘러 몸이 늙어 가는 것조차 모른다."라고 했다. 공자는 또 음악을 좋아했었는데, 제나라로 가서 소(韶)라는 음악을 들었을 때는, 석 달 동안 고기 맛을 모를 정도로 심취한 끝에 "내가 음악을 이렇게까지 좋아하게 될 줄은 미처 몰랐다."라고 술회(述懷)했다.

　발명왕 에디슨이 말했듯이 천재의 99%가 땀으로 이루어진다. 무슨 일이건 끊임없는 반복적인 노력이 경이로움을 창출한다.

　나는 언젠가 인터넷에서 아주 흉측하게 생긴 발 사진을 본 적이 있다. 바짝 마른 발등은 휘어져 있었고, 발가락은 울퉁불퉁 구부러져 있어서 도저히 정상적인 사람의 발이라고는 할 수 없는 모양의 발이었다. 그런데 놀랍게도 그 발의 주인공은 발레리나 강수진 씨였다.

　독일 슈투트가르트 발레단에 최연소로 입단한 그녀는 발레의 아카데미상이라고 불리는 '브누아 드 라 당스'라는 최고 여성 무용상을 받은 세계적인 무용수로 성장했다. 〈백조의 호수〉를 춤추는 아름답고 신비한 무용수의 발은 예쁘고 우아하리라 생각했던 나는 큰 충격을 받았다. 혹독한 발레 연습을 얼마나 많이 하였으면 발등과 발가락이 저렇게 피멍울이 들고 변형되었을까!

옛날 활을 잘 쏘는 재상이 있었다. 소년 시절부터 활쏘기를 좋아해서 재상이 되어서는 활을 들면 백발백중(百發百中)했다. 사람들은 재상의 활 솜씨가 신궁(神弓)의 경지에 이르렀다고 말했다. 흡사 이성계가 천장의 쥐가 시끄럽게 굴자, 활을 들어 천장의 쥐를 맞히는 것과 같은 솜씨였다. 어느 날 재상이 활을 쏘고 있는 것을 지나가던 기름 장수가 보았다.

기름 장수가 말했다. "오랜 세월 연습을 많이 한 솜씨입니다." 재상은 일개 하찮은 기름 장수가 감히 자기의 활 솜씨를 평가하는 것이 내심 못마땅했다. "네가 무얼 안다고 함부로 나의 활 솜씨를 평하는가!"

그 말에 기름 장수는 메고 있던 기름짐을 벗어 놓았다. 그리고 작은 병을 세우고 병 위에 구멍 뚫린 엽전 한 개를 올려놓았다. 작은 병에 기름을 붓기 시작했다. 병을 다 채우고 나서 엽전을 들어 보았다. 신기하게도 엽전에는 기름 한 방울 묻지 않았다. 기름 장수가 씨익 웃으며 말했다.
"저 같은 무식한 사람도 수십 년간 기름을 따르다 보니 지금은 기름을 묻힘이 없이 엽전 구멍으로 기름을 부을 수 있게 되었습니다. 대감님의 활 솜씨도 수없는 반복 연습이 지금의 경지에 이른 것으로 생각합니다."
그 말에 재상은 화를 풀고 고개를 끄덕이며, 기름 장수를 오히려 칭찬했다고 한다.

세상의 명인이나 달인들은 수없는 반복적인 자기 연마가 그를 그 경지로 끌어올린 것이다. 얼마 전 시장 길목에서 시원한 수박 냉수를 파는 것이 TV에 방영된 적이 있다. 날씨가 더워서 수박 냉수를 찾는 사람들이 줄을 이었는데, 신기하게도 주인이 큰 컵에 국자로 채워 주는 얼음냉수의 무게가 누구에게나 똑같았다. 저울에 달아 보니 불과 1g 차이에 불과했다. 오랜 세월 냉차를 뜨다 보니 저울에 달지 않아도 그냥 척척 같은 무게를 뜨게 된 것이다. 흡사 한석봉의 어머니가 불을 꺼 놓고 떡을 썰어도 같은 크기로 가지런한 것과 같았다.

무릇 사람의 성공은 토끼 같은 재능이 아니라, 거북이 같은 꾸준한 근면함에 있다. 그래서 한결같이 근면하면 세상에 어려운 일이 없는 것이라는 말이 아직도 유효한 것이다. 한문으로 표현하면 일근천하무난사(一勤天下無難事)가 그것이다.

사람들은 산을 쳐다보면서 높은 산이라고 말한다. 그러나 정작 땀을 흘려 오르려고는 하지 않는다. 그래서 조선시대 명필가의 한 사람인 양사언(楊士彦)은 다음과 같은 시조를 읊었다.

태산(泰山)이 높다 하되 하늘 아래 뫼(山)이로다.
오르고 또 오르면 못 오를 리 없건마는
사람이 제 아니 오르고 뫼만 높다 하더라.

위편삼절(韋編三絶)이라는 말처럼 반복적인 노력이 중요하다. 학문이건 사업이건 꾸준한 노력을 해야 성과를 보게 된다. 나 같은 평범한 사람에게는 《중용(中庸)》의 다음과 같은 글귀가 특히 마음에 와닿는다.

"다른 사람이 한 번에 할 수 있다면 나는 백 번 하고, 남이 열 번에 성취한다면 나는 천 번 되풀이해서 성취하리라(人一能之己百之, 人十能之己千之: 인일능지기백지, 인십능지기천지)."

용두사미(龍頭蛇尾)

용 용(龍), 머리 두(頭), 용두(龍頭)라 함은 '용의 머리'를 나타내는 말이고, 뱀 사(蛇), 꼬리 미(尾), 사미(蛇尾)라 함은 '뱀의 꼬리'를 뜻한다. 따라서 용두사미(龍頭蛇尾)라 함은 "용의 머리와 뱀의 꼬리"를 의미한다. 처음에 시작할 때는 그럴듯하지만, 끝부분에 가서는 보잘것없는 것을 말한다.

전설적인 짐승인 용은 권위와 위세를 나타내는 상징물이다. 그래서 왕이 입는 옷을 곤룡포(袞龍袍)라 하고, 왕의 얼굴을 용안(龍顔)이라 한다. 벼슬길에 나가는 것을 등용문(登龍門)이라고 한다.

이에 비하여 뱀(蛇)은 생김새가 길쭉하여 누구나 꺼리는 동물이고 또 사특(邪慝)한 동물로 알려져 있다. 그래서 꺼리는 사람 보기를 뱀 보듯이 한다는 사갈시(蛇蝎視)라는 말을 쓰기도 한다.

제주도에 가면 용의 머리와 비슷한 바위가 있다. 용두암(龍頭岩)이 그것이다. 용두암에 올라 철썩이는 바닷물 소리를 들으며 망망대해(茫茫大海)를 바라보노라면 가슴이 시원하게 뚫리는 것을 감지할 수 있다. 용의 머리는 웅장하고 신비한 데 비하여 뱀의 꼬리는 볼품없고 미미하다.

용두사미라는 말은《벽암집(碧巖集)》에 나오는 말이다. 송나라 때 진존자(陳尊者)라는 목주(睦州) 태생의 사람이 있었다. 그는 그곳에 있는 용흥사(龍興寺)라는 절에 살고 있었다. 그러나 뒷날 절에서 나와 각지로 돌아다니며 짚신을 삼아서 길바닥에 던져 놓거나 나뭇가지에 걸어 놓곤 했다. 길 가는 나그네들이 필요할 때 주워 신도록 하기 위함이었다.

그러던 중 어느 날 어떤 스님을 만나 서로 말을 주고받다가, "스님. 도가 무엇입니까?" 하고 물었더니, 스님이 갑자기 "에잇!" 하고 호령하는 것이었다. 그래서 '허허, 이거 내가 야단맞았군.' 하고 생각하면서도, 재차 "스님. 도가 무엇입니까?" 하고 물었다. 그 스님은 또다시 "에잇!" 하고 질책하는 것이었다. 그 스님의 태도와 말재간은 제법 도승처럼 보였다.

그러나 진존자는 '이 스님이 얼른 보기에는 그럴듯하게 보이기는 하지만, 참으로 도를 깨치지는 못한 것 같다. 모르긴 해도 한갓 용의 머리에 뱀의 꼬리이기 쉬울 것 같다(似則似 是則未是 只恐龍頭蛇尾: 사즉사 시즉미 시 지공용두사미)'는 생각이 들었다. 그래서 스님에게 물었다. "스님은 '에잇! 에잇!' 하며 호령하는 위세는 좋은데, '에잇!' 소리를 외친 뒤에는 무엇으로 어떻게 그 마무리를 지을 것인가요?"
그러자 그 스님은 그만 자기의 속셈이 드러난 것을 알고, 슬그머니 꼬리를 내리고 도망갔다고 한다. 여기서 용두사미라는 말이 비롯되었다.

선거에 출마한 사람들은 하나같이 자기야말로 애국애족(愛國愛族)하는 애국자라고 열변을 토한다. 그리고 거창한 공약들을 내건다. 당선되고 나서 4년 임기 동안 그 공약들이 얼마나 지켜질 것인가? 용두사미가 되지 않기를 바랄 뿐이다.

　무슨 대형 사고가 터지면 그때는 뼈를 깎는 반성을 하고, 근본 대비책을 강구하겠다고 큰소리친 후, 시간이 흐르면 흐지부지하는 것도 용두사미이다. 지위고하를 불문하고 엄하게 벌하겠다고 해 놓고 정작 애꿎은 실무자만 처벌하는 것도 용두사미이다.

　용두사미와 비슷한 말로 '태산명동서일필(泰山鳴動鼠一匹)'이라는 말이 있다. "태산이 울려서 무엇이 나오는가 했더니, 고작 쥐새끼 한 마리만 나오더라." 하는 말이다.

　해가 바뀌어 신년이 되면 올해에는 무엇을 하겠다고 결심하고도 정작 며칠이 가지 않아 유야무야(有耶無耶)되는 경우가 많다. 작심삼일(作心三日)이고, 고려공사삼일(高麗公事三日)과 같다. 관청의 법령이 얼마 못 가서 자주 바뀌는 것이 고려공사삼일의 의미이다.

　용두사미하지 않으려면 시종일관(始終一貫)하고, 철두철미(徹頭徹尾)해야 한다.

우산지목(牛山之木)

소 우(牛), 뫼 산(山), 우산이란 산의 이름이다. 어조사 지(之), 나무 목 (木), 지목이라 함은 '~의 나무'를 의미한다. 따라서 '우산지목'이란 "우산 에 있는 나무"라는 뜻이다.

원래 우산은 나무가 울창한 산이었으나, 수많은 사람이 오르내리면서 나무를 베어 갔다. 그래서 나무가 없는 민둥산이 되어 버렸다. 강원도 정 선 땅에 가면 민둥산이 있다. 그 민둥산은 억새가 우거진 장관이다. 그래 서 가을이면 등산객들이 즐겨 찾는 명산 중의 하나이다. 그러나 중국의 우산은 풀이 조금만 자라도 목동들이 소와 양을 끌고 나타나 그 풀까지 모두 뜯어 먹여 나무도 풀도 더 이상 자라질 못했다. 그래서 울창하던 우 산이 민둥산으로 변해 버린 것이다.

인간도 원래 선한 마음과 따뜻한 성품을 가지고 태어났다. 우산의 나무 처럼 아름다웠다. 그런데 우산의 나무들을 도끼로 마구 베었던 것처럼 이 기심과 탐욕과 권력욕이란 도끼로 우리의 양심을 찍어내 황폐해지기 시 작했다.

인간의 양심을 우산의 나무에 비교한 맹자(孟子)는 탄식한다. "사람은 자신이 기르던 가축이 나가면 온 집안이 찾아 나서지만, 정작 자기 양심을 잃어버리면 찾을 생각을 안 한다."

맹자는 인간을 아름다운 시선으로 바라보았다. 그래서 맹자는 사람의 본성은 원래 착하다고 보았다. 즉 성선설(性善說)을 주장했다. 가령 우물에 빠진 어린애를 보면 누구나 달려가서 구하려는 마음을 가지고 있다.

2023년 부안 새만금 간척지에서 열린 세계 잼버리대회에 참가한 4만 3천 명의 청소년들이 고생할 때 누구나 달려가 도와주려는 마음을 가지고 있었다. 총체적으로 준비가 부실했던 세계 잼버리대회는 초장부터 대한민국의 위상을 여지없이 추락시켰다. 그러나 잼버리대회 종영식이 끝나고 이어진 K팝 콘서트가 구원투수 역할을 했다. 현란한 춤과 생동감 넘치는 K팝 콘서트는 세계 청소년들의 피로를 풀어 주었고 그들을 열광케 했다. 나도 2시간 내내 텔레비전 앞에서 떠나지 못하고 K팝 콘서트를 지켜보았다. 정말 훌륭했다. 과연 세계 잼버리대회 부실 개최에 따른 국민들의 응어리와 수치심을 씻어 주는 공연이었다.

우산지목을 언급한 맹자보다 90년 뒤에 태어난 순자(荀子)는 맹자와 달리 인간의 본성은 악하다고 하는 성악설(性惡說)을 주장했다. 인간의 본성은 이기적이므로 항상 교육과 수양을 통하여 바른길로 나가야 한다고 주장했다.

요즘 '묻지 마 살인'이 벌어지고, 또 제자가 학교로 찾아가 스승에게 칼부림하는 것을 보면 성악설이 맞는 것 같은 생각이 들기도 한다. 일찍이 형법학계에서는 범죄자는 타고난다는 범죄생래학설(犯罪生來學說)이 주장되기도 했다.

예전에 알프스를 넘나들며 살인을 일삼던 강도 살인범의 두개골을 해부해 보니, 침팬지에서 발견되는 뼈가 돌출되어 있었다고 한다. 따라서 이러한 신체적 구조를 가진 사람들은 범죄자가 될 수밖에 없다고 주장했다. 타고난 절도자나 타고난 거짓말쟁이 모두 생래 범죄인이라는 것이다.

그러나 세상은 긍정적으로 보아야 한다. 성선설 입장이 더욱 타당하다. 세상에 아름답게 태어나지 않은 사람은 없기 때문이다. 동물들이 어린아이들과는 잘 어울리는데, 세파에 찌든 성인들이 가면 피한다. 나이를 먹어 갈수록 천진함과 순수성이 상실되어 간다는 증거일 것이다.

속세의 낮에 생긴 나쁜 기운은 고요한 밤에 걸러 내어야 한다. 맹자는 "나쁜 기운을 걸러 내지 않으면 인간은 하루하루 짐승에 가까워진다."라고 주장하고 있다.

우산의 나무는 일찍이 아름다웠다(牛山之木嘗美矣: 우산지목상미의). 우산에 나무가 자라도록 해야 한다. 사람은 선한 본성을 지키고 자라게 해야 한다.

인생길 밝히는 사자성어

위도일손(爲道日損)

할 위(爲), 길 도(道), 위도라 함은 '도를 닦는 것'을 말하며, 날 일(日), 덜어 버릴 손(損), 일손이라 함은 '날마다 덜어낸다'라는 뜻이다. 따라서 '위도일손'이란 "도를 닦는 것은 날마다 비우는 것"이라는 의미이다.

노자는 《도덕경》 제48장에서 '배움과 도'에 대해 이야기하고 있다. 즉, 배움은 날마다 채우는 것이고(爲學日益: 위학일익), 도를 닦는 것은 날마다 비우는 것이다(爲道日損: 위도일손). 배움의 목표는 날마다 새로운 것을 채우는 것이다. 날마다 새로운 지식으로 새롭게 되는 것, 이것을 《대학(大學)》이라는 책에서는 일신일신 우일신(日新日新 又日新)이라고 표현하고 있다.

도의 목표는 이미 가지고 있는 것을 버리는 것이다. 채우는 것보다 버리기가 더 어렵다. 누구나 노력하면 어느 정도의 지식을 쌓을 수 있다. 누구나 땀 흘려 일하면 어느 정도의 재산을 모을 수는 있다. 그러나 자기가 가지고 있는 부와 지식과 지위, 편견과 아집을 버리기는 어렵다. 그래서 날마다 버리는 것이 진정 도를 행하는 것이 된다.

노자가 살던 춘추전국시대의 사람들이 추구했던 것은 창고를 채우고 땅을 넓히고 지위를 높이고 권력을 강화하기 위한 채움의 경쟁 시대였다.

오늘날 우리가 사는 모습과 크게 다르지 않다. 이처럼 부국강병을 추구하던 당시에 노자의 버림의 미학은 기존의 채움의 질서에 대한 새로운 가치의 혁신이었다.

노자는 비움의 결과를 이렇게 말했다. "버리고 또 버리다 보면 끝내는 무위의 지경에 이르게 될 것이다." 무위(無爲)의 푸른 바다! 이것이야말로 노자가 항해하며 꿈꾸던 위대한 푸른 바다, 블루 오션이었다.

당시 모든 제후가 강제적으로 명령하고 통제해서 조직을 이끄는 것이 가장 효과적인 리더십이라고 생각할 때 노자는 지도자에게 무위의 리더십을 주장했던 것이다.

내가 가진 고집과 편견을 버리고, 내가 이룬 부와 명예를 나누고, 내가 쌓은 성공에서 한 발짝 물러나는 것이 채우고 쌓는 일보다 위대할 수 있다. 비운다는 것은 쉽지 않은 일이다. 그러나 채운 사람만이 버릴 자격도 있다. 배우지 않고서는 버릴 수 있는 지식도 없다. 열심히 산 자만이 날마다 비울 수 있는 자격이 있다.

웰빙(well being)보다 중요한 것이 웰다잉(well dying)이라고 한다. 젊은 시절 땀을 흘려 인생을 가꾸며 큰 부(富)를 이루고 성공하였다면, 나이 들어서는 그 부를 사회를 위하여 잘 쓰고 가는 것이 위대한 인생이다. 자식에게 그 재산을 불법적으로 세습시켜 사회적 비난을 받는 것은 애써 이룬 성공이 반감되는 것이다. 남을 위해, 사회를 위해 아낌없이 쓸 수 있는 그런 인생이 고귀한 인생이다.

인생길 밝히는 사자성어

돈을 잘 번 사람도 아름답지만, 평생 번 돈을 사회에 남기고 가는 사람들이 더욱 아름답다. 이런 아름다운 사람 중에 유일한(柳一韓) 씨가 꼽힌다. 유한양행을 일궈낸 유일한 씨는 1971년 노환으로 사망하면서 이런 유언을 남겼다.

"내 재산은 손녀의 학비 1만 달러를 제외하고는 모두 한국 사회 및 교육에 신탁기금으로 기증하고, 묘소 주위의 5천 평은 학생들이 놀도록 유한동산으로 가꾸며, 아들은 자립하도록 하라."

생전에 유한공고와 유한대학교를 설립했고, 연세의료원에 주식 12,000주를 기부했다. 이렇게 아낌없이 자신의 전 재산을 사회에 환원하고, 유한공고에 안장되었다. 이러한 분이 있었기에 오늘날에도 '버들표 유한양행' 하면 믿음이 가는 제약회사의 표상이 된 것이다. 버리면 이기는 원리를 알 수 있다.

무위자연을 노래한 노자는 사람다운 사람에 이르는 도의 길은 버림에 있다고 그 방법을 제시하고 있다.

천고마비(天高馬肥)

하늘 천(天), 높을 고(高), 천고라 함은 '하늘이 높다'라는 뜻이고, 말 마 (馬), 살찔 비(肥), 마비라 함은 '말이 살찌다'라는 의미이다. 따라서 '천고 마비'라 함은 "하늘은 높고, 말은 살찐다."라는 뜻이다. 천고마비는 가을이 좋은 계절임을 나타낼 때 흔히 쓰이는 말이다. 그러나 원래는 옛날 중국 에서 흉노족의 침입을 경계하면서 나온 말이다.

중국은 중화사상(中華思想)에 젖어, 중국이 '천하의 중심'이라고 했다. 그래서 중국 밖에 있는 민족은 오랑캐라고 불렀다. 동쪽에 있는 오랑캐는 동이족(東夷族)이라고 불렀고, 서쪽의 오랑캐는 서융(西戎), 남쪽은 남만 (南蠻), 북쪽의 오랑캐는 북적(北狄)이라고 비하해서 불렀다. 이러한 중화 사상은 지금도 시진핑으로 하여금 중국몽(中國夢)을 꿈꾸게 하고 있다.

그런데 옛날 중국은 주(周)나라 때부터, 흉노(匈奴)라는 북방의 사나운 민족의 침범을 받아 피해가 막심했다. 흉노족은 승마와 활 솜씨가 뛰어났 고, 언제나 집단을 이루어 바람과 같이 나타나 인마를 살상하고, 재물을 노략질해 갔다. 그래서 흉노는 약 2천 년간 중국 왕조의 골칫거리이고 두 려운 존재였다. 중국의 역대 왕조는 재물과 미인을 흉노에게 바치기도 했 고, 진시황은 만리장성을 축조하여 흉노의 침범을 막으려고도 했다. 풀이 마르고 초원에 무서운 한파가 오면, 겨울 식량을 찾아 흉노족들은 삭풍의 바람을 타고 따뜻한 남쪽 중국 본토로 밀려 내려왔다. 그래서 가을이 되면 북방에 사는 사람들은 겁을 먹었다. 흉노의 습격을 대비하여 변경을 경계하는 병사들은 가을에는 경계를 한층 강화했다.

두보(杜甫)의 조부(祖父)인 두심언(杜審言)은, 흉노족을 막기 위해 변방으로 떠나는 친구 소미도(蘇味道)를 위해서, 한 편의 오언배율(五言排律) 시를 지어 보냈다. 여기에 추고마비(秋高馬肥)라는 말이 나온다. 중국에서는 추고마비라고 하는데, 우리는 천고마비라고 부른다.

> 눈이 고요히 별 지듯 흩날리는데(雪淨妖星落: 설정요성락)
> 가을 하늘이 드높으니 변방의 말은 살찌는구나(秋高塞馬肥: 추고새마비).
> 우리 장군이 안장에 걸터앉아 칼을 휘두르는 곳(據鞍雄劍動: 거안웅검동).
> 그대는 승전보를 쓰기 위해 붓대를 놀릴 것이다(搖筆羽書飛: 요필우서비).

이처럼 천고마비가 쓰였던 초기에는 "흉노족의 침범이 두려운 계절이 왔다."라는 의미였다. 그러나 세월이 흘러 흉노족도 없어지고 침략도 사라졌다. 그래서 이제는 천고마비가 "하늘이 높고 오곡백과가 풍성한 가을이라는 좋은 계절이 왔다."라는 것을 뜻하게 되었다. 천고마비 하면 서늘해서 공부하기 좋은 독서의 계절이 왔음을 뜻하는 말로 변한 것이다.

고교 시절, 가을이 되면 아침 모임 시간에 운동장 단상에 교장선생님이 등단해서 근엄한 표정으로 훈화(訓話)한다. "천고마비의 시절을 맞이하여 제군들은 열심히 면학에 힘쓰기를 바란다."라는 요지이다. 독서하기 좋은 계절이 왔으니 공부 열심히 하라는 당부의 말씀이다.

천고마비의 계절에는 모름지기 책을 많이 읽어야 한다. 이름난 문장가가 되려고 하면 대개 만 권의 책을 읽어야 한다고 한다. 얼마 전 텔레비전에서 작가를 지망하는 여학생이 자기는 한 달에 40권 정도의 책을 읽는다고 말하는 것을 보고 대단하다고 생각되었다. 한 달에 1권도 안 읽는 사람도 있을 것이다.

주자학을 창시한 주자(朱子)는 효율적인 독서 방법으로 독서삼도(讀書三到)를 주장했다. 구도(口到), 안도(眼到), 심도(心到)가 그것이다. 독서할 때 입으로 다른 말을 하지 않고, 눈으로는 딴것을 보지 않으며, 마음을 하나로 가다듬고 숙독하면 그 참뜻을 알게 된다는 것이 독서삼도이다. 독서상우(讀書尙友)라는 말이 있다. 책을 읽음으로써 옛날의 현인(賢人)들과 벗이 될 수 있다는 말이다. 사자성어를 통해 선인의 지혜를 터득하는 것과 같다.

천고마비가 무슨 뜻이냐고 물었더니, 처음 들어 보는 말이라고 하면서, 혹시 전신마비(全身痲痺) 같은 거 아니냐고 엉뚱한 소리를 하는 사람이 있었다. 한자 교육을 전혀 받지 않은 탓으로 전신마비의 마비(痲痺)와 천고마비의 마비(馬肥)를 혼동하고 있다. 가을에 농부가 곡식을 수확하듯

이, 천고마비(天高馬肥)의 계절에는 독서를 통하여 마음의 양식을 쌓아야
할 것이다.

계란유골(鷄卵有骨)

    닭 계(鷄), 알 란(卵), 계란이란 '닭 알'을 말하며, 있을 유(有), 뼈 골(骨), 유골이라 함은 '뼈가 있다'라는 뜻이다. 따라서 '계란유골'은 "계란에도 뼈가 있다."라는 말이다. 계란에 무슨 뼈가 있겠는가? 그래서 흔히 이 말은 계란처럼 약하고 깨지기 쉬운 것에도 뼈가 있을 수 있다는 뜻으로 잘못 알고 있는 사람이 적지 않다. 언중유골(言中有骨)이라는 말이 있다. 말 속에 뼈가 있다는 뜻이다. 무슨 말을 하는데 그 속에 감추어진 의미가 있을 때 언중유골이라는 말을 쓴다. 계란유골도 이 말이 주는 느낌 때문에 혼동하여 쓰이는 듯하다.

    그러나 여기에는 재미난 이야기가 있다. 세종 때 영의정을 18년간이나 했던 황희(黃喜) 정승은 청렴한 성품을 지닌 사람이었다. 지위가 높았지만 집은 천장에서 비가 새고, 옷도 관복 한 벌뿐이었다. 집이 가난하여 먹을 것이 없었다. 이것을 안타깝게 여긴 세종 임금께서 하루는 이런 명령을 내렸다. "오늘 하루 동안 남대문으로 들어오는 물건을 모두 사서, 황희 정승에게 드리도록 하여라." 그런데 마침 그날은 하루 종일 폭풍우가 몰아치는 사나운 날씨였다. 사람들의 발길이 뚝 끊기어 남대문으로는 온종일 아무것도 들어오지 않았다. 저녁때가 다 되어서야 한 노인이 들고 오는 달걀 한 꾸러미를 사서 황희 정승에게 주었다. 황희 정승이 집에 돌아와 달걀을 삶아 먹으려고 했으나 모두 곯아서 먹을 수가 없었다. 곯았다는 것은 상하였다는 것인데, 이를 한자로 옮기면서 마땅한 표현이 없어 유골(有骨), 즉 '골이 있다'로 적었다. 그러니까 '계란유골'은 계란에 뼈가 있다는 의미가 아니라, '달걀이 곪았다'라는 말이다. 운수 나쁜 사람은 모처럼의 좋은 기회를 만나도 역시 일이 잘 안됨을 이른다. 모처럼 복권이 당첨되어 너무 기뻐서 주머니에서 꺼내 보고 또 보면서 집으로 오다가 길바닥에 복권을 잃어버린 것과 같다.

이러한 황희 정승 이야기는 후대에 만든 이야기이겠지만, 청렴하고 바른 몸가짐을 지니고 살았던 옛 선인들의 아름다운 자세를 엿볼 수 있다. 황희 정승과 같은 세종 때의 청백리로는 유관(柳寬)이 유명하다. 우의정이라는 높은 벼슬을 하면서도 항상 베옷과 짚신으로 검소하게 살았다. 음식은 밥과 국, 나물이면 만족했고, 집에 귀한 손님이 오더라도 탁주 한 사발과 무 몇 쪽으로 대접했다. 집은 담장이 없는 초가집에 살았다. 장마철에 천장이 새어 방 안으로 비가 쏟아지자, 유관은 태연하게 우산을 받쳐 들고 비를 피했다. 그리고 부인에게 "우산이 없는 집은 비를 어떻게 피하겠는가?" 하면서 가난한 백성들을 걱정했다. 세상을 떠날 때 "우리 집안에 길이 전하는 것은 오직 청렴결백뿐이니 대대로 이를 끝없이 전하라(吾家長物惟淸白 世世相傳無限人: 오가장물유청백 세세상전무한인)."라는 유훈(遺訓)을 남겼다.

그가 살던 집은 우산을 받치고 살았다고 하여 우산각(雨傘閣)이라 불렀다. 그의 청백함을 기리기 위하여 서울 신설동의 동대문 도서관 앞에 '우산각 공원'이 조성되어 있다. 이러한 청백리들이 있었기에 세종 때 문화가 꽃피웠고, 조선조가 500년을 지속했는지도 모른다.

참고로 계란유골(鷄卵有骨)과 더불어 계륵(鷄肋)이라는 말도 뜻이 있는 말이다. 닭 계(鷄), 갈비 륵(肋), 계륵은 닭갈비를 말한다. 닭의 갈비는 먹을 만한 살도 붙어 있지 않지만, 그렇다고 버리기에는 아까운 것이다. 어떤 물건이 가치는 없지만 버리기에는 아까운 경우에 쓰이는 말이다.

계륵은 《후한서(後漢書)》에 나온다. 후한 헌제(獻帝) 때 촉나라의 유비와 위나라의 조조는 한중(漢中)이라는 땅을 놓고 치열한 다툼을 벌였다. 싸움은 수개월이나 계속되었다. 유비의 병참은 후방에 근거를 확보하고 있는 데 비하여, 조조는 병참이 부족하여 도망병이 생기고 전투가 어려운 처지에 놓이게 되었다. 그러던 어느 날 저녁, 조조가 야간 군호로 "계륵"이라는 명령을 내렸다.

조조의 수하 중에 양수(楊修)라는 사람은 조조가 왜 군호를 계륵으로 내렸는지를 짐작하고 부지런히 장안으로 귀환할 준비를 하기 시작했다. 모두 놀라서 그 까닭을 묻자, 양수가 이렇게 대답했다. "닭의 갈비뼈는 먹을 만한 데가 없다. 그렇다고 내버리기에는 아깝다. 위왕께서 한중을 이에 비유하고 계륵이라는 군호를 내렸으니, 이는 군대를 철수하기로 하신 것이다." 과연 조조는 그다음 날 군사를 한중에서 철수시켰다. 양수는 계륵이라는 말을 듣고 조조의 속마음을 정확히 읽어내었다.

인생길 밝히는 사자성어

극기복례(克己復禮)

이길 극(克), 자기 기(己), 극기라 함은 '자기를 이기는 것'을 뜻하고, 돌아올 복(復), 예절 예(禮), 복례라 함은 '예절로 돌아온다'라는 의미이다. 따라서 '극기복례'라 함은 "자기를 이기고 예절로 돌아온다."라는 말이다.

극기복례는 《논어》 안연(顔淵)편에 나온다. 안연은 공자가 가장 사랑하고 아끼며 자기의 학통을 이을 사람으로 믿고 있던 수제자였다. 어느 날 안연이 공자에게 인(仁)에 관하여 물었다. 공자가 말하기를 "나를 이기고 예에 돌아가는 것이 인이다. 하루만 나를 이겨 예로 돌아가면 천하가 인으로 돌아온다(顔淵問仁 子曰克己復禮爲仁 一日克己復禮天下歸仁焉: 안연문인 자왈극기복례위인 일일극기복례천하귀인언)."라고 했다.

이러한 극기에 대해 여러 가지 의견이 있다. 그러나 대개 '자신의 육체적인 욕망을 극복하는 것'으로 풀이될 수 있다. 복례의 예(禮)는 '천지 만물의 이치'를 말하는 것이다. 사욕을 억누름으로써 예절을 회복한다면 천하의 사람들이 인(仁)하다고 인정할 것이다. 하루만이라도 극기복례를 하면 천하가 다 인(仁)으로 돌아온다고 하는 것은 육신으로 인한 모든 욕망이 완전히 사라지고 무아의 경지에 들어가 성도(成道)하는 것을 뜻한다.

공자의 이와 같은 대답에 안연이 인(仁)을 좀 더 구체적으로 알려 달라고 하자, 공자는 "예가 아니면 보지도 말고(非禮勿視: 비례물시), 예가 아니면 듣지도 말고(非禮勿聽: 비례물청), 예가 아니면 말도 하지 말고(非禮勿言: 비례물언), 예가 아니면 움직이지도 말라(非禮勿動: 비례물동)."고 대답했다.

극기를 통해서 보고 듣는 것과 말과 행동을 예(禮)에 맞게 하여야 한다는 말이다. 이처럼 '하지 말라는 것' 네 가지를 '사물잠(四勿箴)'이라고 한다. 선비들은 이 사물잠을 평소 암송하고 생활의 신조로 삼았다. 이황이 사물잠을 필사해서 선조에게 바치자, 선조는 이 사물잠으로 병풍을 만들어 옆에 두고 늘 읽었다고 한다.

사람들은 살아가면서 타인과 경쟁을 하고, 남보다 앞서려고 한다. 그러나 진정 강한 사람은 자기 자신을 이기는 사람이다. 자신을 이긴다는 것은 타인을 이기는 것보다 몇 배 더 힘든 것이기 때문이다. 자신과의 싸움에서 이기려면 많은 고통과 인내가 따른다.

독일이 낳은 세계적인 음악가 베토벤(Beethoven, 1770~1827)은 일찍이 어머니를 여의고 동생을 거두는 가장이 되었다. 음악이 좋아서 작곡가가 되었으나 그는 30세에 이르러 청력(聽力)을 잃었다. 소리를 생명으로 하는 음악가가 소리를 들을 수 없다면, 그것은 생명을 잃은 것과 다름없는 일이었다. 베토벤은 너무 고통스러워 자살을 생각하기도 했다. 그러나 그는 자살의 유혹을 이겨내고 악보를 그려내는 데 열중했다. 그 결과 〈영웅〉, 〈운명〉, 〈전원〉, 〈합창〉, 〈월광소나타〉, 〈비창〉과 같은 인류 음악사에 길이 남을 수많은 명곡을 작곡했다. 베토벤은 비록 귀로는 듣지를 못했지만, 마음의 귀로 듣고 느낌으로써 청력을 잃기 전보다도 더 훌륭한 곡을 만들어 내었다. 최악의 환경에서도 절망하지 않고 자신의 인생을 희망의 꽃으로 승화시킴으로써 악성(樂聖)으로 불리고 있다.

《여씨춘추(呂氏春秋)》라는 책에 "남을 이기려는 자는 반드시 자신을 이겨야 한다."라고 쓰여 있다. 자신을 이기기 위해서는 자신을 극복할 수 있어야 한다. 스스로 통제하고 절제할 수 있어야 하며, 어떤 어려움도 이겨낼 수 있어야 한다. 그래야만 진정으로 강한 자가 되고 인생의 승리자가 된다.

2023년 항저우 아시안 게임에서도 한국의 양궁은 빛나는 금자탑을 쌓았다. 필자가 양궁 여자 선수들이 활시위를 당길 때 보니, 입술 아래쪽 턱에 일(1)자로 줄을 그은 것처럼 홈이 패어 있었다. 얼마나 활쏘기 연습을 많이 했으면 턱에 선이 패어져 있을까. 옛날 펜글씨로 공문을 작성하던 시절, 공무원 중에는 엄지손가락에 지문이 없어진 경우가 가끔 있었다. 수십 년간 펜대로 글씨를 쓰다 보니 자연히 손가락 사이의 지문이 뭉개져서 없어진 것이다.

《맹자》에 이러한 말이 나온다. "하늘이 장차 큰일을 어떤 사람에게 맡기려 할 때는 반드시 먼저 그 마음을 괴롭히고, 그 근골을 지치게 하고, 그 육체를 굶주리게 한다(天將降大任於是人也 必先苦其心志 勞其筋骨 餓其體膚: 천장강대임어시인야 필선고기심지 노기근골 아기체부)."

큰일을 할 사람에게 하늘은 그 생활을 곤궁하게 하고, 그가 행하는 일이 뜻대로 되지 않게 한다. 이것은 그의 마음을 움직여서 그 성질을 참게 하고, 일찍이 할 수 없었던 일을 하도록 하기 위해서이다. 쇠도 여러 번 달구어야 명검을 만들 수 있듯이, 사람 역시 수많은 고초와 시련을 겪어야 비로소 큰 인물이 될 수 있다.

극기복례(克己復禮)는 자기 자신에게서 이루어지는 것이지, 결코 남을 통하여 이루어지는 것은 아니다. 자기 의지력으로 욕망이나 나쁜 마음을 억제하고 예의에 어그러지지 않도록 하는 것이 인격 수양의 요체(要諦)임을 알 수 있다.

인생길 밝히는 사자성어

지성무식(至誠無息)

지극할 지(至), 성실할 성(誠), 지성(至誠)이란 '지극한 정성'을 뜻하고, 없을 무(無), 쉴 식(息), 무식(無息)이란 '쉬지 않는 것'을 말한다. 따라서 '지성무식'이라 함은 "지극한 정성은 결코 쉬는 법이 없다."라는 의미이다.

지성감천(至誠感天)이라는 말은 귀에 익은데, 지성무식이라는 말은 처음 들어 보는 사람이 적지 않을 것이다. 여기서 무식은 '알지 못한다'라는 무식(無識)과는 의미가 다르다. '쉬지 않는다'는 의미의 무식(無息)이다.

《중용(中庸)》에 이르기를 "성(誠)은 하늘의 길이요(誠者天之道也: 성자천지도야), 성을 실행하는 것은 사람의 길이다(誠之者人之道也: 성지자인지도야)."라고 했다.

천지자연은 거짓이 없다. 콩을 심으면 콩이 나오고, 팥을 심으면 팥이 나온다. 많이 심으면 많이 나오고, 적게 심으면 적게 나온다. 이렇듯 자연은 절대로 속이지 않는다. 사람은 이러한 자연을 본받아 참되게 살려고 노력해야 한다. 그것이 사람이 가야 하는 길이다. 그것이 성(誠)을 실현하는 길이다.

옛날 어떤 마을에 아이들이 장난하다가 한 어린아이가 커다란 물독에 빠졌다. 어른 키만한 항아리에 물이 가득 채워져 있었는데, 그 속에 빠진 것이다. 어린아이가 빠져나올 수가 없었다. 이런 상황이 벌어지자, 아이들은 당황하고 겁에 질려 도망치기도 했다. 그 가운데 한 아이가 아무 소리 안 하고 뒷담 대나무 숲으로 갔다. 그 아이는 큰 돌을 들고 와서 항아리를 향해 힘껏 내리쳤다. 항아리 물독이 깨지고 어린아이가 독 속에서 기어 나와 살았다.

　돌을 가지고 와서 물독을 깬 아이가 신동(神童)으로 소문난 사마광(司馬光)이었다. 자라면서 학문을 익혀, 북송(北宋) 때 《자치통감(資治通鑑)》이라는 유명한 역사책을 저술한 대유학자가 되었다. 어느 날 사마광에게 제자 한 사람이 "인생에서 가장 중요한 것이 무엇인지 글자 한 자만 골라 주시면 마음에 새기겠습니다." 하고 물었다. 사마광은 서슴없이 대답했다.

　"그것은 성(誠) 자이다."

　"선생님. 그러면 성(誠)이란 무슨 뜻입니까?"

　"그것은 허망한 말을 하지 않는 것이다(不妄語: 불망어)."

　허망한 말을 하지 않으려면 사람이 진실하여야 한다. 거짓이 없어야 한다. 거짓말을 밥 먹듯이 하는 사람이 성실할 수는 없다. 한 입 가지고 두말하는 사람 역시 성실과는 거리가 멀다. 둘러대다가 증거를 들이대면, 기억에 없다고 하는 발뺌하는 사람 역시 불성실하기는 마찬가지이다. 성(誠) 자는 말씀 언(言)과 이룰 성(成)이 합쳐진 글자이다. "말이 이루어졌다."라고 하는 것은 말과 행동이 일치한다는 것을 말한다. 언행(言行)이 일치하는 사람이 성실한 사람이다.

　　　　　　　　　　　　인생길 밝히는 사자성어

평생 애국애족(愛國愛族)만을 위하여 성실한 삶을 사셨던 도산 안창호 선생께서는 "죽더라도 거짓이 없어라. 꿈에라도 성실을 잃었거든 참회하라. 큰일이건 작은 일이건 네가 하는 일에 정성을 다하여라."라고 역설했다.

지성(至誠)이란 자기 정성을 다하는 것을 뜻한다. 이 세상의 위대한 업적은 모두 정성이 낳은 산물이다. 지극한 정성은 하늘까지도 감동을 준다. 이를 지성감천(至誠感天)이라고 한다. 예로부터 이 땅의 어머니들은 자식 잘되라고 장독대에 정화수를 올려놓고 치성(致誠)을 들여왔다. 이러한 어머니의 지극한 정성 속에 자식들이 자라서 수출의 역군이 되어 한강 변의 기적을 이루었다. 대한민국이 세계 10위권의 경제 대국으로 성장한 그 뒷면에는 이 땅의 어머니들의 지극한 정성과 노력이 크게 뒷받침되었다.

사람의 성실함은 억지로 되는 것이 아니라, 자연스럽게 이루어져야 한다. 어떤 의도나 목적을 가지고 성실을 추구한다면 인위적인 성실일 뿐이다. 이익만으로 성실함에 접근했다면 이익이 없으면 결국 성실함도 사라질 것이기 때문이다.

사시(社是) 가운데 첫 번째로 지성공영(至誠共榮)이라는 어구가 있다. 성실하게 일해서 얻은 이익을 사회 전체의 번영으로 함께 누려 나가자는 뜻으로 해석된다. 이는 불가(佛家)에서 자비를 베풀어 널리 중생을 구제하는 것과 흡사하다. 창업자의 인생관과 마음가짐을 잘 나타내 주고 있는 어구라고 생각된다.

지성무식(至誠無息), 지극한 성실은 쉬지 않고 지속되어야 한다. 해는 매일 뜨고, 일 년 사계절은 끊임없이 운행한다. 이런 자연의 법칙을 본받아 쉬지 않고 행하는 것이 성실이다. 제아무리 똑똑하고 학력이 좋아도 성실한 사람을 당할 수는 없다. 신념을 가지고 묵묵히 쉬지 않고 자신의 길을 걸어가는 사람이 성공하는 법이다.

요즘 지하철이건 버스건, 많은 사람이 스마트폰을 열심히 들여다본다. 심지어 길에 다니면서도 스마트폰을 들여다보는 사람도 있다. 스마트폰 들여다보는 것을 좀 줄이고, 그 대신 자기 내면을 들여다보았으면 한다. 자기가 과연 어떤 사람인지, 그리고 자기가 얼마나 거짓 없는 성실한 생활을 해 나가고 있는지를 점검해 보는 것이 필요하다.

인생길 밝히는 사자성어

지족불욕(知足不辱)

알 지(知), 족할 족(足), 지족이라 함은 '족함을 안다'라는 뜻이고, 아니 불(不), 욕될 욕(辱), 불욕이라 함은 '욕됨이 없다'라는 의미이다. 따라서 '지족불욕'이라 함은 "족함을 알면 부끄러움 당할 일이 없다."라는 의미이다. "자기 분수를 지키면 욕될 일이 없다."라는 말과 같다.

지족불욕은 노자의 《도덕경(道德經)》 제44장에 나오는 말이다. 노자는 이렇게 말했다.

> "욕망을 눌러 스스로 만족함을 알면 욕되지 않고(知足不辱: 지족불욕), 분수를 지켜서 자기 능력의 한계에 머무를 줄 알면 위태롭지 않으니(知止不殆: 지지불태), 언제까지나 편안할 수 있게 된다(可以長久: 가이장구)."

적당한 선에서 멈출 줄 아는 사람은 세상에 대한 불평이 적다. 다른 사람과 갈등과 마찰도 적다. 그래서 위태로운 일을 당하지 않고, 오래도록 편안한 삶을 누릴 수 있게 된다.

지금 우리 사회는 빈부 간의 격차로 인해 가진 자와 없는 자의 사이에 벽이 쳐져 있다. 그로 인해 불신과 불만이 팽배해 있다. 자신을 행복하다고 여기는 사람이 적다. 경제는 세계 10위권에 들어섰어도, 행복지수는 세계 56위로 처져 있다. 만족하려면 삶을 긍정적으로 바라보고 매사를 긍정적으로 여겨야 한다. 긍정적인 생각이 자신을 행복하다고 여기게 한다. 만족하는 기준은 사람들의 가치 기준에 따라 다르다. 쌀 한 섬을 가지고도 만족하는 사람이 있는가 하면, 쌀 아흔아홉 섬을 가지고도 백 섬을 못 채워서 안달하는 사람도 있다.

"당신이 만족을 느낀다면 당신은 가난하더라도 부자일 수 있다. 하지만 당신이 만족을 느끼지 못한다면 당신은 많은 것을 가졌다 하더라도 가난할 수밖에 없는 것이다." 벤저민 플랭클린이 한 말이다.

그렇다! 스스로 만족할 수 있는가, 없는가는 마음의 문제인 것이다. 자신이 행복할 수 있게 살려면 조그마한 것에 감사하고 만족할 수 있어야 한다.

당나라 때 조과(鳥窠, 741~824) 선사가 있었다. 조과 스님은 항상 소나무 꼭대기에 올라가 '새 둥지'처럼 오똑 앉아서 참선을 했기에 '새 둥지(鳥窠)'라는 별명으로 유명한 스님이었다. 하루는 그곳의 태수인 백락천(白樂天)이 찾아왔다. 백락천은 당대의 이름난 문장가요 시인이기도 했다. 조과 선사가 소나무 꼭대기에서 앉아 있는 것을 보고 백락천은 놀라서 말했다.
"스님. 너무 위험합니다."
그러자 조과 선사가 천연스럽게 말했다.

"내가 보기에는 태수가 더 위험한 것 같소."

백락천이 어이없다는 듯이 말했다.

"저는 이렇게 두 발로 땅 위에 서 있는데 무엇이 위험하다는 말입니까?"

그러자 조과 선사는 한심하다는 듯이 말했다.

"태수의 마음은 항상 땔나무에 불이 붙은 듯이 부귀영화에 타고 있소. 그보다 더 위험한 것이 어디 있단 말이오."

5살 때부터 시를 지었던 명석한 백락천은 스님의 말뜻을 알아듣고, 고개 숙일 수밖에 없었다.

인간은 끝없는 욕망 때문에 일생을 부나비처럼 헤매다가 허망하게 죽어 가고 있다. 마음속의 욕심을 덜어내고 고요한 즐거움을 아는 자는 어디에 서 있으나 평온을 유지하게 된다. 자기 분수를 모르고 욕심내면 반드시 위험한 일을 당하게 마련이다. 고구려를 침공한 수나라 장수 우중문(于仲文)은 욕심이 많은 사람이었다. 고구려의 을지문덕 장군이 수나라 장수 우중문에게 편지를 보냈다.

   싸움에 이겨 공이 이미 높았으니(戰勝功旣高: 전승공기고)
   만족을 알았거든 원컨대 그만두시게(知足願云止: 지족원운지).

이 같은 을지문덕의 조롱시(操弄詩)를 받은 우중문은 노여움에 수염이 꼿꼿이 섰다. 무작정 고구려를 공격하다가 수나라 군사 30여만 명을 살수(薩水: 청천강)에서 수장(水葬)시키는 참패를 당한다. 자기 분수를 모르고 을지문덕 같은 명장에게 덤벼든 탓이다. 수나라는 고구려에게 참패당한 후 결국 패망하고 만다.

지족안분이라는 말이 있다. 족함을 알면 편안하다는 것이다. 세끼 밥을 먹고 두 발로 걸어 다닐 수 있으면 그만하면 인생이 풍족한 것이다. 공자께서도 "나물 먹고 물 마시고 팔을 베고 누웠으니 이만하면 족하지 않은가? 의롭지 않게 부귀를 누리는 것은 나에게는 뜬구름과 같다."라고 했다.

음식도 욕심을 내서 너무 많이 먹으면 탈이 나게 마련이다. 조금 부족하다 싶을 때 수저를 놓으면 육신이 편하다. 세상만사가 모두 이러하다. 조금 부족하다고 생각될 때 거기에서 그치는 것이 세상을 편하게 사는 법이다.

한 해를 돌이켜 볼 때, 비록 미흡한 점이 있을지라도 그만하면 족하다고 생각하는 것이 현명하다. 지족불욕(知足不辱)이다.

빈자일등(貧者一燈)

가난할 빈(貧), 사람 자(者), 빈자(貧者)라 함은 '가난한 사람'을 뜻하고, 하나 일(一), 등잔 등(燈), 일등(一燈)이라 함은 '한 개의 등불'이라는 의미이다. 따라서 빈자일등(貧者一燈)이라 함은 "가난한 사람이 켜 놓은 한 개의 등"을 가리킨다. 이러한 빈자일등은 가난한 사람이 바친 하나의 등이 부자가 바치는 수많은 등보다 공덕이 크다는 의미를 가지고 있다. 따라서 물질의 많고 적음보다 정성이 소중하다는 말을 일컬어 '빈자일등'이라고 한다.

'빈자' 할 때의 '가난할 빈(貧)'과 '탐욕' 할 때의 '탐할 탐(貪)' 자는 글자 모양이 비슷하다. 구별에 유의해야 한다. 옛날에는 조개 패(貝)가 화폐 구실을 한 적이 있었다. 가난할 빈(貧)은 돈(貝)을 쪼개서 나누어(分) 가지니 곤궁할 수밖에 없다. 이에 비하여 탐할 탐(貪)은 지금(今) 돈(貝)을 달라고 하니 욕심내는 것이다. 그래서 지나치게 욕심내는 것을 탐욕(貪慾)이라고 한다.

빈자일등은《현우경(賢愚經)》에 나오는 이야기이다. 석가세존께서 어느 정사(精舍)에 있을 때의 일이다. 그곳에는 난타(難陀)라는 한 가난한 여인이 있었다. 몸을 의지할 곳이 없어 얻어먹고 다녔다. 그녀는 수많은 사람들이 석가에게 등공양을 드리는 것을 보고 자기 신세를 한탄했다.

"나는 전생의 업보로 이렇게 가난하고 천한 몸으로 태어나 모처럼 고마우신 석가세존을 뵙게 되었는데도 아무런 공양도 할 수 없구나!"

이렇게 슬퍼한 나머지 온종일 거리를 걸어 다니며 구걸을 한 끝에 겨우 돈 한 푼을 얻게 되었다. 그녀는 그 돈을 가지고 기름집으로 갔다. 기름을 사서 등불을 만들려는 것이었다. 그러나 기름집 주인은 "아니, 겨우 한 푼어치 기름을 사다가 어디에 쓰려고 하는지 모르겠지만." 하면서 기름을 주려고 하지 않았다. 난타는 마음속에 있는 이야기를 모두 말했다. 그러자 기름집 주인은 딱한 생각에 돈 한 푼을 받고 몇 배나 되는 기름을 주었다. 난타는 정성껏 등을 하나 만들어 석가가 계신 정사로 달려갔다. 이를 석가에게 바치고, 불단 앞에 있는 수많은 등 속에 놓아두었다.

그런데 이상하게도 난타가 바친 등불만이 새벽까지 밝게 타고 있었다. 손을 저어 바람을 보내도 꺼지지 않았고, 옷을 저어 바람을 보내도 꺼지지를 않았다. 석가는 난타의 정성으로 불이 꺼지지 않는 것을 알고, 난타가 성불(成佛)할 것이라고 말했다. 여기서 '빈자일등'이라는 말이 생겼다.

연등은 연꽃 모양이 많아 연꽃을 가리키는 연(蓮)으로 생각하기 쉽다. 그러나 연등 할 때의 연은 불을 사르거나 태운다는 연(燃) 자를 쓴다. 등불을 밝힌다는 뜻이다. 초파일이 되면 절의 입구에서부터 연등이 즐비하게 걸려 있는 것을 볼 수 있다. 사람들은 자신과 가족들의 건강과 행복을 위하여 아낌없이 연등값을 지불한다. 사람은 누구나 행복하기를 원한다. 행복이란 무엇인가? 행복은 마음이 편하고 즐겁게 살아가는 것이 그 근본이라고 생각된다. 돈이 많고 물질이 풍부하다고 해서 반드시 행복한 것은 아니다. 세계 최빈국 중의 하나인 방글라데시의 행복지수가 최상위를 점

인생길 밝히는 사자성어

하고 있는 것을 보아도 알 수 있다.

　하루 해가 뜨는 것을 볼 수 있다는 것도 행복이요, 아침에 일어날 수 있다는 것도 행복이다. 신선한 물 한 모금 마실 수 있어도 행복이다. 행복은 우리 주위에 산재(散在)함에도 먼 곳에서 찾으려고 한다. M.고리키가 말했다. "행복은 항상 그대가 손에 잡고 있는 동안에는 작게 보이지만 놓쳐 보라. 그러면 그것이 얼마나 귀중한 것인가를 알 것이다."

　부자(富者)보다도 빈자(貧者)가 사회의 등불을 켜는 경우에는 더욱 아름답고 감동적이다. 김밥 장사를 해서 평생 동안 모은 재산을 학교에 기증한 할머니가 있는가 하면, 흙벽돌집에서 자신도 어렵게 살고 있는 환경미화원이 소년소녀 가장들을 수년간 돌보기도 한다. 골목길 약국에서 어려운 이웃들에게 17년간 약품을 무료로 제공하는 장애인 약사도 있다. 이러한 이름 없는 선행자가 밝히는 등불이 빈자일등(貧者一燈)의 구실을 하고 있다.

　부처님 오신 날에 연등불을 켜는 것은 나의 어두운 마음을 밝히는 빛인 동시에 세상의 어둠을 밝히는 빛이기도 하다. 어려운 이웃과 사회를 위해 켜는 연등이 많아질수록 세상은 보다 밝아지게 된다.

선유자익(善游者溺)

잘할 선(善), 헤엄칠 유(游), 사람 자(者), 선유자(善游者)라 함은 '헤엄을 잘하는 사람'이라는 뜻이고, 빠질 익(溺)은 '물에 빠진다'라는 의미이다. 따라서 '선유자익(善游者溺)'이라 함은 "수영을 잘하는 사람이 물에 빠진다."라는 의미이다. '선유(善游)'에서 선(善)은 '착할 선'이 아니라 '잘할 선'의 의미로 해석해야 한다. "김 선생이 농담을 잘한다." 할 때 이를 한문으로 표현하자면 "金先生 善談笑(김선생 선담소)"라고 표기하는 것과 같다.

선유자익(善游者溺)은 전한(前漢)의 유안(劉安)이 지은 《회남자(淮南子)》에 나오는 말이다.

수영 잘하는 사람이 물에 빠지고(善游者溺: 선유자익),
말을 잘 타는 사람이 말에서 떨어진다(善騎者墜: 선기자추).

우리말 속담에 "헤엄질 잘하는 놈이 물에 빠져 죽고, 나무에 잘 오르는 놈 나무에서 떨어진다."는 말이 있다. 원숭이가 나무에서 떨어지듯이 자기가 잘하는 것에 오히려 화를 입는 경우이다. 자신 있다고 방심하다가는 결국 그 자만심 때문에 일을 그르치고 만다는 뜻이다. 한 가지 재주에 뛰어난 사람이 그 재주만 믿고 자만하다가 도리어 재앙을 당함을 비유한 말이다

인생길 밝히는 사자성어

'수영을 못하는 사람이 물에 빠지지, 왜 수영을 잘하는 사람이 물에 빠질 것이며, 말을 잘 못 타는 사람이 말에서 떨어지지, 왜 잘 타는 사람이 말에서 떨어지겠는가?' 하고 의문이 생길 수도 있다. 그러나 발상을 전환해 보면, 그 답을 쉽게 찾을 수 있다. 원래 초보자는 조심할 수밖에 없다. 자신의 한계를 너무나 잘 알기에 스스로 조심하게 되는 것이다. 운전도 배운 지 1년 정도 지나 어느 정도 자신이 생겼을 때 사고가 많이 난다고 한다. 사람들은 자신이 익숙하다고 하는 일에 자만하고 마음을 놓다가 실패를 경험하게 된다. 사소한 것을 지나쳐 버렸기 때문이다. 쉽다고 생각하기 때문에 큰 화를 당하는 것이다.

《시경(詩經)》소아 편에도 매사에 늘 조심하라고 하면서 이렇게 말하고 있다.

"늘 전쟁에 임하듯이 전전긍긍(戰戰兢兢)하라! 마치 깊은 연못에 다다른 듯 여림심연(如臨深淵)하라! 마치 살얼음판을 건너듯이 여리박빙(如履薄氷)하라!"

자기 재주에 도취되어 성공에 자만했다가는 그 순간 추락하기 십상이다.

《장자(莊子)》에 다음과 같은 우화가 있다. 어느 날 장자가 밤나무에 까치 한 마리가 앉아 있는 것을 보고 돌을 던져 까치를 잡으려 했다. 그런데 까치는 자신이 위험에 빠진 것도 모르고 나무에 있는 사마귀를 잡아먹으려고 정신이 팔려 있었다. 그런데 사마귀는 뒤에서 까치가 자기를 잡아먹으려는 것도 모른 채 매미를 향해 두 팔을 쳐들어 잡으려 하고 있었다. 매미는 그것도 모른 채 그늘 아래서 모든 위험을 잊고 노래하고 있었다. 장자는 순간 세상에는 진정한 승자가 없다는 것을 깨닫고 던지려던 돌을 내려놓았다. 그때 장자가 밤을 훔치려는 줄 알고 밤나무 주인이 쫓아와 장자에게 욕을 하면서 뒤에서 막대기를 흔들었다. 장자 역시 최후의 승자는 아니었던 것이다.

이 세상에 영원한 승자는 없다. 승리를 확신하고 승리에 도취되어 있는 순간 뒤에서 그 승리를 빼앗으려고 기다리는 누군가가 있다는 것을 알아야 한다. 변화가 빠른 시대이다. 지나간 시절에 넋 놓고 있다가는 언제든지 성공이 실패로 바뀔 수 있다.

승리는 유연함과 겸손함으로 내 모습과 생각을 변화시켜야 오래갈 수 있다. 승리에 도취되어 있는 순간 패배가 등 뒤에서 기다리고 있는 것임을 항상 명심해야 한다.

교토삼굴(狡兔三窟)

날랠 교(狡), 토끼 토(兔), 교토(狡兔)라 함은 '날랜 토끼'를 뜻하고, 석 삼(三), 구멍 굴(窟), 삼굴(三窟)이라 함은 '세 개의 굴'을 의미한다. 따라서 교토삼굴(狡兔三窟)이라 함은 "날래고 교활한 토끼는 세 개의 굴을 가지고 있다."라는 의미이다. 위기에 대비해 다방면의 방책을 세워 놓은 것을 말한다. 여기서 교(狡)는 '날쌔고 교활하다'는 뜻이고, 굴(窟)은 위기를 넘길 수 있는 은신처인 '동굴'을 의미한다.

토끼는 눈치가 빠르고 영리한 짐승으로 여겨지고 있다. 이러한 토끼는 용왕 앞에 가서도 재치 있게 위기를 넘긴다. 중병에 걸린 용왕의 치료에 토끼의 간이 필요했다. 용궁으로 잡혀온 토끼는 "나는 소중한 간을 집에 보관하고 다니므로 집에 돌아가서 간을 가지고 오겠다."고 말하고, 용궁을 빠져나온다. 꾀가 많은 토끼는 이처럼 목숨을 구하는 대비책을 강구해 놓고 있는 것이다.

춘추전국시대 제(齊)나라 맹상군(孟嘗君)의 식객이었던 풍환(馮驩)은 자신이 모시는 군주를 위하여 세 개의 은신처를 확보해 두어, 맹상군이 어려운 일을 당할 때마다 위기를 넘겨서 피신할 수 있게 했다. 그래서 다가올 위기에 대비해 피할 수 있는 구멍 세 개는 항상 가지고 살아야 한다는 의미에서 교토삼굴이라는 고사성어가 만들어졌다.

시험공부를 할 때에도 교토삼굴 전략을 사용할 수가 있다. 종래 고시 2차 시험에서는 과목당 주관식 두 문제가 출제되는 것이 통상적이었다. 따라서 어떤 문제가 출제되는가가 당락의 판가름이 된다. 평소에 잘 익혀 두고 암기했던 문제가 출제되면 고득점을 올릴 수가 있다. 그러나 요즘 이야기되고 있는 것과 같은 '킬러 문항'이 나오면 쓴잔을 마셔야 한다.

나는 2차 시험 막바지에는 과목당 60문제를 추출해서, A급 20개는 토씨까지 암기하고, B급 20개는 전체 내용을 암송하고, C급 20개 문항은 대강 줄거리 정도를 암기하고 시험장에 들어갔다. 완전히 암기한 A급 문제가 나오면 대박이고, B급 문제가 출제되면 그런대로 좋은 점수를 획득하게 된다. 만일 두 군데서 나오지 아니하고, C급에서 출제되면 보통의 답안을 작성하고 결과를 기다려 보아야 한다. 이처럼 세 개의 문제 전략을 가지고 시험에 임했다. 마치 토끼가 굴을 세 개 가지고 있는 것과 같다. 두 번 떨어지고, 운이 좋아 세 번째에 행정고시에 합격할 수 있었다. 오십 년 전의 일이라 오늘에 적용하기는 어려울 것이다.

세상을 살다 보면 누구나 인생의 위기와 고난을 당하기 마련이다. 현명한 사람도 위기를 비켜 가기란 쉽지 않다. 그래서 위기에 대한 준비를 철저히 해야 한다. 이런 상황에서 자주 사용하는 말이 "똑똑한 토끼는 위기에 대비한 세 개의 굴을 파고 산다."는 의미의 교토삼굴(狡兔三窟)이라는 사자성어이다. 위기에 대한 대비책은 국가도 필요하고 기업도 필요하다. 그래서 유비무환(有備無患)이라는 말이 회자(膾炙)되는 것이다.

개인에게 위기가 닥쳤을 때에는 안전하게 은신할 수 있는 곳이 있어야 한다. 부동산, 주식, 현금, 권력 등은 위기에 안전한 은신처가 될 수 없다. 언젠가 모두 잃을 수가 있는 것들이기 때문이다. 개인적으로 가장 믿을 수 있는 인생의 은신처는 가정일 것이다. 힘들 때 나를 언제든지 받아 줄 수 있는 가정이야말로 인생에서 가장 믿을 만한 곳이다. 세상을 배회하던 탕아(蕩兒)도 나중에는 최종적으로 고향의 가족을 찾아가게 마련이다. 가정은 세상의 모든 고난을 어루만져 줄 수 있다. 그러니 평소에 가족들에게 잘해야 한다. 말 한마디라도 따뜻하게 건네는 것이 미래에 대한 가장 확실한 준비이고 대비책일 것이다.

이해관계에 얽매여 있는 인간관계는 이해득실(利害得失)이 엇갈리면 얼마든지 멀어질 수가 있다. 그토록 가깝던 사람도 가차 없이 발길을 돌리는 것이 요즘의 세태이다. 그러나 가정은 세상일에 실패하고 모든 사람에게 버림을 받았다고 하더라도 끝까지 나를 기다려 주고 보듬어 주는 안식처이다. 평소에 가정을 위해 최선을 다하지 않는다면 위기 앞에 후회하게 될 것이다. 과연 나는 위기에 대비해 몇 개의 굴을 마련하고 있는지를 곰곰이 생각해 볼 필요가 있다.

곡학아세(曲學阿世)

굽을 곡(曲), 배울 학(學), 곡학이라 함은 '학문을 굽힌다'라는 뜻이고, 아첨할 아(阿), 세상 세(世), 아세라 함은 '세상에 아부한다'라는 의미이다. 따라서 '곡학아세'라 함은 "자기의 소신이나 지조를 굽혀 세상에 아첨하는 것"을 말한다. 소신 없이 정치계를 들락거리는 교수 중에 곡학아세하는 사람이 적지 않다. 자기가 배운 것을 올바로 펴볼 생각은 하지 않고, 자기가 배운 것을 굽혀 가면서 세상의 비위를 맞추어 가면서 출세하려는 그런 태도나 행동, 바로 그것이 곡학아세이다. 자기가 그릇된 행동을 하는 것을 알면서도 이를 행하니 더욱 가증(可憎)스럽다.

곡학아세라는 말은 《사기(史記)》의 유림열전(儒林列傳)에 나오는 말이다. 전한의 경제 때, 원고생(轅固生)이라는 강직한 학자가 있었다. 그는 황제의 부름을 받아 등용되었는데, 이때 공손홍(公孫弘)이라는 소장학자도 같이 부름을 받았다. 공손홍은 처음에는 원고생을 보고 아무 쓸모 없는 늙은이라고 무시했다. 그러나 원고생은 이를 개의치 아니하고 공손홍에게 이렇게 말했다.

"지금 학문의 도가 어지러워서 속설이 유행하고 있네. 이대로 방치하면 유서 깊은 학문의 전통이 참모습을 잃어버리게 되네. 자네는 나이도 젊고 학문도 좋아하는 사람이니 부디 올바른 학문을 힘써 닦아서 세상에 펴 주게나. 결코 자기가 배운 학문을 굽혀서 세상의 속물들에게 아부하지 말게

(務正學以言 無曲學以阿世: 무정학이언 무곡학이아세)."

이 말을 들은 공손홍은 원고생의 훌륭한 인격과 풍부한 학식에 감동되었다. 그래서 스스로 원고생의 제자가 되어 훌륭한 학자로 성장했다.

바른 학문의 길을 걷고 있던 원고생은 곧은 성격이었다. 목에 칼이 들어와도 자기 소신과 다른 말은 하지를 못했다. 그가 하는 말에는 숨김이 없었다.

하루는 황제의 어머니인 두태후(竇太后)가 원고생에게 노자가 어떤 사람이냐고 물었다. 태후는 평소에 노자를 숭배하는 열렬한 노자파(老子派)였다. 원고생은 유학자 출신이라 평소에 노자를 탐탁지 않게 생각하고 있었다. 그래서 거침없이 노자에 대하여 말했다.

"노자는 머슴이나 노예와 같은 보잘것없는 인물입니다. 그가 말한 것은 다 제멋대로 떠들어 댄 것에 지나지 않습니다. 천하를 논하는 인물하고는 거리가 먼 사람입니다."

이러한 말에 두태후는 매우 격노해서 원고생을 돼지우리에 집어넣어 고생을 시켰다. 비록 고생을 하더라도 원고생은 자기 할 말을 서슴없이 말했다. 자기 지조를 지킨 것이다

지금으로부터 70년 전인 1954년에 사사오입(四捨五入) 개헌 파동이 있었다. 그 당시 자유당은 이승만 초대대통령을 종신으로 하기 위하여 개헌안을 마련하여 투표에 부쳤다. 개헌안이 국회를 통과하려면 재적 의원 3분의 2 이상의 찬성표를 얻어야 한다. 그런데 같은 해 11월 27일 투표한 결과 재적 의원 203명의 3분의 2인 135.333명에 못 미치는 135명이 찬성

표였다. 그래서 개헌안은 당연히 부결되었다. 개헌안이 가결되려면 136명의 찬성표가 나왔어야 하는 것이다. 그러나 이렇게 부결된 것을 자유당은 당시 대학교의 수학전공교수를 동원하여 사사오입 이론을 끌어대었다. '사사오입'이란 4 이하는 버리고 5 이상은 반올림하는 수학 공식을 말한다. 그래서 135.333명은 사사오입하면 135명이라고 궤변을 폈다. 135는 엄연히 135.333에 모자라는 수로서 명백히 의결정족수에 미달이 된다. 억지로 구슬을 꿰서 맞추려는 것과 마찬가지이다. 이러한 정치놀음에 동조한 교수들도 문제가 아닐 수 없다. 시세(時勢)에 부합하고 권력에 아부(阿附)하는 곡학아세라는 비판을 면치 못했다.

우리나라는 예로부터 강직한 선비 정신을 이어오고 있는 나라이다. 일본에 무사도가 있다면 우리나라에는 선비 정신이 연면하게 내려오고 있다. 선비 정신은 옳은 것은 옳다고 하고, 그른 것은 그르다고 말하는 대쪽 같은 올곧은 정신이다. 의(義)를 위해서는 목숨을 초개(草芥)와 같이 생각하는 것이 선비 정신이다.

물질주의가 팽배하면서 이러한 선비 정신이 다소 퇴색해 가는 감이 있다. 곡학아세하면 일시적으로는 흥청거릴 수 있으나, 결국은 추락하고 마는 것을 역사를 통하여 알 수 있다. 산은 산이요 물은 물인 것이다.

인생길 밝히는 사자성어

혼수모어(混水摸魚)

혼탁할 혼(混), 물 수(水), 혼수라 함은 '물을 혼탁하게 한다'라는 뜻이고, 찾을 모(摸), 고기 어(魚), 모어라 함은 '물고기를 찾는다'라는 의미이다. 따라서 '혼수모어'라 함은 "물을 흐리게 만들어 물고기를 찾아낸다."는 뜻이다.

혼수모어는 삼십육계(三十六計)에 나오는 말이다. 적을 혼란에 빠뜨려서 공격하는 전술을 의미한다. 적이 혼란한 틈을 이용하여 승기를 잡는 것을 뜻한다. 우리가 물고기를 잡을 때는 어망이나 낚시를 사용해서 잡는 것이 통상적이다. 그러나 맨손으로 강물에 들어가 고기를 잡는 사람도 있다. 손만 집어넣고 강바닥을 이리저리 더듬어 휘젓다가 황토 물속에서 커다란 물고기를 한 마리씩 잡아 올리는 것을 보면 신기하지 않을 수 없다. 눈으로 보지도 않고 손으로 물고기를 잡는 방법은 간단하다. 강물 속의 흙을 손으로 이리저리 휘저으면 숨어 있던 물고기가 순간적으로 방향 감각을 잃게 되는데, 이때 손의 감각으로 물고기가 감지되면 바로 잡아 올린다는 것이다. 익숙하게 손으로 물고기를 잡는 사람은 오랜 세월 동안 경험이 축적되어 손끝에 눈이 달린 것처럼 손의 감각이 탁월하다는 것이다. 옛날 손으로 담배 한 갑을 채울 때, 신탄진 연초제조창에서 일하는 여공들은 눈을 감고도 손으로 움켜쥐면 영락없는 20개비였다고 한다. 수없는 작업 훈련이 그렇게 달인으로 만들었던 것이다. 물고기를 손으로 잡는 사람 역시 그러할 것이다.

　물고기가 혼탁한 물속에서 순간적으로 방향감각을 잃듯이 사람도 뜻밖의 상황에 부딪치면 방향감각을 잃고 만다. 명석한 사람도 갑작스런 상황에 부딪치면 판단 능력을 잃고 만다. 이럴 때는 잠시 뒤로 물러서서 사물을 바라볼 필요가 있다. 한 발 물러서면 객관적으로 보이기 때문이다. 바둑이나 장기도 직접 두는 사람보다도 관전하는 사람이 한 수 더 잘 본다고 한다. 그만큼 객관적인 판단을 하기 때문이다. 상황이 어렵다고 해서 허둥대면 안 된다. 차라리 이럴 때에는 '넘어진 김에 쉬어간다'는 생각으로 마음을 편안히 먹어야 해결의 실마리가 풀린다.

　혼수모어의 전술은 상대방을 혼란스럽게 하여 공격해서 승기를 잡는 전술이다. 이러한 전술은 인생 도처에 있다. 사기꾼이 감언이설(甘言利說)로 연막을 피운 후, 피해자의 금전을 사취하는 행위는 혼수모어이다. 총선에 나선 자가 감당 못 할 수많은 공약을 나열하여 유권자의 판단을 흐리게 하면서 표심을 공략하는 것도 혼수모어이다.

　오늘날 갈수록 물질만능사상이 팽배하여 도덕성이 결여된 혼탁한 사회로 되어 가는 감이 없지 않다. 이런 혼탁한 사회에서는 정신을 바짝 차리고 방향감각을 잃지 말아야 한다.

　사람은 누구나 마음속에 거울을 지니고 있다. 본시 거울은 그 자체가 깨끗하고 맑다. 그래서 사물을 있는 그대로 비추어 준다. 둥근 것은 둥글게 비추어 주고, 모난 것은 모나게 비추어 준다. 미녀와 추녀도 생긴 대로 비추어 준다. 그런데 그러한 거울에 먼지가 끼면 거울은 제구실을 못 한다. 안개 속에서 사물을 보는 것과 같이 거울의 분별 능력이 상실된다. 보름 달을 비추면 이지러진 그믐달로 비치기도 한다. 거울에 먼지와 때를 끼게 하는 것은 인간의 탐욕과 아집이다. 인간의 마음에 이러한 찌꺼기가 있으면 방향감각을 상실하게 된다.

무릇 세상을 올바로 살고자 하면 마음의 찌꺼기를 씻어 내야 한다. 그래서 사람들은 명상을 통하여 마음의 먼지를 가라앉히고자 애를 쓴다. 마음에 흙탕물을 가라앉히면 방향감각이 살아나게 마련이다.

참고로 삼십육계 중 진화타겁(趁火打劫)이라는 말이 있다. 진화타겁은 "남의 집에 불난 틈을 이용하여 도둑질을 하는 것"을 말한다. 이는 적이 위기에 처해 있을 때 그 기회를 이용하여 적을 패배시키는 계책을 의미한다. 적에게 문젯거리를 만들어 내서 그것을 이용해서 적을 공격하는 혼수모어와는 구별되는 전술이다.

제5부

인간관계(人間關係)가
좋은 사람이 성공한다

무신불립(無信不立)

없을 무(無), 믿을 신(信), 무신이란 '믿음이 없다'라는 뜻이고, 아니 불(不), 설 립(立), 불립은 '서지 못한다'라는 의미이다. 따라서 '무신불립'은 "믿음이 없으면 설 수가 없다.", "믿음이 없으면 존립할 수가 없다."라는 뜻이다. 《논어》에 나오는 말이다.

신뢰는 조직의 생존을 위해서 마지막까지 지켜야 할 덕목이다. 개인 간에도 그렇고, 기업이나 국가 간에서 있어서도 신용이 핵심 요소이다.

동방예의지국(東方禮儀之國)인 우리나라는 일찍부터 믿을 신(信)을 강조해 왔다. 친구 간에는 믿음이 있어야 한다는 붕우유신(朋友有信)은 오륜(五倫)의 하나이기도 했다. 일찍이 공자께서 "벗들과 사귐에 있어서는 믿음이 있어야 한다(與朋友交 言而有信: 여붕우교 언이유신)."라고 2,500년 전에 강조했다.

신(信) 자를 파자(破字)해 보면 사람 인(人) 자에 말씀 언(言) 자를 합쳐 놓은 글자이다. 사람의 말은 믿음이 있어야 하고 지켜져야 한다는 의미이다. 말이 어제 다르고 오늘 다른 사람은 도저히 믿을 만한 사람이 못 된다.

나는 학창 시절에 도산 안창호 전집을 읽고 새삼 도산 선생을 존경하게 되었다. 도산 선생께서는 상해에서 일경들이 독립운동가를 체포하려고 혈안이 되어 날뛰고 있던 그 시기에, 친구의 어린 딸과의 생일 선물 약속을 지키려고 길을 나섰다가 체포되어 압송되어 그 여파로 순국하게 되었다.

"꿈에서라도 거짓말을 하지 말라."는 도산 선생의 말씀은 "죽더라도 약속은 지켜야 한다(팍타 준트 세르반다: pacta sunt servanda)."라는 로마 법언(法言)과도 같은 맥락이다.

오늘날 말하고 행동이 다른 신용불량자들이 세상을 어지럽히고 있다. 애국애족(愛國愛族)한다고 하고는 뒤로는 자기 이익만을 챙기는 사람들, 공약은 그럴듯하게 내걸고 나중에는 헌신짝처럼 팽개쳐 버리는 사람들이 주로 정치계에 많이 있다.

유튜브를 보면 사냥개가 멧돼지에게 서슴없이 덤벼드는 것을 볼 수 있다. 사냥개가 거대한 멧돼지나 호랑이에게 겁 없이 대드는 것은 뒤에 자기 주인이 나타나 쏴서 죽인다는 믿음이 있기 때문이다. 그러한 믿음이 없다면 어찌 개가 호랑이나 멧돼지에게 덤벼들 수 있을 것인가?

모름지기 회사는 고객의 신뢰, 직원의 신뢰, 협력업체의 신뢰가 있어야 한다. 어느 한 방면이라도 신뢰가 없어지면 존립 기반이 흔들리게 된다. 국가 역시 마찬가지이다. 국민의 신뢰가 있어야 강성해진다.

《논어》에 보면 공자의 제자인 자공(子貢)이 공자에게 정치를 묻는 장면이 나온다.

"나라를 다스리는 데 가장 중요한 것이 무엇입니까?"

"첫째는 먹는 것, 즉 경제이다. 둘째는 자위력, 즉 군대이다. 셋째는 백성들의 신뢰이다."

공자가 말하는 경제, 국방과 국민의 신뢰는 현대 국가에서도 빠질 수 없는 요건이다. 자공이 다시 물었다.

"그중에서 부득이 하나를 뺀다면 어떤 것을 먼저 빼야 합니까?"

공자는 군대를 먼저 빼라고 한다.

"또 하나를 부득이 빼라고 한다면 어떤 것을 먼저 빼야 합니까?"

공자는 경제를 빼라고 한다.

그리고 그 이유를 이렇게 말하고 있다.

"인류 역사상 배가 고파서 죽고, 힘이 없어서 죽고, 자연재해가 일어나서 죽는 것은 인류의 당면 문제였다. 그러나 한 조직이 마지막까지 존립할 수 있는 이유는 바로 신뢰다. 국가에 대한 백성의 신뢰, 통솔자에 대한 조직원들의 신뢰는 마지막까지 그 조직이 존립할 수 있는 기반이다."

이렇듯 신뢰는 국가에 있어서 최고 가치의 요소이다.

그러한 공자님 말씀에도 불구하고 북한은 핵무기 개발에 심혈을 기울이고 있다. 북한 주민들이야 강냉이죽을 먹든 굶든 아랑곳하지 않고, 오로지 체제 유지를 위하여 핵 개발에 열을 올리고 있다. 참으로 한심하고 어리석은 짓이다. 선현들이 예로부터 일깨워 줌에 엇박자로 나가는 것이다.

나는 국책연구원장 시절 평양을 다녀온 경험이 있다. 당시 북한의 경제와 주민 생활은 우리의 60년대와 비슷하게 궁핍한 상태였다. 모름지기 지

인생길 밝히는 사자성어

금이라도 김정은은 대오각성(大悟覺醒)하여 핵을 버리고, 세계 최빈국의 하나인 북한의 경제를 일으켜 세워 국민의 참다운 신뢰를 얻어야 한다.

그간 한국 기업들은 약진하여 국제적인 신용도를 높이고 있다. 기업의 국제적 신뢰는 기업의 가치를 더욱 높인다. 그러기 때문에 미국의 대통령도 방한 때 삼성전자를 첫 번째로 방문한 것이다.

신뢰를 잃은 국가와 기업은 국제사회에서 더 이상 인정받지 못한다. 나아가 국민에게 더 이상 환영받지 못한다. 개인도 마찬가지이다. 비록 사업에 실패해서 돈 떨어지고 힘이 없어졌다고 하더라도, 신뢰만 있다면 다시 재기할 수 있다.

이처럼 신뢰는 존립의 가장 중요한 요소라는 무신불립(無信不立)의 사자성어는 오늘날에도 유효하다고 생각한다.

인자무적(仁者無敵)

어질 인(仁), 사람 자(者), 인자라 함은 '어진 사람'이라는 뜻이고, 없을 무(無), 대적할 적(敵), 무적이라는 말은 '대적할 사람이 없다'라는 의미이다. 따라서, 인자무적이라는 말은 "인(仁)을 실천하는 사람은 누구도 대적할 사람이 없다."라는 말이다.

《맹자》에 나오는 이 사자성어는 가훈(家訓)이나 경구(警句)로 흔히 사용되는 구절이다. 옛날에 표구점이나 액자 파는 가게에 가면 인자무적이 가화만사성(家和萬事成: 집안이 화평해야 모든 일이 잘된다)과 함께 걸려 있는 것을 흔히 볼 수가 있었다. 이 구절을 "인자(仁者)에게는 적(敵)이 없다."라는 뜻으로 잘못 해석하기도 한다. 너그러운 사람에게도 적은 있는 법이다. 오히려 인자라고 칭송받기 때문에 이를 시기하고 질투하는 적이 많을 수도 있다. 그러나 인자는 배려와 사랑을 실천하는 리더이기 때문에 결국 누구도 대적할 수 없다는 것이다. 사랑을 베푸는 사람을 이기는 방법은 아무것도 없기 때문이다.

캘커타의 빈한한 동네에서 병자와 어린이를 위하여 일생 동안 사랑을 베푼 테레사 성녀를 누가 대적할 수 있겠는가? 테레사 성녀의 일대기를 보면 본인의 병석에서도 자기에게 놓아 줄 주사약을 마다하고 어린 병자에게 돌리는 장면이 나온다. 동양의 인(仁)을 실천한 테레사 성녀의 무한

한 사랑은 언제나 우리에게 감동을 준다.

인(仁)은 동양의 리더들에게 요구되는 리더십 덕목이다. 특히 맹자에게 있어서는 인을 기반으로 한 사랑의 정치가 왕도정치(王道政治)의 요체이다. 난세라 하더라도 따뜻한 사랑으로 뭉친 조직은 절대로 망하지 않는다. 폭정(暴政)을 일삼으면서 핵무기나 개발한다고 해서 나라가 강해지는 것은 아니다. 따뜻한 사랑의 네트워크와 국민 생활을 배려하는 마음이 있어야 강한 힘을 발휘할 수 있다. 인자(仁者)가 베푸는 정치가 인정(仁政)이다. '네로' 같은 폭군이 통치하는 정치가 폭정(暴政)이고, 무작정 세금만 가혹하게 거둬들이는 정치는 학정(虐政)이다. 창덕궁 인정전(仁政殿)의 유래이기도 한 인정(仁政)은 따뜻한 인간에게 기초한 정치를 말한다.

그러면 인의 정치는 어떻게 하는 것일까? 맹자가 말하는 인의 정치는 간단하다.

① 형벌을 가볍게 하라. ② 세금을 적게 거둬들여라. ③ 기술개발을 통하여 백성들이 쉽게 농사지을 수 있도록 하라. ④ 백성들에게 효제충신(孝悌忠信)의 인간 도리를 가르쳐라.

 * 효제충신: 어버이에 대한 효도, 형제끼리의 우애, 임금에 대한 충성과
   벗 사이의 믿음을 통틀어 이르는 말

이렇게 백성들을 위한 정치를 하면 아무리 강한 무기로 무장한 강대국이 쳐들어온다고 해도 그들은 적수가 되지 못한다. 이러한 맹자의 철학을 요즘 시대에 적용한다면, 국가의 권력을 최소화하고 민생 안정에 주력하

며 나아가 윤리와 도덕을 실천하는 국민이 있는 나라는 어떤 나라도 대적할 수 없다는 것이다. 배려와 사랑이 가득한 인의 정치가 시대와 공간을 초월한 아름다운 정치의 모습이다. 새로 정권 교체가 된 정부가 이러한 인의 정치를 하기를 바란다.

《논어》를 보면 공자가 주장한 인(仁)과 관련하여 서(恕)라는 말이 나온다. 배려한다는 뜻이다. 즉, 상대방의 처지에서 서서 생각해 보는 것이다. 이를 역지사지(易地思之)라고 한다. 부부간에 다툼이 있을 때도 자기만 옳다고 할 것이 아니라 아내의 처지에서 생각해 보는 아량을 가진 남편이 너그러운 사람이다. 인(仁)을 실천하는 사람이다. 배려와 사랑으로 인생을 사는 사람은 그 누구도 대적할 수 없다. 따뜻한 배려와 존중은 사람의 마음속 깊이 파고들어 공감을 불러일으키기 때문이다.

춘추전국시대에 아들 세 명 중 두 명을 전쟁에서 잃어버린 노모가 막내아들이 있는 군대 막사를 찾아가 장군에게 호소했다. 막내아들이 전사하면 집안의 대가 끊어지게 되므로, 부디 막내아들만은 고향으로 가게 해 달라고 눈물로 호소했다. 묵묵히 듣던 장군도 난처했다. 그래서 막내아들인 병사에게 물었다. "너는 고향에 가겠느냐?" 그런데 막내아들은 단호히 자기는 여기 장군과 함께 남아서 싸우겠다고 말했다. 노모가 "아니, 왜 그러냐?"고 물었다. 막내아들이 말했다. "지난해 여름, 제가 다리에 병이 나서 절단할 지경에 처했습니다. 그때 장군이 몸소 입으로 고름을 뽑아내서 지금 건강하게 다니고 있습니다. 저는 이러한 장군을 떠나 고향으로 돌아갈 수 없습니다. 장군과 목숨을 같이하고자 합니다." 이 말을 들은 노모도 어쩔 수 없이 빈손으로 고향에 돌아간다. 그러나 노모의 마음만은 이상하게 편안했다.

사마천이 쓴 《사기(史記)》를 보면, "선비는 자신을 알아주는 사람을 위해 죽고, 여자는 자신을 기쁘게 해 주는 남자를 위해 화장을 한다."라는 말이 나온다. 한문으로 사위지기자사(士爲知己者死) 여위열기자용(女爲悅己者容)이라고 한다.

자기의 마음과 사정을 헤아려 주고 배려해 주면 마음이 열리고 고맙고 그런 사람과는 마음이 가까워진다. 마음이 가까워지다 보면 사람들은 자기를 알아주는 사람을 위해 자기의 생명까지도 바치게 된다. 너그럽게 배려하는 사람은 넓은 마음과 강한 힘을 가지게 되므로 대적할 자가 없게 된다. 이를 인자무적(仁者無敵)이라고 한다.

이청득심(以聽得心)

써 이(以), 들을 청(聽), 이청이라 함은 '들음으로써'라는 뜻이고, 얻을 득(得), 마음 심(心), 득심이란 "마음을 얻는다."라는 뜻이다. 따라서 이청득심이란 "상대방 말을 들음으로써 공감을 얻는다."라는 뜻이다.

다른 사람의 공감을 얻으려면 우선 그의 말을 잘 들어야 한다. 설득하려 하지 말고 조용히 그의 말을 관심 있게 들어주면 그의 호감을 얻을 수 있다. 좋은 이웃과 환영받는 동료가 되려면, 내 의견을 앞세우기보다 상대방의 이야기에 귀를 기울이는 인내심과 인품을 가져야 한다.

모든 대화의 기본은 상대방에 대한 존중과 배려에서 시작한다. 전 영국 총리 디즈레일리(H. Disraeli)는 "타인에게 사랑받는 비결은 간단하다. 단한 가지만 실행하면 된다. 바로 그의 이야기를 잘 들어주는 것이다."라고 말했다. 경청(傾聽)의 미덕을 발휘하려면, 상대방에 대해서 관대하면서도 포용력 있는 태도가 필요하다. 속 좁은 사람이 제 말만 하고 남의 말은 듣지 않는 법이다.

사마천이 지은 《사기(史記)》에서도 "태산은 흙을 사양하지 않는다(泰山不辭土壤: 태산불사토양)."라고 했다.

너그럽고 포용력이 커야 큰 인물이 될 수 있다. 진정한 조직의 리더는 구성원 누구나 마음 놓고 자기 의견을 펼치게 하고, 이를 경청할 줄 알아야 한다. 잘 들어야 정책에 반영할 수가 있다.

과거 대통령 주재의 국무회의 석상을 보면, 국무위원들은 대통령이 하는 말을 받아 적기에 바쁘다. 자기 의견을 잘못 말했다가는 자리를 잃을 염려가 있는지, 오로지 초등학생이 선생님 말씀 받아 적듯이 열심히들 적기만 한다. 이래서야 국무회의가 무슨 합의체 기구라고 할 수 있겠는가. 이런 분위기에서 국정이 제대로 논의되기는 힘들다. 일방적 의사 전달만 있을 뿐, 쌍방적 의견 교환은 이루어지지 않기 때문이다. 무릇 민주적 대통령이라면 참석자 모두가 자기 의견을 활발하게 전개할 수 있도록 분위기를 돋워야 한다. 계급장을 떼고 자유스럽게 토론할 때 진정한 정책 논의가 이루어질 수 있다. 이청득심 해야 한다.

아라비아 속담(俗談)에 '듣고 있으면 내가 이득(利得)을 얻고, 말하고 있으면 남이 이득(利得)을 얻는다'라는 말이 있다. 귀 기울여 경청(傾聽)하는 일은 사람의 마음을 얻는 최고(最高)의 지혜(智慧)다. 사람의 마음을 얻기 위해 나 자신을 비우고, 그들의 마음을 듣는 것이 얼마나 소중(所重)한지를 새삼 깨닫게 한다.

상대방의 이야기는 아랑곳하지 않고 자기 말만 쏟아내는 것이 요즘 세상이다. 목소리 큰 놈이 이득을 본다고 했다. 그러니 자동차 사고라도 나면 으레 큰소리부터 지르기가 일상이다. 저마다 자기 말 하기에 급급하다. 한 발 뒤로 물러나 상대방의 말을 들어 보는 지혜가 아쉽다. 간혹 부부간에 다툼이 일어났을 때도 상대방에게 더 말을 많이 할 기회를 주자. 그리고 자기는 조용히 듣는 인내심을 발휘하는 것이 현명하다. 화난 사람에게 설득은 무모한 짓일 것이다. 상대방 말을 즐겁게 들으면(慶聽) 생각이 긍정적으로 변하고, 상대방을 존경하면서 들으면(敬聽) 진심을 들을 수 있다. 가볍게 들으면(輕聽), 듣고 나서 곧 잊어버리게 된다.

그러면 말은 어느 정도 하고 듣기는 어느 정도 해야 하는가? 사람은 귀는 두 개인 데 비하여 입은 한 개다. 신체 구조가 그러한 것은 말하는 것보다 듣는 것을 많이 하라는 것이 아닐까 생각해 본다. 사람은 평생 1/3은 듣기에 사용하고, 2/3를 말하는 데 쓴다고 한다. 자신의 존재 가치를 증명하기 위해 듣는 것보다 말하는 것에 더 많은 시간을 소비하는 것은 어쩌면 자연스러운 현상일 수 있다. 그러나 말하기를 1/3로 하고 듣기를 2/3로 비율을 바꾼다면, 우리는 세상으로부터 더 많은 정보를 얻고, 자신의 실수를 줄일 기회가 될 것이다. 말을 많이 하면 실수를 하게 된다. 그래서 "웅변은 은이고 침묵은 금이라."라고 했다.

듣기가 우선이고 말하기는 그다음이다. 말은 적게 하고 듣기를 많이 해야 한다. 모든 화(禍)는 입으로부터 나온다는 화종구출(禍從口出)의 사자성어도 유념해야 할 것이다.

양두구육(羊頭狗肉)

양 양(羊), 머리 두(頭), 양두라 함은 '양의 머리'라는 뜻이고, 개 구(狗), 고기 육(肉), 구육이라 함은 '개고기'를 말한다. 따라서 '양두구육'이라 함은 "양의 머리를 걸어 놓고 개고기를 판다."라는 뜻이다. 원래는 '현양두매구육(懸羊頭賣狗肉)'이란 말이 줄어서 '양두구육' 네 글자로 되었다. 현양두(懸羊頭)에서 현(懸)이란 '걸다, 매달다'라는 뜻의 한자이다. 현상금(懸賞金)이 그러하다. "귀에 걸면 귀걸이, 코에 걸면 코걸이"를 "이현령비현령(耳懸鈴鼻懸鈴)"이라고 하는 것과 같다.

어쨌든 양두구육이란 양의 머리를 걸어 놓고 개고기를 판다라는 것으로 해석하면 된다. 겉으로는 그럴듯하게 내세우나 속은 음흉한 딴생각을 하고 있음을 일컫는 말이다. 영어로 'all upside show'라 할 수 있다.

정치인들이 저마다 '애국자'라고 내세우지만, 실제로는 자기 이익만 챙기며 국가에 해가 되는 일을 하는 것과 같다. 값싼 개고기를 비싼 양고기로 속여서 판다는 이야기이다. 요즘도 값싼 수입 고기를 비싼 한우라고 속여서 파는 일이 있다. 굴비도 마찬가지이다. 우리나라 바다에서 잡은 '영광굴비'라고 해 놓고 실제는 중국산 수입 굴비를 팔기도 하는 것이다. 흑산도 홍어라고 해 놓고 사실은 홍어 유사 어물을 필자도 먹어 본 적이 있다. 양두구육이다. 그래서 좋은 물건을 간판으로 내걸어 두고 나쁜 물

건을 판다거나, 겉으로 보기에는 훌륭한데 내용은 그렇지 않은 것을 가리
켜 '양두구육'이라고 한다.

이 말은 《항언록(恒言錄)》에 있는 말인데 이와 비슷한 말이 여러 기록
에 나온다. 《안자춘추(晏子春秋)》에는 "쇠머리를 걸어 놓고 말고기를 안
에서 판다."로 나와 있다. 《설원(說苑)》에는 소의 머리가 아닌 소의 뼈로
되어 있다. 모두 같은 말인데 현재는 '양두구육'이라는 말만이 통용되고
있다.

이 말이 쓰인 곳을 탐구해 보기로 한다.

춘추시대(기원전 770~403)의 제(齊)나라 임금인 영공(靈公)은 어여쁜
여자에게 남자의 옷을 입혀 놓고 즐기는 별난 취미를 가지고 있었다.

궁중의 이 같은 풍습은 곧 민간에까지 번져 나가, 제나라에는 남장미녀
(男裝美女)의 수가 날로 늘어 가고 있었다. 이 말을 전해 들은 영공은 천
한 것들이 임금의 흉내를 낸다고 해서 이를 금지하라는 영을 내렸다. 그
러나 좀처럼 그런 풍조(風潮)가 없어지지를 않았다. 그 까닭을 이해할 수
가 없었던 영공은 안자(晏子)에게 그 이유를 물었다.

그러자 안자는 이렇게 말했다. "임금께서는 궁중에서 여자에게 남장하
게 하시면서, 밖으로 백성들만을 못 하도록 금하고 계십니다. 이것은 쇠
머리를 문에다 걸고 말고기를 안에서 파는 것과 같습니다. 임금께선 어째
서 궁중에도 같은 금지령을 내리지 않습니까. 그러시면 밖에서도 감히 남
장하는 여자가 없게 될 것입니다."

영공은 곧 궁중에서의 남장을 금했다. 그랬더니 한 달이 채 못 되어서

제나라 전체에 남장한 여자가 없게 되었다는 것이다.

이러한 고사에서 우리는 몇 가지를 배운다.

첫째, 물은 아래로 흐른다는 점이다. 윗물이 맑아야 아랫물도 맑은 법이다. 윗물이 흐린데 어찌 아랫물만을 맑기를 바랄 것인가? 이를 상탁하부정(上濁下不淨)이라고 한다. 윗사람이 자세가 바르고 모범을 보여야 아래도 따라가는 것이다. 효자 집안에서 효자가 나는 것이다. 부모가 바르고 정직하면 자식들도 따라간다.

또 한 가지 배우는 점은 리더의 자질이다. 영공은 임금이지만 어진 현자(賢者)의 말을 흔쾌히 받아들여 자기의 잘못을 과감히 시정했다. 대통령이 여당 대표를 가리켜 "내부 총질이나 하던 당 대표"라고 원내총무에게 보낸 문자 메시지가 카메라에 포착되어 논란이 되었던 적이 있다. 이러한 논란에 대하여 당사자가 '양두구육'이라는 말을 썼다. 겉은 그럴듯하게 치장해 놓고 실제 속은 다르다는 뜻일 것이다.

대한민국은 선진국 반열에 오른 민주공화국이다. 통치권자인 대통령을 비롯한 정치적 리더들은 '양두구육'의 고사를 잘 새겨서 말로만 그럴듯하게 치장하지 말고, 실제로 경제를 살리고 민생을 보살피기를 바란다.

읍참마속(泣斬馬謖)

울 읍(泣), 벨 참(斬), 읍참이라 함은 '울면서 목을 벤다'라는 뜻이고, 말마(馬), 일어날 속(謖), 마속은 사람 이름이다. 따라서 '읍참마속'이라 함은 '울면서 마속의 머리를 벤다'라는 뜻이다. 아무리 친분이 있고 아끼는 사람일지라도 잘못이 있을 때는 가차 없이 처벌함으로써 공정성과 기강을 확립할 때 쓰이는 말이다. 이 말은 《삼국지》에서 유래한다.

유비와 조조가 죽고 난 후, 제갈량이 이끄는 촉나라 군사는 중원에 진출하기 위해 위나라와 전쟁을 한다. 그 과정에서 보급수송로의 요충지인 가정(街亭)에서 전투가 벌어진다. 제갈량은 가정을 젊은 장수인 마속(馬謖)에게 맡겼다. 마속은 총명한 책략가였기 때문에 평소에 제갈량이 아끼는 장수였다.

제갈량은 마속에게 이르기를 주요 길목에 진을 치고 방어하도록 명령했다. 그러나 마속은 이러한 군령에 따르지 아니하고, 자기 나름대로 산꼭대기에 진을 치고 적군을 유인한 후 역공을 취하는 것을 택했다. 위나라 군사는 서두름이 없이 산기슭을 포위한 채 시간을 끌었고, 결국 마속의 군대는 식수와 식량이 동이 난 채 참패하고 말았다. 촉나라는 전략요충지인 가정을 적에게 내어 줌으로써 중원 진출의 꿈을 접어야 했다. 제갈량은 군율에 따라 아끼던 마속의 목을 베게 된다. 마속이 비록 뛰어난 인재이기는 하지만 사사로운 정 때문에 군율을 어길 수가 없었다. 제갈량은 소매로 얼굴을 가린 채 눈물을 흘리며 마속을 참수했다. 마속의 그때 나이 서른아홉이었다. 여기서 읍참마속의 고사성어가 유래된 것이다.

아무리 정이 두텁고 뛰어난 인재라 할지라도 대의를 위해서는 어쩔 수 없이 처벌할 때, 읍참마속이라는 단어를 쓰게 된다. 마속의 형인 마량(馬良)은 제갈량의 친구이며 조정의 중신이기도 했는데, 백미(白眉), 즉 흰 눈썹으로 불리었다. 당시 마씨(馬氏) 오 형제가 유명했다. 다섯 형제는 모두 자(字)에 상(常)이란 글자가 붙어 있었기 때문에 세상 사람들은 그들 형제를 가리켜 '마씨오상(馬氏五常)'이라 일컬었다. 형제가 모두 재주가 뛰어났으나, 그중에서도 마량이 가장 뛰어났으므로 그 고장 사람들은 말하기를 "마씨오상은 모두 뛰어나지만, 그중에서도 흰 눈썹이 가장 훌륭하다(馬氏五常白眉最良: 마씨오상백미최량)."라고 하였다. 즉, 마량은 어려서부터 눈썹에 흰 털이 섞여 있었기 때문에 이렇게 불렸다. 이때부터 같은 또래, 같은 계통의 많은 사람 중에서 가장 뛰어난 사람을 '백미'라 부르게 되었다. 지금은 사람만이 아니라 뛰어난 문학작품을 이야기할 때도 '백미'라 부른다. 백미 하면 마량이고, 마량 하면 마속이며, 마속 하면 읍참마속을 연상한다면 고사성어에 상당한 수준이라고 할 수 있다.

읍참마속은 기강 확립을 위한다는 점에서 일벌백계(一罰百戒)와도 상통한다. 중국에서 대만으로 쫓겨난 장개석이 대만의 기강을 바로잡기 위하여 밀수에 관여한 자기 며느리를 가차 없이 처형한 것도 일벌백계의 읍참마속이라고 볼 수 있다.

최근에 TV를 통해 옛날 영화 〈대장 부리바〉를 감상한 적이 있다. '부리바'로 분장한 '율부린너'가 자기의 첫째 아들이 적국 폴란드의 처녀와 사랑에 빠져 조국을 배신했을 때, "내가 네 생명을 줬으니 이제 네 목숨을 거두어야겠다." 하면서 직접 아들을 처형한다. 부리바가 "조국만큼이나 널 사랑했다." 하면서, 총구를 당기는 모습은 참으로 비통하고도 처연한 장면이었다. 이 역시 '코사크'족의 군기를 위하여 어쩔 수 없이 처형한 읍참마속이다.

요즘 정치 뉴스에서 '읍참마속'이라는 말을 종종 접하게 된다. 민심을 회복하고 국정을 바로잡기 위하여 읍참마속의 심정으로 인사를 쇄신하라는 것이다.

마땅히 선공후사(先公後私)해야 할 것이다. 개인적 정분에 얽매이지 말고 대한민국의 백년대계를 위하여 유능한 인재를 널리 발굴하여 등용해야 한다.

인생길 밝히는 사자성어

청출어람(靑出於藍)

푸를 청(靑)은 푸른 색깔을 뜻하고, 날 출(出), 어조사 어(於), 쪽 람(藍), '출어람'이라 함은 '쪽에서 나왔다'라는 의미이다. 쪽에서 나온 색깔이 쪽보다 더 푸르다는 의미이다. 람(藍)이란 염색 재료로 쓰이는 풀인데 이것을 찧어 물을 넣고 저어 실이나 헝겊을 담그면 푸른빛으로 물이 든다. 그색은 원래의 풀색보다 더 선명하고 또렷하다. 제자가 스승에게서 배웠지만 열심히 학문을 갈고닦아서 스승보다 뛰어난 경우 '청출어람'이라는 말을 쓴다. 아주 뛰어난 제자를 두고 하는 말이다.

바둑으로 20여 년간 세계를 제패했던 이창호 기사가 그러하다. 이창호 기사는 10살 때 당시의 제1인자인 조훈현 기사의 내제자가 된다. 조훈현 기사에게서 바둑을 지도받은 이창호 기사는 불과 15세에 스승을 꺾고 이후 스승이 가진 타이틀을 모두 거머쥐게 된다. 17세에 세계기전인 동양증권배의 우승자가 되어 최연소 세계 바둑 황제로 등극한다. 이런 경우가 청출어람이다.

70년대에 고시 공부를 하러 산사(山寺)에 들어가면, 절에는 기존의 노장 고시생이 한두 명쯤 있게 마련이었다. 수년간 수험 생활을 해 온 노장 고시생에게 민법이니 형법의 이론 설명을 듣기도 한다. 다년간의 수험 생활로 노장 수험생의 지식은 해박하고도 풍부했다. 그런데 막상 고시합격자 발표 때에는 노장의 이름은 없고, 그에게서 가르침 받았던 젊은 수험생이 합격하곤 했다. 이불과 책 보따리 싸고 다시 절로 들어오는 노장은 합격한 후배를 일컬어 "청출어람이군" 하면서 허탈한 쓴웃음을 짓곤 했다. 산사를 둘러싼 숲에서는 소쩍새만이 애달프게 울고 있었던 옛 시절 얘기이다.

청출어람(靑出於藍)이라는 말은《순자(荀子)》의 권학편 첫머리에 나온다.

"배움은 그쳐서는 안 된다(學不可以已: 학불가이이).
푸른 물감은 쪽에서 취하였지만 쪽보다 푸르고(靑取之於藍而靑於藍: 청취지어람이청어람), 얼음은 물이 만들었지만 물보다 차다(氷水爲之而寒於水: 빙수위지이한어수)."

학문에 뜻을 둔 사람은 끊임없이 발전과 향상을 위하여 노력해야 하고, 중도에 그쳐서는 아니 된다. 그렇게 정진함으로써 그 사람의 학문은 더욱 깊어지고 순화되어 완성에 가까워질 수 있게 된다. 제자가 스승을 뛰어넘을 때 학문이 더욱 융성해지고, 아들이 아버지를 능가할 때 집안이 더욱 번성하게 된다.

그런데 제자가 항상 스승을 능가하는 것은 아니다. 스승이 월등하고 아주 높은 경지에 있는 경우에는 제자가 스승의 벽을 허물기는 어렵다. 예를 들면 공자가 그러하다. 공자는 3천 명이라는 수많은 제자를 길러냈지만, 공자의 학문을 뛰어넘은 제자는 없었다. 공자의 제자인 안연(顔淵)이 "우러러보면 더욱 높고, 뚫으려 하면 더욱 견고하시다."고《논어》에서 칭찬하는 바와 같이, 스승인 공자의 위대함에는 도저히 미치지 못했던 것이다. 석가나 예수의 경우에도 많은 제자들이 있었으나, 제자들이 석가나 예수 같은 성인(聖人)의 경지에 이르지는 못했다. 청출어람을 거론한 순자에게도 그 제자에 한비자(韓非子)나 이사(李斯) 같은 법치주의 사상가가 있었으나, 그들의 경우에도 순자에게는 미치지 못했다.

청출어람이라는 말은 스승보다 더 뛰어난 제자를 두고 사용함이 통상적이다. 그러나 오늘날 이렇다 할 스승도 없고, 인공지능(AI)이 판치는 상황에서는 의미가 다르게 사용될 수도 있다. 그래서 청출어람의 청(靑)은 스승이라기보다는 '새로운 자아(自我)'를 의미하고, 람(藍)은 '과거의 자아'로 해석할 수 있다. 끊임없이 자기 혁신을 해서 새로운 자아를 만드는 것이 청출어람이라고 할 수도 있다.

청출어람과 같은 뜻으로 출람(出藍)이니 출람지예(出藍之譽)니 하는 말도 청출어람과 함께 쓰인다.

세상을 살아감에는 널리 배우고 또 매일 자기를 성찰함이 중요하다. 그렇게 하면 자기의 본래 모습보다 훨씬 나은 자아(自我)를 형성할 수 있게 된다.

득롱망촉(得隴望蜀)

얻을 득(得), 지방 이름 롱(隴), 득롱이라 함은 '농서 지방의 땅을 얻는 것'을 말하며, 바랄 망(望), 촉나라 촉(蜀), 망촉이라 함은 '촉나라 땅을 바란다'라는 의미이다. 따라서 '득롱망촉'이라 함은 "농서 지방을 얻고 나서, 이번에는 촉나라 땅을 탐낸다."는 뜻이다. 우리 속담에 "말 타니 경마 잡히고 싶어 한다."라는 말이나 "마루를 빌려주니, 이번에는 안방 내놓으라고 한다."라는 말과 같다. 사람의 욕심은 채우고 채워도 한이 없는 것을 뜻하는 말이다.

득롱망촉은《후한서(後漢書)》에 나오는 말이다. 후한의 세조 광무제(光武帝)는 "인생이란 족함을 모른다. 이미 농서 지방을 얻었으나 다시 촉을 얻어야겠다."면서 그의 웅도를 술회하였다. 광무제는 의도대로 촉나라도 평정했다.

그로부터 약 180년이 지난 후, 삼국시대 조조(曹操)도 득롱망촉이라는 말을 사용했다. 촉나라 유비와 오나라 손권이 대립하고 있는 틈을 타서 조조는 한중(漢中)을 공략했다. 이때 조조의 막하에 있었던 사마의(司馬懿)가 조조에게 말했다. "지금 한중으로 들어왔으므로 유비의 익주(益州: 蜀)도 떨고 있습니다. 군사를 진격시켜 이를 습격한다면 반드시 격파할 수가 있습니다."

그러자 조조는 이렇게 말했다. "인간이란 족함을 모르는 것이다. 나는 광무제가 아니다. 이미 롱(隴)을 손에 넣었으니 그 이상 바라볼 필요가 어디에 있겠는가?" 조조는 자신의 힘이 부족하여 익주 진격을 포기하면서도 득롱망촉이라고 둘러대었다. 조조의 간교(奸巧)함이 드러나는 대목이다.

무릇 인간의 욕망은 끝이 없다. 자전거 타던 사람이 자동차 타면 만족해야 하는데, 이번에는 비행기 타려고 한다. 매슬로(Maslow)라는 미국의 심리학자는 인간의 욕구는 5단계로 이루어졌다고 주장했다. 그 첫 번째 단계가 '생리적 욕구' 단계이다. 먹고 자고 입고 하는 기본적인 욕구가 그것이다.

일단 이 기본적 욕구가 충족되면 그다음 단계인 '안전 욕구'가 발동된다. 기왕 자동차를 가지려면 언덕에서 추락해도 생명에 지장이 없는 튼튼하고 성능이 좋은 값비싼 고급차를 구입하는 것과 같다.

이러한 안전 욕구도 달성되면, 세 번째 단계의 욕구인 '사회적 욕구'로 이전하게 된다. 이는 어떤 집단에 소속되고 싶은 신분 욕구이다. 식사를 해도 나처럼 시장 바닥에서 순댓국을 먹는 것이 아니라, 회원들만이 들어가는 고급 레스토랑에서 음악을 들으면서 우아하게 비프스테이크를 칼질하는 것이다. 동네 목욕탕에서 목욕하는 것이 아니라, 회원권이 있는 호텔 사우나에서 느긋하고 여유 있게 목욕하는 것과 같다.

이러한 '집단 욕구'가 충족되면, 네 번째 욕구 단계인 '존경 욕구'가 발동하게 된다. 남으로부터 존경받고 싶어 하는 '명예 욕구 단계'이다. 한국인이 많이 거주하는 로스앤젤레스에서 한인사회의 회장이 같은 시기에 두

명이 있은 적이 있다. 한국인이 이민 와서 먹고 살 만하니까 이제는 명예욕이 발동해서 서로 한인 회장이 되려고 다투다가 벌어진 촌극이다. 이러한 명예 욕구도 성취되고 나면, 최고 단계인 '자아실현 욕구'로 들어가게 된다. 자기완성의 단계이며 인류와 세계에 기여하고자 하는 욕구를 의미한다.

위와 같은 매슬로의 욕구 5단계설은 어디까지나 학설일 뿐, 모든 사람이 그와 같은 욕구 단계를 거친다고 볼 수는 없다. 그러나 인간의 욕구는 동서양을 불문하고 끝이 없고 다양한 것은 공통적이다. 이처럼 끝이 없는 인간의 욕망을 득롱망촉(得隴望蜀)이라고 일컫고 있다.

인사유명(人死留名)

사람 인(人), 죽을 사(死), 인사라 함은 '사람이 죽다'라는 뜻이며, 머무를 유(留), 이름 명(名), 유명은 '이름이 머무르다, 이름이 남다'라는 의미이다. 따라서 '인사유명(人死留名)'이라 함은 "사람은 죽으면 이름을 남긴다."라는 뜻이다. 이 말을 쓸 때는 앞에 호사유피(虎死留皮)라는 말을 함께 쓰게 마련이다. 즉 "호랑이는 죽어서 가죽을 남긴다."라는 말을 앞세운 다음, 뒤를 이어 "사람은 죽어서 이름을 남긴다."라고 말한다.

호사유피(虎死留皮)는 나중에 생긴 말이고, 원래는 표사유피(豹死留皮), 즉 "표범은 죽어서 가죽을 남긴다."는 말을 사용했다. 표범의 가죽이 가장 아름답고 귀중하게 여겨졌기 때문이다. 의미는 호사유피와 마찬가지이다.

인사유명이라는 말은 구양수(歐陽脩, 1007~1073)가 쓴《신오대사(新五代史)》에 나온다. 당나라와 송나라 사이의 시대가 5대(代) 시대이다. 그 시대에 후량(後梁)에 왕언장(王彦章)이라는 장수가 있었다. 왕언장은 병졸부터 시작했으나, 그의 절륜한 힘과 무예 덕분에 후량의 왕 주전충(朱全忠)의 눈에 들어 장군에 오른 인물이다. 그가 쇠창을 비껴들고 적진으로 말을 달리면 아무도 그를 당할 자가 없었다. 그래서 사람들은 그를 왕철창(王鐵槍)이라고 불렀다. 그러나 후량의 국세가 기울어 멸망하게 되자, 왕언장은 겨우 기병 5백 명을 거느리고 수도를 지키며 후당(後唐)과 맞섰다. 결국 무예가 뛰어난 왕언장도 중과부적으로 포로가 되었다. 후당의 왕은 그의 용력이 아까워 자기의 부하로 삼으려고 귀순할 것을 권했다. 그러자 왕언장은 귀순을 단호히 거부하면서 이렇게 말했다. "내가 어제까지 후량의 장수로 후당과 맞서다가, 오늘은 후당의 신하가 된다면 사람들이 나를 비웃을 것이다. 내가 살아서 무슨 면목으로 세상 사람들을 대하겠는가? 차라리 죽음을 택하고자 한다."

그리고 나서 자기가 알고 있는 속담을 들어 자기의 뜻을 말했다. "표범은 죽어서 가죽을 남기고(豹死留皮: 표사유피), 사람은 죽으면 이름을 남긴다(人死留名: 인사유명)라는 말이 있다. 사람은 누구나 한 번은 죽는다. 구차하게 살다가 추한 이름을 남기고 죽는 것보다 깨끗하게 죽어 좋은 이름을 남기는 것이 보다 당당하다. 표범도 죽어서 아름다운 가죽을 남기는데 사람이 어찌 이름을 남기지 않겠는가?" 이러한 말을 남기고 왕언장은 기꺼이 처형을 당했다.

장자(莊子)가 말하기를 "이름은 손님이고 사람의 실(實)이 주인"이라고 했다. 열매 실(實), 즉 알맹이가 없고 이름만 있는 것은 주인은 없고 손님만이 있는 셈이다. 이름만 있고 실질이 없는 것은 속 빈 강정이나 허수아비와 같은 것이다.

링컨 대통령이 말하기를 사람은 40세가 되면 자기 얼굴에 책임을 져야 한다고 했다. 자기 얼굴에 책임을 진다는 것은 사람이 얼마나 가치 있게 살아왔는가를 말하는 것이다. 얼굴은 그 사람이 살아온 과거를 비추어 주

　　　　　　　　인생길 밝히는 사자성어

는 거울이기 때문이다.

흔히 사람은 이름값을 해야 한다고 말한다. 이름값을 하려면 내면에 실질적인 알맹이가 있고, 인간다운 품격을 갖추어야 한다. 남을 배려하는 마음이 있어야 하고, 인류공영의 큰 뜻이 있어야 한다.

타인을 위해서 살아야 이름을 남길 수 있다. 성인(聖人)들은 한결같이 자기 몸이 아니라 인류를 구제하는 데 목숨을 바쳤다. 충무공 이순신 장군도 백의종군(白衣從軍)하면서도 죽는 순간까지 구국일념이었다.

이름값을 하려면 의지를 가지고 꾸준한 매진이 필요하다. 카타르 아시안컵 축구 대회에서 주장을 맡았던 손흥민 선수 역시 축구사에 족적을 남기고 있다. 영국 사람들은 주영 한국대사의 이름은 몰라도 토트넘의 손흥민 선수 이름은 잘 알고 있을 것이다. 이처럼 손흥민 선수가 이름값을 톡톡히 하고 있는 것은 어려서부터 축구에의 꾸준한 매진과 노력이 있었기 때문이다.

돈이 엄청 많거나, 높은 자리에 출세를 하더라도 이는 일시적인 거품 현상이다. 세월이 가면 사람들의 머리에서 잊혀지기 마련이다. 그러나 타인을 위하여 자기 몸을 헌신한 사람들의 이름은 영원히 인간의 뇌리에서 사라지지 않는다. 위대한 사람들은 그만큼 가치 있는 삶을 살았기 때문이다.

나는 과연 얼마나 가치 있는 삶을 살아가고 있는 것일까? 인사유명(人死留名)을 되뇌면서 스스로 생각해 볼 필요가 있다.

반구저기(反求諸己)

되돌아볼 반(反), 구할 구(求), 반구라 함은 '되돌아보며 찾는다'라는 의미이고, 어조사 저(諸), 자기 기(己), '저기'라 함은 '자기에게서'라는 뜻이다. 따라서 '반구저기'라 함은 "되돌아보고 자기에서 찾는다."라는 의미이다. 어떤 일이 잘못되었을 때 되돌아보고 자기에서 그 원인을 찾는 것을 이르는 말이다. 남을 탓하지 아니하고 일의 잘못된 원인을 자기에서 찾는 현명한 태도를 말한다. 참고로 '諸' 자는 '모두'의 뜻을 나타낼 때는 '제'라고 읽는다. 예를 들면 제군(諸君), 제반(諸般) 등이 그러하다. 그러나 어조사로 '~에서'라는 의미로 쓰일 때는 '저'로 발음한다. 따라서 '자기로부터, 자기에게서'라는 의미의 '諸己'는 '저기'로 발음한다.

반구저기는 《맹자》에 나오는 말이다. 맹자가 말했다. "어떤 일을 하고 바라는 결과를 얻지 못하면 모두 돌이켜 자신에게서 그 원인을 찾아야 한다(行有不得者 皆反求諸己: 행유부득자 개반구저기)."

사람은 살아가면서 누구나 잘못을 저지를 수가 있다. 인간은 신(神)이 아니고 불완전한 존재이기 때문이다. 그 잘못된 것을 남의 탓으로 돌리고 자기 스스로 반성하지 않는다면 잘못은 반복되게 마련이다.

바둑에 복기(復棋)라는 말이 있다. 자기가 놓은 바둑을 그대로 다시 한

번 놓아가면서 잘잘못을 반추(反芻)해 보는 것을 말한다. 다음에 둘 때는 같은 잘못을 되풀이하지 않기 위함이다. 이렇게 복기함으로써 고수(高手)에 이르게 된다. 바둑뿐만 아니라 인간사 모두가 그러하다. 잘못된 것을 확인하였으면 이를 철저히 반성하고 고쳐야 한다. 이를 지과필개(知過必改)라고 한다.

맹자는 활쏘기를 예로 들어 반구저기를 설명하고 있다. 궁수(弓手)가 활을 쏘았는데 화살이 과녁에 제대로 적중하지 못했다. 화살이 빗나간 원인을 풍속이나 풍향 등에 돌려서는 명궁이 될 수 없다. 오로지 그런 조건에 제대로 적응하지 못한 자기의 실력 부족을 통감하고 부단한 연습을 해야 명궁이 될 수 있다. 나 자신에게 문제가 있음을 철저히 깨달아야 한다. 결코 바람이 세차게 불었다는 이유를 들어서는 안 된다.

공자께서도 《논어》에서 "군자(君子)는 자기에게서 구하고, 소인(小人)은 다른 사람에게서 구한다(君子求諸己 小人求諸人: 군자구저기 소인구저인)."라고 말하고 있다. 군자는 뜻대로 안 되는 일은 모두 자기 탓으로 돌리고 스스로 반성과 노력을 거듭한다. 이에 비하여 소인은 자기 실력과 노력보다는 남의 도움을 받아 일을 성취하려고 하는 사람이기 때문에 일이 어그러지면 남을 원망하기 일쑤이다.

온 국민의 희망을 달구어 왔던 부산 엑스포가 사우디의 압도적인 득표로 무산되었다. 사우디의 엄청난 물량 공세와 우리 측의 정보 미숙 등으로 인한 것이다. 부산 엑스포 유치에 실패한 후, 대통령이 전부 자기 부족때문이라고 대국민 사과를 했다. 이는 반구저기에 합당한 처사라고 할 수 있다.

잘되는 집안은 집안에 어려움이 닥쳐오면, 모든 것이 자기의 탓이라고 식구들이 발 벗고 나선다. 불화하는 집안은 남을 탓하고 심지어 조상 탓을 하기도 한다. 부부싸움 역시 마찬가지이다. 다툼이 자기에서 비롯된 것인데도 상대방의 잘못만 들추어내기 때문에 갈등이 증폭된다. 모름지기 상대방의 처지에서 역지사지(易地思之)로 생각해 보아야 한다.

석가모니 부처님이 탄생하자 일곱 발을 내디디면서, 한 손으로는 하늘을 가리키고 또 다른 한 손으로는 땅을 가리키면서, "天上天下唯我獨尊(천상천하유아독존)"이라고 말했다. "하늘과 땅에 자기가 오로지 존귀하다."라는 것이다. 이 말은 석가만이 존귀하다는 오만스러운 말이 아니다. 그것은 천지 만물이 자기가 존재하고 있음으로써, 꽃도 아름답고 태양도 빛나고 무지개도 찬란할 수가 있다는 것을 의미한다. 자기가 없다면 삼라만상(森羅萬象)이 무슨 의미가 있겠는가? 그런 의미에서 사람 자체가 하나의 우주로서 소중한 존재라는 것이다.

자기를 사랑하는 사람만이 남도 사랑할 수 있게 된다. 자신을 학대하고 모멸하는 사람이 어찌 남을 존경하고 따뜻하게 대할 수 있겠는가? 모든 것은 자기가 하기에 달린 것이다. 행복과 불행도 자기가 마음먹기에 달린 것과 마찬가지이다. 마음먹기에 따라 어두운 골방에서도 푸른 하늘을 볼 수 있게 된다.

어떤 일을 실행하여 성공시키는지는 나 자신의 실질적인 노력과 그것을 하려는 마음 자세에 달려 있다. 부단히 자신을 돌아보며 정진해 나갈 때, 더 나은 미래가 펼쳐지게 된다.

군맹평상(群盲評象)

무리 군(群), 소경 맹(盲), 군맹이라 함은 '소경의 무리'라는 뜻이고, 평할 평(評), 코끼리 상(象), 평상이라 함은 '코끼리를 평가하다'라는 의미이다. 따라서 '군맹평상'이라 함은 "소경의 무리가 코끼리를 평하는 것"을 의미한다. 소경들이 코끼리를 만져 보고 평한다는 말은 많이 들어 온 이야기이다.

군맹평상은 불경(涅槃經: 열반경)에 나오는 말이다. 옛날 왕이 대신을 불러 "코끼리를 소경들에게 보여주라."고 명했다. 대신은 코끼리를 끌어내어 소경들에게 그 코끼리를 만져 보게 했다. 그런 후에 왕이 직접 소경들 앞에 나서, 코끼리가 어떻게 생겼는지를 각자 말해 보라고 했다. 그러자 맨 먼저 코끼리 이빨을 만져 본 소경이 대답했다.

"코끼리는 큰 무처럼 생겼습니다."

다음에는 귀를 만져 본 소경이 말했다.

"아닙니다. 코끼리는 키처럼 생겼습니다."

이번에는 머리를 만져 본 소경이 대답했다.

"코끼리는 큰 돌처럼 생겼습니다."

그러자 코를 만진 소경이 대답했다.

"코끼리는 절굿공이처럼 생겼습니다."

이번에는 다리를 만져 본 소경이 말했다.

"아닙니다. 코끼리는 절구통처럼 생겼습니다."

다음에는 등을 만진 소경이 대답했다.

"코끼리는 평상(平床)처럼 생겼습니다."

그러자 배를 만진 소경이 말했다.

"코끼리는 장독처럼 생겼습니다."

끝으로 꼬리를 만진 소경이 말했다.

"코끼리는 밧줄과 같이 생겼습니다."

이처럼 자기가 만진 코끼리의 부위에 따라 평가가 여러 가지로 달랐다. 코끼리에 대한 여러 가지 평가를 들은 왕이 말했다.

"들어라, 이 소경들은 코끼리의 형상을 제대로 말하고 있지는 않지만, 그렇다고 코끼리 말고 다른 짐승을 말하고 있는 것도 아니다."

이 이야기에 나오는 코끼리는 불성(佛性)을 비유해서 말한 것이고, 소경은 어리석은 중생들을 비유해 말한 것이다. 모든 중생들이 불성을 부분적으로 이해하고 있다는 점을 표현한 것이다. 이러한 말의 유래와는 달리, 우리가 쓰고 있는 군맹평상은 "자기의 좁은 소견으로 사물의 전체를 평가하려는 어리석은 행위"를 가리킨다.

인간이 알면 과연 어느 정도 알 것인가? 한자를 잘 알고 한문에 능통한 사람일지라도 6만여 자에 달하는 한자 전부를 아는 사람은 없을 것이다. 그것은 사서오경(四書五經)과 제자백가(諸子百家)를 다 읽었다고 하더라도 그러한 고전에 등장하는 한자는 일만 자가 채 안 되기 때문이다.

진리의 바다는 무한하다. 인간의 능력으로 도달할 수 있는 진리의 한계는 미미한 것이다. 그래서 사과나무 아래서 사과가 떨어지는 것을 보고 만유인력(萬有引力)을 발견한 뉴턴 같은 천재도 "나는 진리의 강 가에서 자그마한 돌멩이 하나를 주웠을 뿐이다."라고 술회하고 있는 것이다. 해외 유학을 다녀왔고 학력도 높아 자기는 모든 것을 안다고 우쭐대는 사람이 있다면, 이는 손바닥 가지고 하늘을 가리려고 하는 우매한 사람이다. 막대기를 가지고 바다의 깊이를 재려는 것과 같은 어리석은 사람이다.

시각장애인들의 코끼리에 대한 평가가 각기 다르듯이 사람들의 생각은 사람마다 다르다.

이러한 것은 개인의 평가에서도 마찬가지이다. 승진이나 전보 시에는 근무성적평가가 중요한 변수가 된다. 종전에 공직사회에서 근무성적평가는 상사가 하는 것으로 되어 있었다. 상사에게 잘 보이려고 손바닥 비비는 사람을 '인절미 잘 빚는 사람'이라고 불렀던 시절이었다. 그러다가 1990년대에 들어와 다면평가제(多面評價制)로 전환되었다. 다면평가제란 상사의 평가 외에 부하와 동료들의 평가 및 고객(민원인)의 평가 등이 종합된 평가를 말한다. 중국에서는 다각도에서 인물을 평가한다고 하여 이를 '360도 평가'라고 지칭하기도 했다. 어쨌든 여러 측면에서 평가를 하는 것은 객관적이고 공정한 평가에 도움이 되는 인사평정제도라고 생각된다.

공자께서 동산에 올라가서는 노나라가 작다는 것을 느꼈고, 태산에 올라가서는 천하가 작다는 것을 느꼈다고 말했다. 이를 등태산이소천하(登

泰山而小天下)라고 한다.

　무릇 리더는 거시적 안목에서 전체를 조망(眺望)하는 능력을 갖추어야
한다. 그러기 위해서는 다방면의 다양한 인재를 등용해야 한다. 편파적이
거나 정분에 의한 인사는 조직의 활력과 능률을 떨어뜨리는 주원인이 된
다. 그리고 조직의 리더가 측근의 몇 사람 말만 들어서는 판단이 잘못될
가능성이 있다. 조직 구성원 전체의 다양한 의견들을 들은 후 이를 종합하
여 판단을 내리는 것이 바람직하다. 시각장애인의 코끼리에 대한 평가를
모두어 보면 전체적으로 온전한 코끼리 한 마리가 그려지는 것과 같다.

　참고로 군맹무상(群盲撫象)이라는 말이 있다. "소경들이 코끼리를 더듬
다."라는 뜻으로 군맹평상과 의미가 같다. 맹완단청(盲玩丹靑)이라는 말
도 있다. "소경들이 단청 구경을 한다."라는 뜻으로 사물을 감정할 능력이
없음을 뜻하는 말이다.

　　　　　　　　　　　　　　　인생길 밝히는 사자성어

동병상련(同病相憐)

같을 동(同), 병 병(病), 동병이라 함은 '같은 병'을 뜻하고, 서로 상(相), 불쌍히 여길 련(憐), 상련은 '서로 불쌍히 여긴다'라는 의미이다. 따라서 '동병상련'이라 함은 "같은 병을 앓는 사람들이 서로 불쌍히 여긴다."라는 의미이다. 어려운 처지에 놓여 있는 사람끼리 서로 잘 이해하고 동정한다는 말이다.

집 없는 설움을 겪어 보아야 셋방살이하는 사람들의 처지를 알 수 있는 것과 같다. 1950년대에 한국동란으로 남편을 잃고 홀로되어 자식들과 모자원이라는 곳에서 살아가던 어머니들은 서로 간에 동정하며 도와가면서 살아갔었다.

내가 이북오도청의 평남도지사로 근무할 시절, 이북 도민회 모임에 가보면, 80세가 넘은 백발노인들이 고향 얘기를 하면서 이산가족(離散家族)의 아픔을 서로 달래는 광경을 보곤 했다. 이 역시 동병상련이다.

동병상련이라는 말은 《오월춘추(吳越春秋)》에 나온다. 《오월춘추》는 후한(後漢) 시대에 조엽(趙曄)이 쓴 책이다. 거기에 오자서(伍子胥)의 이야기가 나온다. 오자서는 아버지와 형이 초나라에서 역적의 누명을 쓰고 죽임을 당하자 오나라로 망명했다. 이때 오나라의 공자 광(光)에게 추천한 사람이 관상을 잘 보는 피리(被離)라는 사람이었다. 피리는 오자서가 거지 행세를 하며 오나라 거리를 돌고 있을 때, 그의 인물됨이 비범함을 알고 공자인 광에게 천거했던 것이다. 공자 광은 오자서의 지략으로 오나라 왕이 될 수 있었다. 광은 등극한 후에 이름을 합려(闔閭)로 고쳤다. 합려왕은 《손자병법》을 쓴 손무(孫武)까지 등용하여 오나라의 국력을 키워나간 인물이다.

오자서가 합려왕의 심복으로 오나라의 실권을 장악했을 때, 초나라에서 백비(伯嚭)가 찾아왔다. 백비 역시 그의 아버지가 간신의 모함에 의해 억울하게 죽었기 때문에 오자서에게 몸을 의탁하러 찾아온 것이다. 오자서는 백비를 동정하여 합려왕에게 천거해서 대부의 벼슬에 오르게 했다. 이때 오자서는 관상을 잘 보는 피리의 충고를 받게 된다.

피리는 이렇게 물었다.

"당신은 어째서 백비를 겨우 한 번 보고 그토록 신임을 하는 겁니까?"

오자서가 이에 대답했다.

"사람들이 부르는 하상가(河上歌)에 이런 구절이 있소. '같은 병은 서로 불쌍히 여기고(同病相憐: 동병상련), 같은 근심은 서로 구원한다(同憂相救: 동우상구).' 백비는 초나라에서 아버지를 잃고, 나와 같은 원한을 품고 있기 때문에 내가 오왕에게 추천한 것이오."

피리가 물었다.

"이유는 정말 그것뿐입니까?"

오자서가 대답했다.

"그것뿐입니다."

"그렇다면 말씀드리지요. 내가 보는 바로는 백비의 눈은 매와 같고 걸음걸이는 범을 닮았습니다. 그것은 사람 죽이기를 보통으로 하는 잔인한 인상입니다. 절대로 백비에게 마음을 주어서는 안 됩니다."

"설마 그럴 리가 있겠소."

오자서는 피리의 충고를 받아들이지 않고, 백비를 끝까지 밀어 태재(太宰)라는 높은 벼슬까지 오르게 했다.

그러나 백비는 그 뒤 적국인 월나라의 뇌물에 팔려, 충신인 오자서를 자살하게 만든다. 오자서는 백비를 동병상련으로 이끌어 주었지만, 백비는 그 은공을 오히려 원수로 갚고 말았다. 먹여 기른 개에게 발뒤꿈치 물린 격이다.

"같은 병을 앓는 사람들은 서로 동정한다."는 보편적인 원칙도 악한 사람에게는 적용이 안 된다는 것을 역사적으로 말해 주고 있다. 지금도 정치적, 경제적으로 자기에게 도움을 주었던 은인에게 도리어 해코지하는 사람이 없지 않다.

거필택린(居必擇隣)

있을 거(居), 반드시 필(必), 거필이란 '거주할 곳은 반드시'라는 뜻이고, 가릴 택(擇), 이웃 린(隣), 택린이란 '이웃을 가린다'라는 의미이다. 따라서 '거필택린'이라 함은 "주거지를 정할 때는 반드시 이웃을 가려서 정해야 한다."라는 의미이다. 어디에 사느냐는 모든 사람의 고민이며 걱정거리이다. 여기저기 아파트의 분양 광고가 나오고 평당 수천만 원 하는 집들이 즐비하다. 고가의 아파트를 보면, 주로 좋은 풍치, 좋은 교통, 좋은 학군 등을 가지고 있다.

요즘은 집을 고를 때, 이웃에 누가 사느냐가 문제가 아니라, 쾌적한 주거 환경을 우선으로 선호한다. 교통이 편리하고 조망(眺望)이 좋은 아파트가 분양 시장에서 인기를 끌고 있다. 물론 돈을 좋아하는 인간의 심리에 따라 앞으로 값도 상당히 오를 전망이 있는 곳을 선호한다. 조망권이 좋은 집을 영어 쓰기 좋아하는 세태에 따라 '뷰(view)'가 좋은 집이라고도 한다. 아파트 이름이 온통 외래어투성이라 노인들은 쉽사리 발음하기도 힘들고 기억하기도 어렵다.

옛날에 가장 좋은 터는 남쪽을 향하고, 뒤에 울창한 숲이 병풍처럼 둘러싸여서 모진 바람과 찬 서리를 막아 주고, 앞으로는 넓은 들이 활짝 트여서 멀리 내다볼 수 있으며, 저 멀리 강물이 유유하게 흐르는 그런 곳을 선호했다. 그런 곳에서 살면 마음이 맑아지고 정신이 상쾌해지며 자연이 주는 모든 기(氣)를 받아 건강하게 살 수 있다고 생각했기 때문이다. 거기에 마음씨 넉넉한 이웃들과 더불어 산다면 더 이상 바랄 것이 없었다.

좋은 이웃과 함께 사는 것은 생활의 활력소가 된다. "좋은 이웃은 천만 금을 주더라도 사야 한다."라는 말이 있다. 실제 천만금이라도 아까울 것이 없다고 실천한 사람이 있었다. 그런 사람의 기록이 중국 남북조시대 남조(南朝)의 역사서인《남사(南史)》에 나온다.

송계아(宋季雅)라는 사람이 퇴직을 대비하여 자신이 살 집을 보러 다녔다. 여러 곳을 돌아보다가, 천백만금을 주고 여승진(呂僧珍)이라는 사람의 이웃집을 사서 이사했다. 백만금밖에 안 되는 집값을 어떻게 천백만금이나 주고 샀느냐고 여승진이 그 이유를 물었다. 송계아의 대답은 간단했다.

"백만금은 집값으로 지불했고, 천만금은 당신과 이웃이 되기 위한 값으로 지불한 것이다(百萬買宅 千萬買隣: 백만매택 천만매린)."

대가족제가 붕괴하고, 부부 중심의 핵가족 시대로 접어든 지 오래되었다. 사람들은 각자 살기에 바빠서 이웃에 누가 사는지 잘 모른다. 또 굳이 알려고도 하지 않는 시대가 되었다. 서로 모르고 지내는 것이 편하다고 생각하는 세상이 되었다. 그만큼 메마르고 각박한 세상으로 변모해 가고 있다. 같은 동(棟)의 아파트에 살아도 서로 간에 얼굴을 모르고 사는 경우가 적지 않다.

나는 단독주택에 오래도록 살다가 20년 전에 아파트로 이사 갔다. 이사를 하여서 고사떡을 같은 동에 사는 아파트 주민들에게 돌린 적이 있었다.

문을 열어 주기는 해도 별로 달가워하지를 않았다. 더러는 받은 시루떡을 먹지 않고, 음식물 버리는 통에 가져다 버리는 사람도 있었다고 아파트 경비원이 귀띔해 주기도 했다. 그 뒤로는 고사떡 돌리는 것은 중단했다. 지금 세상에 고사를 지내는 것도 세상살이에 뒤진 것인지도 모른다.

옛날에는 시골 마을에 '상두계(喪頭契)'라는 계(契) 모임이 있었다. 노부모를 모시고 사는 사람들끼리 부모의 상(喪)을 당했을 때, 함께 힘을 모아 초상에 따르는 모든 일을 내 일처럼 치러 주는 친목 단체이다. 제수의 준비와 시신의 입관, 장지까지의 운구, 분묘를 받드는 일까지 일체를 상주를 도와서 행한다. 때에 따라서는 매달 적립한 계금(契金) 중에서 일부를 부조로 마련해 주어 장례비용에 보태도록 하는 경우도 많았다. 이처럼 시골 향리에 사는 사람들은 관혼상제 때 이웃들이 한 가족처럼 힘을 모았다. 돈만 내면 장례 회사가 모든 일을 처리해 주는 요즘과는 너무나 대조적인 아름다운 풍습이었다.

《소학》에 인보상조(隣保相助)라는 말이 나온다. 이웃끼리는 서로 도와야 한다는 뜻이다. 이웃사촌이라는 말도 있다. "가까운 이웃이 멀리 떨어져 사는 친척보다 낫다."는 말도 한다. 좋은 친구와 함께 사는 것이 인생의 행복이라면, 좋은 이웃이 있는 것은 생활의 즐거움이다. 굳게 닫힌 아파트의 문을 열고, 같은 동의 이웃끼리라도 친하게 지낸다면 시멘트 숲속에서도 따뜻한 인정의 꽃을 피울 수가 있게 될 것이다.

인생길 밝히는 사자성어

제인구부(齊人求富)

제나라 제(齊), 사람 인(人), 제인이라 함은 '제나라 사람'을 말하고, 구할 구(求), 넉넉할 부(富), 구부라 함은 '부유함을 구한다'라는 뜻이다. 따라서 '제인구부'라 함은 "제나라 사람들이 부유함을 구하는 방법"을 의미한다. 아첨하고 비굴하게 부귀를 구하는 방법을 나타낼 때 쓰이는 말이다.

제인구부(齊人求富)는 《맹자》에 나오는 말이다. 2,500여 년 전, 춘추전국시대에 제나라 땅에 처(妻)와 첩(妾)을 데리고 사는 사람이 있었다. 그는 외출했다 하면 반드시 술과 고기를 실컷 먹은 후에 집에 오곤 했다. 그의 처가 누구와 같이 마시고 먹었느냐고 물으면, 남편은 모두 부유하고 지위가 높은 사람들의 이름만 대었다.

그 처가 첩에게 말하기를 "남편이 외출했다 하면 반드시 술과 고기를 실컷 드신 후 돌아오시는데, 함께 마시고 먹은 사람이 누구인지 물어보면, 모두가 부유하고 지위가 높은 사람들의 이름만 대네. 그런데 그런 유명한 사람들이 우리 집에 온 적이 없으니 내가 남편이 가는 곳을 몰래 알아보려고 하네."라고 말했다. 다음 날 아침, 처는 일찍 일어나 남편이 가는 곳을 몰래 뒤따라갔다. 도성 안의 어디를 돌아다녀도, 누구 하나 남편과 함께 이야기를 나누는 사람이 없었다. 남편은 결국 동쪽 성곽의 무덤들 사이에서 제사 지내는 사람들에게로 가더니, 제사 지내고 남은 음식을 얻어 먹고는, 그것으로 부족해 다시 두리번거리고 다른 곳으로 가는 것이었다. 이것이 바로 그가 실컷 배불리 먹는 방법이었다.

처가 집에 돌아와 첩에게 말하기를 "원래 남편이란 우러러보면서 일생을 함께 살아가는 사람인데, 지금 우리 남편은 이 모양일세."라고 하고서 첩과 더불어 마당 한가운데서 부둥켜안고 울었다. 그런데도 남편 되는 사내는 아무것도 모른 채, 의기양양하게 밖에서 돌아와 처첩에게 거드름 피우며 으스댔다. 한심하기 짝이 없는 일이었다.

맹자는 이러한 예(例)를 통하여, 당시 권력의 주위에 빌붙어서 부귀를 추구하던 이들을 비판했다. 그 당시 으리으리한 집과 맛난 음식을 먹으며 부귀를 자랑하던 이들을 향해 과연 그들이 그러한 부귀를 얻은 방법이 정당했는가를 묻고 있다. 맹자가 보기에는 많은 사람이 비굴한 웃음으로 구걸해서 배를 채우고서 배부르다고 으스대고 있는 것으로 보였다.

맹자는 "어깨를 치켜올려 아첨하며 웃는 것은 여름날 땡볕에 밭일하는 것보다 더 힘들다."라고 말했다. 또 "내가 어떻게 지조를 굽혀 가며 제후를 따를 수 있겠느냐?"고 하면서, "올바른 방법을 따르지 않고 벼슬길에 나아가는 것은, 처녀와 총각이 담 구멍을 뚫고 서로 들여다보는 것과 같이 비열하다."라고 비판했다.

무릇 사람답게 살아야 한다. 떳떳하고 당당하게 대장부답게 살아야 한다. 맹자는 대장부다우려면 다음과 같아야 한다고 갈파했다.

인생길 밝히는 사자성어

① 부귀에 흔들리지 말아야 하고(富貴不能淫: 부귀불능음)

② 빈천도 그의 지조를 바꾸지 못하며(貧賤不能移: 빈천불능이)

③ 위세와 무력도 그의 뜻을 꺾지 못한다(威武不能屈: 위무불능굴).

공동묘지에 가서 남의 제사 지내고 남은 음식을 구걸해서 먹는 모습, 맹자가 보기에는 그 당시 제후들을 찾아다니며 출세하려고 이리저리 기웃거리는 짓거리가 공동묘지에 가서 걸식하는 자와 같다는 것이다.

총선이 다가오면 이 당(黨) 저 당(黨) 기웃거리면서, 출세하려고 권력자나 유력 인사들에 빌붙는 사람들이 나타난다. 정정당당하지 못하고 비굴하기는 공동묘지에서 남의 제사 음식을 걸식하는 제인구부(齊人求富)와 진배없다고 할 것이다.

득어망전(得魚忘筌)

얻을 득(得), 고기 어(魚), 득어라 함은 '고기를 얻다'라는 뜻이고, 잊을 망(忘), 통발 전(筌), 망전이란 '물고기 잡는 통발을 잊는다'라는 의미이다. 따라서 '득어망전(得魚忘筌)'이란 "물고기 잡자, 통발을 잊어버린다."라는 뜻이다.

물고기 잡을 때에는 통발을 요긴하게 쓰고, 정작 물고기 잡은 후에는 통발은 잊어버린 채 집으로 오는 것 같은 인간의 본성을 나타낸 말이다.

이 득어망전이라는 말은 《장자(莊子)》의 외물편(外物篇)에 나오는 말이다.

> "통발은 고기를 잡기 위한 것이다. 그러나 고기를 잡으면 통발은 잊고 만다.
> (筌者所以在魚 得魚而忘筌: 전자소이재어 득어이망전)
> 올가미는 토끼를 잡기 위한 것이다. 그러나 토끼를 잡으면 올가미는 잊고 만다.
> (蹄者所以在兎 得兎而忘蹄: 제자소이재토 득토이망제)
> 말은 뜻을 나타내기 위한 것이다. 그러나 뜻을 나타낸 뒤에는 말은 잊어버리고 만다.
> (言者所以在意 得意而忘言: 언자소이재의 득의이망언)"

인생길 밝히는 사자성어

여기서 득어망전(得魚忘筌), 득토망제(得兎忘蹄), 득의망언(得意忘言) 이라는 말이 비롯되었다. 모두 바라던 바를 달성하고 나면 그에 소용되었던 것을 잊어버린다는 말로서, 목적을 달성하고 나면 그것을 위해 사용되었던 수단들에는 구애받지 말아야 함을 이르는 말이다. 말을 잊는다는 것은 말에 구애받지 않는다는 뜻이다. 시비와 선악 같은 것을 초월한 절대의 경지에 들어가는 것을 말한다.

이처럼 장자는 득어망전을 자연스럽고 모든 것을 초월한 좋은 뜻으로 사용했다. 즉 장자가 말한 득어망전은 ① 목적을 달성하면 그동안 쓰이던 사물이나 사람은 별로 쓸모없게 된다는 점과 ② 근본을 확립하면 지엽적이거나 사소한 일에 얽매여 큰일을 놓치지 말아야 한다는 점 및 ③ 눈앞의 이익만을 좇지 말고 다음을 대비해서 변화해야 한다는 점을 강조한 뜻으로 사용했다.

전국시대 허난성에서 태어난 장자는 아무것에도 구속받지 않는 대자유인을 추구했다. 그러기에 벼슬을 준다 해도 이를 마다하고 은거 생활을 했다. 장자는 아내가 죽어도 슬퍼하기는커녕 계절이 바뀌듯이 자연의 순리에 따라갔다고 하면서, 질그릇을 두드리며 노래를 불렀다. 세상을 초월한 장자에게 있어서는 통발이라든지 올가미 등은 사소하고 미미한 것으로서 잊어버리는 것이 지극히 당연하고도 자연스러운 것이었는지도 모른다.

그러나 속인(俗人)의 관점에서 보면, 통발은 고기를 잡는 중요한 도구로서 생계의 수단이 될 수도 있다. 그런 의미에서 물고기를 잡아 주는 통발을 잊어버린다는 것은 남이 자기에게 베푼 은혜를 잊어버리는 것과 매한가지이다. 그래서 후세에 오면서 득어망전은 "토끼를 잡으면 사냥개를 삶는다."라는 토사구팽(兎死狗烹)이나 배은망덕(背恩忘德)과 같은 의미로 사용되고 있다.

우리 속담에 "개울 건너고 지팡이 버린다."라는 말이 있다. 물살이 센 개울을 지팡이 덕으로 간신히 건너가서는 그 지팡이의 고마움을 잊고 집어던지는 것을 말한 것이다. 사람들은 남의 도움을 받는 동안은 은혜를 잊지 않겠다고 되풀이해서 말한다. 그러나 목적을 달성한 뒤에는 "내가 언제 그런 도움이 필요했더냐?" 하는 듯이 시치미를 떼거나, 또는 오로지 자기의 노력이나 공덕 때문이라고 공치사한다.

자기가 몸담았던 정당에서 출세하고 재미를 보았음에도 불구하고, 그 정당을 떠난 후, 그 정당은 태어나지 말았어야 할 정당이라고 매도(罵倒)하기도 한다. 부모의 은혜로 이 세상에 존재하면서도 자기를 왜 이런 집안에 태어나게 했느냐고 대들기도 한다. 득어망전(得魚忘筌)이나 다름없다. 깊이 반성할 일이다.

인생길 밝히는 사자성어

득도다조(得道多助)

얼을 득(得), 길 도(道), 득도라 함은 '도를 얻었다'는 뜻이고, 많을 다
(多), 도울 조(助), 다조라 함은 '많은 도움이 있다'라는 의미이다. 따라서
'득도다조'라 함은 "도를 얻은 사람은 도와주는 사람이 많다."라는 뜻이다.
도(道)를 얻었다는 것은 무슨 산에 들어가 도통한 것이 아니라, "인생의
참된 진리를 깨달아 사람들의 마음을 얻었다."라는 것을 뜻한다. 사람들
의 마음을 얻으면 많은 사람이 따르게 되고 도와주게 된다. 이것을 득도
다조라고 한다.

이 세상에서 가장 강한 사람은 힘이 센 사람이 아니고, 지위가 높은 사
람도 아니다. 엄청난 재산을 소유하거나 학력이 높은 사람도 아니다. 세
상에서 가장 강한 사람은 '도와주는 사람'이 많은 사람이다. 아무리 힘센
사람이라도 도와주는 사람이 많은 사람을 이기지는 못한다. 그 사람이 잘
되기를 바라고, 응원해 주는 사람이 많으면 그는 절대로 무너지지 않는
다. 결국 주위에 도와주는 사람이 많은 사람이 가장 강한 사람이다. 국가
간에도 마찬가지이다. 주위에 도와주는 나라가 많을수록 국가에 힘이 붙
게 마련이다. 우크라이나 전쟁이나, 중동 전쟁도 어느 편에 누가 많이 지
원하고 도와주는가에 따라 전황(戰況)이 엇갈리는 것과 같다.

득도다조라는 말은 맹자(孟子)와 그의 제자 공손추(公孫丑)의 대화에

나온다. 공손추가 맹자에게 물었다.

"전쟁에서 가장 중요한 것이 무엇입니까?"

맹자가 말했다.

"천시(天時)가 좋아도 지리 지형이 유리한 것보다 못하고(天時不如地利: 천시불여지리) 지리 지형이 유리해도 사람이 인화 단결하는 것만 못하다(地利不如人和: 지리불여인화)."

맹자는 전쟁에서 가장 중요한 요소는 사람들 사이의 화합(和合)임을 강조했다. 그러한 화합을 가능케 하는 것은 올바른 도에 의한 어진 정치임을 지적했다. 어진 정치의 도를 얻은 사람에게는 도와주는 자가 많고, 어진 정치의 도를 잃은 사람에게는 도와주는 자가 적은 법이다. 도와주는 사람이 적은 극단의 경우에는 친지조차도 등을 돌리게 된다. 도와주는 자가 많은 극단의 경우에는 온 천하의 사람들이 그를 따르게 된다.

도와주는 사람이 많게 되기 위해서는 인심(人心)을 얻어야 한다. 평소에 주위 사람의 마음을 얻어야 도와주는 사람이 많아진다. 남에게 베풀기를 즐겨하고 인간답게 살아온 사람에게는 그가 잘되기를 응원해 주는 사람이 그만큼 많게 된다. 이에 비해 왕소금처럼 짜고 인색하며 자기 이익만 챙기는 사람에게는 사람들이 따를 리 없고, 그가 곤경에 처해도 선뜻 나서서 도와주는 사람이 드물게 마련이다. 도를 얻었는가 또는 도를 얻지 못했는가의 차이이다.

지도자가 도를 얻었다는 것은 민심을 얻었다는 것이고, 기업가가 도를 얻었다면 고객의 마음을 사로잡았다는 것이다. 평소에 사람들을 따뜻하게 대하고 배려해 주었기에 상대방의 마음을 얻을 수가 있는 것이다. 사

인생길 밝히는 사자성어

람의 마음을 얻는 것이 중요하다. 부부간에도 마음을 얻어야 화합하고 모범적인 부부 해로를 하게 된다. 마음을 얻지 못하고 겉돌면 외면당하고 형식적인 생활에 그칠 공산이 크다.

이렇듯 사람의 마음을 얻은 국가나 기업은 아무리 어렵고 힘든 상황이 닥쳐도 절대로 무너지지 않는다. 역사적으로 이순신 장군이 이를 여실히 증명하고 있다. 장병들의 마음을 얻어 상하가 일체가 된 충무공은 판옥선 12척을 가지고도 130여 척의 왜군 함대를 격파했다. 명량대첩(鳴梁大捷)이 그것이다.

강한 국가가 되기 위해서는 인화 단결이 가장 중요하다. 민심을 얻지 못한 군주는 결국 쫓겨나게 되고, 고객의 마음을 얻지 못한 기업은 도태되기 마련이다. 조직의 인화(人和)를 위해서는 먼저 소통(疏通)부터 시작해야 한다.

군자삼변(君子三變)

임금 군(君), 아들 자(子), 군자라 함은 '학식과 덕망을 갖춘 사람'을 뜻하고, 석 삼(三), 변할 변(變), 삼변이라 함은 '세 번 변한다'라는 의미이다. 따라서 '군자삼변'이란 "군자는 세 번을 변한다."는 의미이다. 《논어》에 나오는 말이다. 군자라면 한결같아야 하는 법인데, 군자가 세 번이나 변한다니 이상하게 들릴지도 모른다. 그러나 여기서 군자가 변한다는 것은 군자가 이랬다, 저랬다 하는 것이 아니라, 세상 사람들이 각각의 상황에 따라 군자에게서 받는 느낌이 다르다는 것이다. 즉 군자는 언제나 변함이 없는데, 보는 사람들의 느낌이 각기 다르다는 것이다.

먼저 일변(一變)이다. 멀리서 볼 때 군자의 모습은 위엄이 있고 의젓하다. 일부러 꾸며서 얻는 엄숙함이 아니라, 내면의 수양에서부터 자연스럽게 우러나오는 품위 있고 당당한 모습이다. 엄숙한 군자의 모습에 사람들은 압도된다. 군자에게서 카리스마가 느껴져 가까이하기 어려워한다.

다음으로 이변(二變)이다. 막상 가까이에서 군자를 대해 보니 온화하고 부드럽기만 하다. 알고 보면 정이 넘치는 따뜻한 가슴을 가진 사람이 군자이다. 멀리서 볼 때와는 달리, 사람을 대할 때 따뜻한 인간미가 드러나는 것이다. 이를 《논어》에서는 즉지야온(卽之也溫)으로 표현하고 있다.

마지막으로 삼변(三變)이다. 군자의 말을 들어 보면 정확한 논거가 서 있다. 《논어》에서는 이를 청기언야려(聽其言也厲)라고 표현하고 있다. 군자는 언행이 일치하는 사람이다. 비록 능변은 아닐지 모르지만, 말에 논리가 정연하고, 신의가 있다.

이상과 같이 의젓함과 온화함, 그리고 말의 엄정함, 이러한 세 가지 품성이 조화롭게 어우러지는 것을 군자삼변이라고 한다.

이처럼 군자란 학문과 덕행이 높고, 행동이 바르며 고결한 품격을 지닌 사람을 뜻한다. 군자와 같이 있으면 믿음이 가는 기분 좋은 사람이다. 명품을 보면 기분이 좋아지는 것과 같이 군자는 명품 인간이다. 군자와 대비되는 말이 소인(小人)이다. 소인은 간사하고 도량이 좁은 사람이다. 덕이 없고 자아정체성이 제대로 확립되지 않은 소인들은 항상 다른 사람들에게 적대적인 태도를 보인다. 매사에 짜증을 쉽게 내고, 교만하고 부정적이며 자신만의 세상이다. 내로남불하기 일쑤이다. 이기적이며 진정성이 없는 사람이다. 단점만 보고 트집을 잡기 때문에 소인과 같이 있으면 공연히 불편하다.

공자는 《논어》에서 군자와 소인의 다름을 다음과 같이 밝히고 있다.
① 군자는 의리에 밝고, 소인은 이해관계에 민감하다.
② 군자는 항시 태연자약한데, 소인은 언제나 근심·걱정으로 지새운다.
③ 뜻대로 안 되는 경우, 군자는 그 이유를 자기에게 구하고, 소인은 남의 탓으로 돌린다.

군자를 가까이하면 군자를 닮아 가고, 소인을 가까이하면 소인처럼 되어 간다. 붉은색을 가까이하면 붉게 물들고(近朱者赤: 근주자적), 먹을 가까이하면 검게 되는(近墨者黑: 근묵자흑) 것과 같다.

소인이 득세하면 세상이 어지럽고, 시끄럽다. 혼란스럽고 병든 사회가 된다. 이에 반하여 군자가 득세하면 물질과 정신이 균형 잡힌 사회가 되며, 정의가 살아 숨 쉬게 된다. 건강하고 풍요로운 사회가 된다.

무릇 군자는 자기 모습을 물에다 비추어 보지 않고, 세상 사람들에게 비추어 본다. 물에 비친 자기 모습을 보며 자화자찬하는 것은 어리석은 행동이다. 남의 눈에 비친 자기 모습이 진정한 자기 모습이다.

정치인들은 걸핏하면 국민의 이름을 팔아 자기들의 주장이 옳다고 주장한다. 그러나 누가 옳은지는 국민의 보는 눈에 달려 있다. 군자삼변(君子三變)처럼 세상 사람들이 보는 각도에 따라 군자인지 아닌지가 판별되는 것이다.

의젓함과 온화함. 그리고 말의 엄정함. 이러한 군자의 요소를 내가 과연 얼마나 가졌는지를 스스로 생각해 볼 필요가 있다.

구밀복검(口蜜腹劍)

입 구(口), 꿀 밀(蜜), 구밀이라 함은 '입 속의 꿀'이라는 뜻이고, 배 복(腹), 칼 검(劍), 복검이라 함은 '뱃속의 칼'이란 의미이다. 따라서 '구밀복검'이라 함은 "입 속에는 꿀을 담고, 뱃속에는 칼을 지녔다."는 뜻으로, 겉으로는 친한 체하지만, 속으로는 해칠 생각을 품고 있음을 비유하여 이르는 말이다.

구밀복검이라는 말은 《십팔사략(十八史略)》에 나오는 말이다. 당(唐)나라 현종(玄宗) 때 이임보(李林甫)라는 재상이 있었다. 뇌물과 아첨으로 재상이 된 이임보는 양귀비에 빠진 황제를 부추기며 나랏일을 자기 마음대로 휘저었다. 충신이 나타나면 모함하여 해쳤다. 그런데 그가 타인을 해치는 때에는 먼저 상대방을 추켜올린 다음, 해치는 방법을 썼다. 상대방이 모르게 뒤통수를 치는 격이다.

한 가지 예를 들면, 현종이 "엄정지(嚴挺之)는 지금 어디에 있는가? 그 사람을 다시 썼으면 한다."라고 말했다. 엄정지는 강직한 인물로서 이임보의 전임자였던 장구령이라는 재상에 의하여 발탁되어 요직에 있었으나, 이임보가 집권한 이후에는 그의 시기를 받아 지방으로 쫓겨나 지방의 태수로 있었다. 엄정지는 물론 그것이 이임보의 농간인 줄은 전혀 모르고 있었다.

이임보는 엄정지가 다시 중앙으로 돌아오게 될까 봐 겁이 났다. 그날 밤 엄정지의 아우인 손지(損之)를 불러들여 웃는 얼굴로 이렇게 말했다.

　　"폐하께서 당신 형님을 매우 좋게 생각하고 계십니다. 그러니 한번 폐하를 배알(拜謁)할 기회를 만드는 것이 어떻겠습니까. 폐하께서 반드시 높은 벼슬을 내리실 것입니다. 우선 신병을 치료하기 위하여 서울로 돌아가고 싶다는 상소문을 올리는 것이 좋지 않을까 하는데…"

　　손지는 이임보의 호의에 감사하고, 그런 내막을 그의 형인 엄정지에게 연락했다. 엄정지는 즉시 이임보가 시킨 대로 휴양차 서울로 올라갔으면 한다는 상소문을 올렸다. 이 상소문을 받아 든 이임보는 현종에게 말했다.

　　"앞서 폐하께서 물으신 엄정지에게서 이 같은 상소문이 올라왔습니다. 아무래도 나이도 늙고 몸도 약해서 직책을 수행하기가 힘이 드는 모양입니다. 서울로 불러 한가한 직책을 맡기는 것이 좋을 줄로 아옵니다."

　　현종은 멋도 모르고 "그래, 안됐지만 하는 수가 없군."이라며 엄정지는 이임보의 술책에 넘어가 태수의 직책을 빼앗기고, 서울로 올라와 있게 되었다. 이임보의 농간인 줄 깨달은 엄정지는 쌓이고 쌓인 울분이 한꺼번에 치밀어 올라 그만 화병으로 죽고 말았다.

　　우리말에 "나무에 오르라 해 놓고 흔든다."라는 말이 있다. 이를 권상요목(勸上搖木)이라고 한다. 이임보가 그런 짓을 많이 한 인물이다. 그래서 《십팔사략》에서 이임보를 다음과 같이 평하고 있다.

"어진 사람을 미워하고 재주 있는 사람을 시기하며, 자기보다 나은 사람을 밀어내고 내리눌렀다. 성질이 음험해서 사람들이 말하기를 '입에는 꿀이 있고, 배에는 칼이 있다(口有蜜 腹有劍: 구유밀 복유검)'라고 했다."

입에 꿀 발린 말을 조심해야 한다. 말 못하는 사기꾼은 없다. 한결같이 그럴듯하게 상대방을 현혹(眩惑)시킨다. 말을 아주 잘하는 사람을 표현할 때 '언변(言辯)이 좋다', '달변이다' 또는 '청산유수(靑山流水) 같다'라는 표현을 자주 사용한다.

이와는 반대로 말을 유창하게 하지 못하고 떠듬떠듬하는 면이 있을 때 '어눌(語訥)하다'라는 표현을 쓴다. 말을 자꾸 더듬는 점이 있다는 뜻으로 '구눌(口訥)하다' 같은 표현도 쓸 수 있다.

공자께서는 순직한 사람은 말이 어눌하다고 말하고 있다. 《논어》에 군자는 욕눌어언이민어행(欲訥於言而敏於行)이라고 했다. 말은 어눌하게 하고 행동은 민첩하게 한다는 뜻이다.

기생 하면 평양 기생이 유명했다. 평양 기생에게 가진 돈 다 털리고, 별 수 없이 기생집을 떠나는 사내에게 어여쁜 기생이 눈물을 글썽이며, 이별을 아쉬워했다. "정든 임 떠나시면 나는 어찌 살라 합니까." 입에 꿀 발린 소리이다. 구밀(口蜜)이다. "정표로 임의 이빨이나 한 개 남겨두시면 임 보고 싶을 때 보리다." 구밀의 연속이다.

그래서 기생의 간청에 따라 생이빨 한 개를 뽑아 기생에게 주고 길을 떠났다. 고갯마루 넘어가다가 기생을 한 번이라도 더 보고 가자는 욕심에 되돌아와서 기생집에 들어섰다.

기생이 반갑게 맞이할 줄 알았는데 표정이 얼음장같이 싸늘하게 되어 "떠난 사람이 왜 또 왔느냐."고 묻는다. "그대를 못 잊어 한 번이라도 더 보고 가기 위해 왔다."고 대답하자, 기생방에 어떤 낯선 사내가 얼굴을 삐죽 내미는데, 기생이 "사내가 한번 떠났으면 그만이지 칠칠하지 못하게 왜 되돌아왔느냐."고 힐책(詰責)한다. 사내는 기가 막혀 주춤거리다가 문득 이빨 생각이 나서 "그러면 내 이빨이라도 되돌려 달라."고 했다. 기생이 문 앞의 곳간을 가리키며 "저 안의 큰 항아리 속에 들어 있는 이빨 중에 당신의 이를 찾아가라."라고 말했다. 돈 떨어진 사내를 냉혹하게 잘라 버리는 기생의 표독한 마음이 복검(腹劍)에 해당한다.

옛말에 '열 길 물속은 알아도 한 길 사람 속은 모른다'라는 말이 있다. 한 문으로는 '수심가지 인심난지(水心可知 人心難知)'라고 한다. 자기보고 웃는다고 해서 내가 좋아서 웃는 것이라고 착각해서는 안 된다. 그 웃음 뒤에 무슨 칼이 들어 있는지, 송곳이 들어 있는지 알 수 없다.

국제 사회에서는 "어제의 적이 오늘의 동지가 될 수도 있고, 어제의 동지가 오늘의 적이 될 수도 있다."라는 말이 있다. 변화하는 국제 사회에서 능동적으로 대처하기 위해서는 냉철한 판단이 필요하다. 구밀복검인지의 여부를 잘 살펴보아야 한다.

면전에서는 순종하지만 속으로는 배반하는 면종복배(面從腹背)도 유사한 의미이다. '웃음 뒤에 칼을 감추고 있다'라는 소리장도(笑裏藏刀)나 또는 웃음 속에 칼이 들어 있다는 소중유검(笑中有劍) 역시 모두 구밀복검과 같은 의미이다.

토사구팽(兔死狗烹)

　토끼 토(兎), 죽을 사(死), 토사라 함은 '토끼가 죽다'라는 뜻이고, 개 구(狗), 삶을 팽(烹), 구팽이라 함은 '개를 삶는다'라는 의미이다. 따라서 '토사구팽'이라 함은 "토끼가 죽으니, 개를 삶는다."는 말이다. 즉 토끼 사냥이 끝나니, 토끼를 잡던 사냥개를 삶게 된다는 뜻이다.

　토사구팽이라는 말은 공적을 세웠음에도 나중에는 버림을 받은 경우에 흔히 쓰인다. 선거에 있어서 당선자를 만드는 데 큰 공헌을 했음에도 나중에는 배신당해서 쫓겨나는 경우에 흔히 토사구팽이라는 사자성어를 사용한다. 대통령을 만드는 데 공헌을 했음에도 당 대표의 권한이 정지되었다면 당사자는 토사구팽이라는 말을 사용할 수도 있을 것이다.

　우리말에 "물을 건너면 지팡이를 던져 버린다."라는 말이 있다. 냇가를 지날 때 요긴하게 쓴 지팡이도 정작 개울을 건넌 후엔 용도가 끝났다고 아무 데나 던져 버리는 것이다. 필요할 때만 찾고, 지나고 나면 고마운 줄을 모른다는 야박한 세태를 표시하는 말이다. "은혜를 원수로 갚는다."는 말도 일맥상통하는 말이다. 감사한 마음으로 은혜에 보답해야 할 것을 도리어 해를 끼치는 것을 말한다.

　흔히 "팽(烹)당했다"고 하는 말도 잘 쓰인다. 팽(烹)당했다는 것은 솥에

　　　　　　　인생길 밝히는 사자성어

넣고 삶음을 당했다는 뜻이다. 나름대로 최선을 다하여 공적을 세웠는데도 결국은 배척당하고 마는 경우에 쓰인다. 기업의 경우에도 마찬가지이다. 좋은 실적을 올렸다고 승진도 시켜 주고 상여금도 두둑이 챙겨 주다가도, 어느 날부터 실적이 지지부진(遲遲不進)하고 나빠지면 가차 없이 내치는 것이 통상적이다. 이러한 매몰찬 토사구팽에 샐러리맨의 서러움이 있다. 스포츠 세계에서도 마찬가지일 것이다.

토사구팽이라는 말은 춘추전국시대 월(越)나라의 범려(范蠡)가 사용했던 말이다. 그러나 토사구팽이라는 사자성어는 《사기(史記)》에 등장함으로써 쓰임새가 많아지게 되었다. 《사기》의 회음후(淮陰侯)열전에 다음과 같은 이야기가 나온다.

한(漢)나라의 시조인 유방(劉邦)은 그를 도와 천하를 통일하게 한 한신(韓信) 대장군이 모반을 할까 봐 항상 두려워했다. 한신이 어떠한 사람인가? 한신은 불우했던 시절 건달패들의 가랑이 밑을 기어 나가는 수모를 참았던 인물이었다. 가랑이 사이를 기어 나가는 수모를 과하지욕(袴下之辱)이라고 한다.

어느 날 한고조 유방은 한신과 여러 장수들의 능력에 대하여 얘기를 했다. 그러다가 고조는 이렇게 말했다.
"나는 도대체 어느 정도의 군사를 거느릴 수 있겠는가?"
"글쎄요. 폐하께서는 10만 이상을 거느릴 수 없습니다."
"그래. 그러면 한신 그대는 어떠한가?"

"신은 다다익선(多多益善)으로 많으면 많을수록 좋습니다."

그러자 고조는 큰 소리로 웃고 나서 말했다.

"다다익선이라면 어째서 나의 신하가 되었는가?"

"폐하께서는 군사는 거느릴 수 없지만, 장수들은 잘 거느리십니다. 이것이 신이 폐하의 신하가 된 까닭입니다. 그리고 폐하의 힘은 하늘이 주신 것으로 인력이 미칠 수는 없습니다."

한고조 유방과의 대화에서 한신의 야망과 능란한 솜씨를 엿볼 수 있다. 한고조는 한신이 두려워 초왕(楚王)으로 봉하여 멀리 지방으로 보내 두었지만 그래도 안심이 되질 않았다. 결국은 한신에게 구실을 붙여 체포한 뒤 강등하여 제거하고 만다. 이때 체포되어 압송되는 수레에서 한신이 탄식하며 말한다.

"과연 옛사람들의 말과 같구나. 날랜 토끼가 죽으면 좋은 개가 삶기고(果若人言 狡兎死 良狗烹: 과약인언 교토사 양구팽), 높은 새가 없어지면 좋은 활이 들어가고, 적국이 멸망하면 모신(謀臣)이 죽는다고 했다(高鳥盡 良弓藏 敵國破 謀臣亡: 고조진 양궁장 적국파 모신망)."

현명한 이는 '팽'당하는 것을 미리 예측하고, 일이 끝난 후에는 초야에 묻혀 버리기도 한다.

일본의 형사판례 중 팽(烹)당한 여인의 복수 이야기가 생각난다. 이른바 '독 만두(毒 饅頭)' 사건이 그것이다. 사법고시를 하는 가난한 청년을 젊은 간호사가 정성을 다하여 뒷바라지를 했다. 도서관에서 밤늦게 공부할 때 도시락과 따뜻한 물을 챙겨 가 청년이 먹는 것을 물끄러미 바라보는 것이 간호사의 행복이었다. 두 사람은 서로 사랑하는 사이로 청년이 합격하여 법조계로 나가면 혼인하기로 약조했다. 고생 끝에 시험에 합격하여 임관(任官)했으나, 남자는 약속을 어기고 부잣집 딸과 혼약을 했다. 비가 오나 눈이 오나 몇 년간 봉급을 털어 청년을 뒷바라지해 온 간호사를 팽개쳐 버린 것이다. 토사구팽한 것이다. 간호사는 배신감에 치가 떨렸다. 유명한 만두 가게로 가서 만두를 샀다. 만두에 독극물(毒劇物)을 주입한 후 남자의 집으로 배송시킨 사건이었다. '한 여인의 원한을 사면 오뉴월에도 서리가 내린다(一婦含怨 五月飛霜: 일부함원 오월비상)'라는 말이 현실로 표출된 것이다. 토사구팽은 나쁜 것이므로 뒤끝이 좋지 않은 법이다.

총선이 다가오면 너도나도 국회의원이 되겠다고 전국이 떠들썩하다. 선거가 끝난 후 '토사구팽'이라는 말이 나오지 않기를 바란다.

무릇 공로를 세운 사람을 나중에 팽개쳐 버리는 것은 도리가 아니다. 은혜를 입었으면 상응한 보답을 하는 것이 올바른 인간 도리이다.

노마지지(老馬之智)

늙을 노(老), 말 마(馬), 노마(老馬)라 함은 '늙은 말'이라는 뜻이고, 어조사 지(之), 지혜 지(智), 지지(之智)라 함은 '~의 지혜'를 말한다. 따라서 '노마지지(老馬之智)'라 함은 "늙은 말의 지혜", 즉 "경험이 풍부하고 숙달된 지혜"라는 의미이다. 또한 "하찮은 사람일지라도 나름대로의 경험과 지혜가 있음"을 비유한 말이기도 하다.

노마지지는 《한비자》의 설림편(說林篇)에 나온다. 제(齊)나라의 명재상인 관중(管仲)과 습붕(濕朋) 두 사람은 제나라의 환공(桓公)을 따라 고죽국(孤竹國)이라는 작은 나라를 정벌했다. 그런데 갈 때는 봄이었는데, 돌아올 때는 겨울이 되어, 추운 산속에서 길을 잃고 말았다.

이때 관중은 "늙은 말은 원래 지나온 길을 알고 있으므로, 늙은 말의 지혜가 도움이 된다(老馬之智可用也: 노마지지가용야)."라고 말하고, 늙은 말을 풀어놓고 그 뒤를 따라갔다. 과연 본래의 길을 찾을 수 있었다.

또 산중을 진군하고 있을 때, 물이 떨어져 병사들의 목이 말랐다. 그러자 습붕이 "개미는 겨울이면 산 남쪽에서 살고, 여름철이면 산 북쪽에 사는 법이다. 개미집의 높이가 한 자라면 그 지하 여덟 자를 파면 물이 있다."라고 말했다. 그래서 개미집을 찾아 그 아래를 팠더니 과연 물을 구할 수가 있었다.

인생길 밝히는 사자성어

한비자는 이 이야기를 인용하면서 이렇게 말하고 있다.

"관중과 같은 현명한 사람이나 습붕과 같은 지혜 있는 사람도 모르는 것이 있으면 주저하지 않고, 늙은 말이나 개미의 지혜를 배우고 있다. 그런데 지금 사람들은 잘 알지도 못하면서, 성현의 지혜를 배우려고 하지 않으니 이 얼마나 잘못된 것인가!"

대체로 연륜이 쌓일수록 경험이 풍부하게 된다. 경험이 풍부해지면 그에 비례하여 삶의 지혜도 많아지게 된다. 노인네 팔다리가 쑤시면 이후 일기를 점칠 수가 있다. 제비가 낮게 날거나 지렁이가 굼틀거리고 저녁노을의 빛이 짙어도 다음 날 일기를 예측할 수 있다. 이런 것은 모두 경험에서 얻은 생활의 지혜라고 할 수 있다.

경험이 많으면 삶의 지혜를 터득하게 되는 것은 남녀를 불문한다. 공자님 같은 성인도 뽕밭의 아낙네에게서 깨우침을 받았다. 공자천주(孔子穿珠)라는 말이 있다. '공자가 구슬을 꿴다'라는 뜻이다. 공자(孔子)가 진(陳)나라를 지나갈 때 이런 일이 있었다. 공자는 전에 어떤 사람에게 진기한 구슬을 얻었는데, 이 구슬의 구멍이 아홉 굽이나 되었다. 그는 이것을 실로 꿰려고 여러 가지 방법을 다 써 보았지만 성공할 수 없었다.

문득 바느질하는 아낙네라면 어렵지 않게 꿸 수 있으리라는 생각에 이르게 되었다. 그래서 가까이 있던 뽕밭에서 뽕잎을 따고 있던 아낙네에게 그 방법을 물었다. 공자의 이야기를 듣고 난 그 아낙은 이렇게 말했다.

"찬찬히 꿀(蜜)을 두고 생각해 보세요."

아낙의 말을 듣고 골똘히 생각하던 공자는 얼마 후 그녀의 말 의미를 깨닫고 무릎을 쳤다. 그러고는 개미를 한 마리 붙잡아 그 허리에 실을 묶고는 개미를 구슬의 한쪽 구멍에 밀어 넣고, 반대편 구멍에는 꿀을 발라 놓았다. 개미가 꿀 냄새를 맡고 이쪽 구멍에서 저쪽 구멍으로 나왔다. 이리하여 구슬에 실을 꿸 수 있게 되었다. 송(宋)나라의 목암선경(睦庵善卿)이 편찬한《조정사원(祖庭事苑)》에 나오는 이야기이다.

노마지지에서 늙은 말이 산길을 제대로 찾은 것은, 그 산길을 수도 없이 다녀본 경험이 있었기 때문이다. 현장 경험이 그렇게 중요한 것이다. 나이가 지긋하여 인생의 쓴맛과 단맛을 다 본 사람만이 인생에 대해서 이야기할 수가 있다. 자식을 낳아서 키워 본 사람이 자식에 대한 부모의 애틋한 사랑을 알 수 있는 법이다.

한 분야에 경험이 풍부한 사람을 전문가라고 한다. 뛰어난 경우 달인(達人)이라고 부르기도 한다. 국가를 관리하거나 기업을 경영하는 사람은 스스로 모든 일을 다 할 수는 없다. 각 분야의 전문가를 잘 파악하여 활용할 수 있어야 지속적인 발전을 이룰 수가 있다. 전문가에게 일을 맡겼으면 그가 실력을 발휘할 수 있도록 권한을 부여해야 한다. 늙은 말을 수레에서 풀어놓았으면 그 말이 찾아가는 산길을 믿고 따라가는 것과 같다.

우리나라는 예로부터 동방예의지국(東方禮儀之國)이라고 하여, 경로사상(敬老思想)이 두드러진 나라였다. 그러나 날이 갈수록 경로사상이 약해져 가는 것 같다. 심지어 대통령 후보로 나선 사람이 "노인들은 투표장에 나오지 말고 집에서 편히 쉬는 것이 좋겠다."라는 말해서 곤욕을 치르기도 했다.

　무릇, 인생 경험이 많아야 생활의 지혜를 터득하게 된다. 아침 해가 찬란하고 장엄하지만, 저녁 하늘을 붉게 물들이면서 지는 석양도 못지않게 아름답다.

　그래서 옛 시인은 "서리 맞은 단풍잎이 봄꽃보다 붉다."라고 읊었다. 이를 "霜葉紅於二月花(상엽홍어이월화)"라고 한다. 노마지지(老馬之智)를 풀이하다 보니, 당나라 시인 두목(杜牧)의 〈산행(山行)〉이라는 시의 마지막 구절이 생각나서 적어 본 것이다.

순망치한(脣亡齒寒)

　입술 순(脣), 망할 망(亡), 순망이라 함은 '입술이 망한다'라는 뜻이고, 이 치(齒), 추울 한(寒), 치한이란 '이가 시리다'라는 의미이다. 따라서 순망치한이라 함은 "입술이 없으면 이가 시리다."라는 의미이다.

　입술과 이의 관계처럼 이가 아무리 중요한 역할을 해도 입술이 없으면 이가 시려 그 기능을 상실할 수밖에 없다. 평소에는 그다지 필요하지 않은 것으로 느껴지는 것도 없어지고 나면, 다른 한쪽에서도 피해를 본다는 뜻이다. 그러므로 필요하지 않은 존재는 없다는 것을 강조하는 말이기도 하다.

　순망치한은 《춘추좌씨전(春秋左氏傳)》에 나오는 말이다. 춘추시대 강대국인 진(晉)나라 헌공(獻公)은 괵(虢)이라는 약소국을 치려고 많은 뇌물을 바치며 길목에 있는 우(虞)나라에게 길을 빌려 달라고 요청했다. 우공은 그 청을 받아들이려고 했으나, 현명한 신하 궁지기(宮之奇)가 이를 말렸다.

　"괵나라와 우나라는 한 몸과 다름없는 사이이므로 괵이 망하면 우도 망할 것입니다. 속담에 덧방나무와 수레는 서로가 의지하고, 입술이 없으면 이가 시리다는 말이 있습니다. 바로 우와 괵을 두고 한 말입니다. 진나라 군사를 통과하게 해서는 안 됩니다."

그러나 진상품에 눈이 어두웠던 우공은 진나라에 침공의 길을 터주었다. 진은 공격을 개시해서 괵나라를 정벌했다. 그리고 돌아오는 도중에 우나라를 기습하여 멸망시켰다.

임진왜란 당시, 일본은 명(明)나라를 치기 위하여 조선 땅을 빌려 달라고 했다. 이를 가도정명(假道征明)이라고 한다. 가도(假道)란 길을 빌린다는 뜻이고, 정명(征明)이란 명나라를 정벌하겠다는 뜻이다. 그러한 명분을 내세운 일본은 임진란 7년간 조선 반도를 쑥대밭으로 만들어 놓았다. 간교(奸巧)하기는 춘추시대 진나라의 침략 행위와 흡사하다.

무릇 삼라만상(森羅萬象)은 공존공생(共存共生)의 관계에 있다. 숲이 없으면 새가 살아갈 수가 없다. 물이 없는 연못에서 고기가 존재할 수 없다. 협력 업체가 흔들리면 주력 업체도 어렵게 된다. 농부의 흘린 땀과 어부의 힘든 고생으로 음식과 반찬을 온전하게 들 수 있는 것과 같다.

내가 사는 아파트 단지에 있는 목욕탕의 목욕료가 종전에 7,000원 하다가 코로나 물가 탓으로 9,000원으로 올랐다. 목욕료가 다소 올랐어도 나는 목욕을 하면서 고맙다고 생각한다. 내가 이러한 목욕장 시설을 만들어 관리하고 목욕한다면 엄청난 돈이 들 것이다. 그런데 고맙게도 목욕장 업주가 있어 단돈 9,000원 받고, 시설을 마음껏 이용하게 한다. 그러니 이 얼마나 내가 득을 보는지 모르겠다. 만약 이러한 목욕탕이 없다면 제대로 땀 내면서 목욕하고 싶어도 할 수 없다. 따라서 목욕탕 업주가 입술(脣)이라면 목욕하는 나는 이(齒)에 해당하는 것이 아닐까 생각해 본다.

부부관계 역시 순망치한(脣亡齒寒)의 관계라고 할 수 있다. 아내나 남편 중에 누가 입술(脣)이고 누가 이(齒)인지는 따질 필요가 없다. 부부 모두가 입술이 되기도 하고, 이가 되기도 하기 때문이다. 평소에 아내의 공덕을 모르던 자도 아내가 집을 며칠만 비우면, 아내의 수고로움과 고마움을 알게 된다. 아내가 없으면 인생은 추울 것이다. 아내가 내 옆에 있기에 내 인생이 따뜻한 것이다. 평소에 남편을 비판하면서, '그 인간 만나서 이런 고생을 한다'라고 푸념하던 여자도 막상 남편이 없어지고 나면 얼마나 쓸쓸하고 황량(荒涼)할 것인가. 그래서 홀로된 여자를 미망인(未亡人)이라고 부르기도 했다.

주위에 가족이 없으면 누구나 외롭고 쓸쓸하게 된다. 맹자가 왕도정치(王道政治)는 환과고독(鰥寡孤獨)을 잘 보살피는 것이라고 했다. 환과고독이란 ① 늙고 아내가 없는 사람(鰥: 환)과 ② 늙고 남편이 없는 사람(寡: 과)과 ③ 어리고 부모가 없는 사람(孤: 고)과 ④ 늙어서 자식이 없는 사람(獨: 독)을 가리킨다. 이처럼 외롭고 의지할 곳이 없는 사람들을 잘 보살피는 것을 왕도정치의 주요한 통치 원리로 여겼다. 21세기의 복지국가론과 흡사하다.

인간 만사 따지고 보면, 세상에 나 혼자 잘나서 되는 일은 없다. 누군가가 옆에서 도와주기 때문에 내가 이렇게 잘할 수 있게 된 것이다. 가족에게 감사하고, 스승에게 감사하고, 상사에게 감사하고, 동료와 부하에게 감사해야 할 것이다. 그것은 인간 세상이 모두 순망치한(脣亡齒寒)의 관계이기 때문이다.

태상유지(太上有之)

클 태(太), 위 상(上), 태상은 '가장 위에 있는 것'을 뜻하고, 있을 유(有), 갈 지(之), 유지라 함은 '있다'라는 뜻이다. 따라서 태상유지라 함은 "가장 좋은 것은 있는 것만으로 족하다."는 뜻이다.

가장 좋은 정치는 정치가 있는지도 모르는 상태에서 국민이 편안하고 행복하게 살아가는 상태이다. 자기 자랑이나 떠들썩하게 하는 정치는 좋은 정치가 아니다.

중국 최고의 성군(聖君)으로 꼽히는 요(堯) 임금 시절 백성들은 태평성대를 누렸다.

해가 뜨면 일하고(日出而作: 일출이작) 해가 지면 쉬며(日入而息: 일입이식)
우물을 파서 마시고(鑿井而飮: 착정이음) 밭을 갈아 먹나니(耕田而食: 경전이식)
임금의 덕이 내게 무엇이 있으리오(帝力何有珍我哉: 제력하유진아재).

쉽게 풀이하자면, '해가 뜨면 일하고 밤이 되면 편히 쉰다. 내 손으로 우물을 파서 마시고 내 손으로 밭을 갈아 배불리 먹고 사는데, 임금이 내게 무슨 소용이 있으며 정치가 다 무슨 필요가 있겠는가?' 하는 뜻이다.

인간이 평소에 공기와 태양의 고마움을 모르고 살듯이, 정치 역시 느끼지 못할 정도의 정치가 정말 위대한 정치인 것이다. 무엇 조금 해 놓고 생색내는 정치, 부동산만은 자신 있다고 큰소리치는 정치, 국민의 이름을 팔아 자기 이익을 챙기는 그러한 요란한 정치는 낙제점일 것이다.

노자는 《도덕경》에서 리더의 단계를 4단계로 구분하고 있다. 가장 높은 단계는 유지(有之)의 리더이다. 최고의 리더는 부하들이 지도자가 '있다'라는 정도만 느끼게 하는 것이다. 리더가 있지만 그의 무게를 못 느끼는 상태를 말한다.

그 밑의 단계는 예지(譽之)의 리더이다. 부하들이 늘 칭찬하는 리더를 말한다. 그러나 그 칭찬은 언제든지 비난으로 바뀔 수도 있다는 가능성을 가지고 있다.

세 번째 등급은 외지(畏之)의 리더이다. 외(畏)는 두려워한다는 뜻이다. 부하들을 두렵게 만드는 리더를 말한다. 그가 나타나면 모두가 벌벌 떨면서 어찌할 바를 모른다. 부하들은 그저 메모지에 리더가 하는 말을 받아 적기에 바쁠 뿐이다. 부하들의 창의적인 의견 제시는 별로 없고 위만 쳐다보고 움직일 뿐이다.

최하위의 등급은 모지(侮之)의 리더이다. 모(侮)는 모욕하다, 깔본다는 뜻이다. 리더 같지도 않은 사람이 높은 자리에 앉으면 깔보고 무시할 수밖에 없다. 능력 없는 지도자는 나라를 망치고 국가 채무만 잔뜩 떠안긴다.

동양에서는 흔히 사람을 대인(大人)과 소인(小人)으로 구분한다. 소인은 자기 이익만을 우선으로 챙기고 네 편, 내 편을 가르며 편협된 사고방식을 가진 사람을 말한다. 따라서 소인이 있는 곳에는 항상 갈등과 분쟁이 야기되기 마련이다. 소인의 무리를 소인배(小人輩)라고 비하하기도 한다.

이에 비하여 대인은 자기보다 공동이익을 먼저 생각하며 타인에게 감화와 동기를 부여하는 사람이다. 그릇이 큰 사람이라고 하여 대인군자(大人君子)라고 높여 부르기도 한다. 대인군자가 되려면 병법의 대가인 손자(孫子)가 말하는 용기(勇), 지혜(智), 어짊(仁), 엄격함(嚴), 신용(信)의 다섯 가지를 갖추어야 한다.

우리나라의 경우, 60~70년대의 개발연대에 있어서는 가부장적 리더십이었다. 가장이 절대적이고 일방적인 권위를 행사하는 통솔 방식을 뜻한다. 군사정권식 리더십 형태이다. 이러한 일방통행식 통솔 방식은 오늘날 통하기 어렵게 되었다. 사회 환경이 엄청나게 변했고, 사람들의 사고방식과 인식의 틀이 모두 바뀌었기 때문이다.

그래서 21세기 리더십 스타일은 권력과 정보를 리더가 독점하는 것이 아니라, 하위자와 공유하며 하위자의 능력을 개발하는 데 초점을 두고 있다. 하위자들을 강압에 의한 복종이 아니라, 자발적인 동기하에 역동적으로 업무를 수행하게 한다. 구성원 한 사람 한 사람의 능력을 개발해 주어 그들이 바람직한 마음가짐과 창의적 행동을 하도록 동기를 유발하는 사람이 바로 바람직한 리더이다.

태산은 흙을 가리지 않는다. 그래서 클 수가 있다. 바다는 물을 가려 받지 않는다. 그래서 크고 깊은 것이다. 최상의 리더는 자기가 모두 해치우는 힘을 발휘하는 것이 아니라, 구성원에게 각자의 일을 맡겨 큰 줄기만을 쥐고 조직을 효과적으로 통솔하는 것이라고 할 수 있다. 리더가 있다는 사실만으로 큰 힘을 발휘하는 그런 형태의 리더십이다.

정부는 선정(善政)해서 국민들로 하여금 태평을 구가하게 해야 한다. 국민이 구태여 통치를 의식할 필요 없이 행복을 누릴 수 있게 하는 것이 최상의 정치이다.

독일 속담에 "잔잔한 물이 깊게 흐른다."는 말이 있다. 위대한 지도자는 그 존재 자체만으로 사람에게 편안함을 주는 것이다. 결코 떠들썩하게 자기 존재감을 드러내거나 군림하려 들지 않는다. 그런 리더가 《도덕경》에서 말하는 태상유지(太上有之)이다.

화종구출(禍從口出)

재앙 화(禍), 따를 종(從), 화종이라 함은 '재앙이 따른다'는 의미이고, 입 구(口), 날 출(出), 구출은 '입에서 나온다'는 뜻이다. 따라서 화종구출은 "재앙은 입에서 나온다."라는 뜻이다. 모든 화(禍)는 말을 잘못함에서 비롯된다는 것이다.

흔히 인간사에 되돌릴 수 없는 세 가지가 있다고 한다. 그 첫째가 흘러간 세월이요. 둘째가 뱉어 놓은 말이며, 셋째가 쏘아 놓은 화살이라고 한다. 칼로 다친 것은 병원에서 치료하면 그만이지만, 말로 정신적인 상처를 받으면 일생을 두고 가슴앓이하게 된다. 그래서 말의 실수가 있으면 회복할 수 없는 치명타가 될 수 있다.

지위가 높거나 공직자일수록 말을 조심해야 한다. 언젠가 대통령 후보 경선에 나섰던 모 정치인이 "노인들은 투표장에 나오지 말고 집에서 편히 쉬시는 것이 좋겠다."라는 요지의 말실수를 한 것은 아직도 많은 이들의 입에 오르내리고 있다. 형수에게 뱉어 놓은 욕이 그 후 눈물 흘리며 사과한다고 해서 지워지기는 어렵다. 그래서 한번 뱉은 말은 다시 주워 담을 수가 없다고 하는 것이다. 엎질러진 물을 다시 못 담듯이(覆水不返盆: 복수불반분) 말도 한번 입 밖으로 나오면 다시 주워 담을 수 없다.

말은 마음에서 우러나온다. 마음의 표시가 말이다. 마음이 따뜻한 사람에게서는 따뜻한 말이 나오고, 마음이 차디찬 사람에게서는 냉혹(冷酷)한 말이 나온다. 마음이 너그러운 사람은 봄바람이 초목을 소생(蘇生)시키듯 만물을 자라게 한다. 반면에 마음이 각박한 사람은 겨울철 얼음처럼 초목을 얼어붙게 한다.

일반적으로 고집이 세고 잘난 체하는 사람일수록 말실수가 있게 된다. 상대방이 어떻게 생각하든 말든 자기 위주로 말하기 때문이다. 상대방에 대한 배려심이 부족한 것에서 비롯된다. 말하는 사람은 그러한 의도가 없었지만, 듣는 사람은 다르게 생각할 수도 있다(說者無心 聽者有意: 설자무심 청자유의).

상대방에 대한 배려심(配慮心)이 중요하다. 공자는 이를 서(恕)라고 표현했다. 서(恕) 자를 파자하면 같은 여(如)와 마음 심(心)이 합쳐진 것이다. 이는 상대방과 같은 마음을 가지는 것을 의미한다. 역지사지(易地思之)이다.

"말 한마디가 천 냥 빚을 갚는다."라는 속담이 있듯이 사람이 살아가는 데 있어서 올바른 언어 사용은 매우 중요하다. '입은 화가 들어오는 문'이라고 하는 구시화문(口是禍門)도 같은 뜻이다.

인생길 밝히는 사자성어

과유불급(過猶不及)

지날 과(過), 오히려 유(猶), 과유라 함은 '지나침이 ~와 같다'라는 뜻이며 아닐 불(不), 미칠 급(及), 불급이라 함은 '미치지 못함'을 의미한다. 따라서 과유불급(過猶不及)은 "지나침은 미치지 못함과 같다."라는 의미이다.

과유불급이라는 말은 《논어》의 선진편(先進篇)에 나오는 말이다. 공자의 제자 자공(子貢)이 공자에게 물었다.

"자장(子張)과 자하(子夏) 중 누가 더 어질다(賢: 현)고 할 수 있습니까?"

공자가 말했다.

"자장은 지나친 점이 있고, 자하는 미치지 못하는 점이 있다."

자공이 되물었다.

"그러면 자장이 낫다는 말입니까?"

그러자 공자가 말했다.

"지나침은 미치지 못함과 같으니라(子曰過猶不及: 자왈과유불급)."

자장과 자하는 서로 대조적인 인물이다. 자장은 기상이 활달하고 생각이 진취적인 데 비하여, 자하는 만사에 조심하며 모든 일을 현실 위주로 처리했다.

친구를 사귀는 데 있어서도 자장은 천하의 모든 사람들을 형제라고 생각하고 사람을 가림이 없이 동등하게 대했다. 이에 비하여 자하는 "나만 못한 사람은 친구로 사귀지 않는다."는 원칙하에 사람을 구별하여 대했다.

공자의 눈에는 자장은 과(過)하고, 자하는 미흡하다고 보아 이들을 과유불급으로 표현했던 것으로 생각된다. 다산 정약용 선생은 과유불급을 난형난제(難兄難弟) 또는 막상막하(莫上莫下)로 보충 설명하고 있다.

공자가 말한 과유불급은 굳이 두 사람에게 국한된 것이 아니고 일반적인 원칙을 말한 것이다. 이러한 과유불급은 여러 가지 면에서 뜻이 있는 말이다.

때에 따라서는 지나친 것이 미치지 못한 것보다 좋지 않은 경우도 있을 수 있다.

배부른 것이 배고픈 것보다는 좋은 일이지만, 배가 너무 부르면 탈이 나게 마련이다. 그렇다면 조금 덜 먹는 것이 나을 수 있는 경우와 마찬가지이다.

"일색(一色) 소박은 있어도 박색(薄色) 소박은 없다."라는 말처럼, 얼굴이 너무 예쁜 것보다는 못난 편이 세상 살기는 더 편할 수도 있다.

그러면 지나치다 또는 미치지 못한다는 표준은 어디에 두어야 하는가? 그것은 한마디로 중용(中庸)이 될 것이다. 중용의 중(中)이란 기울어짐이 없다는 뜻이다. 따라서 중용이라 함은 '과하거나 부족함이 없이 떳떳하며 치우침이 없는 상태'를 말한다.

중용이라는 말은 다시 시중(時中)이라는 말로도 표현된다. 시중은 그때 그때에 맞게 한다는 뜻이다. 코로나가 한창일 때 마스크는 귀하고도 필수적인 휴대품이었다. 그러나 코로나가 한풀 꺾인 시점에서는 마스크의 가치는 별로 대단한 것이 되지 않는 것과 같다.

과유불급은 인생 도처에 적용되는 말이다. 사업이 좀 된다고 하여 이를 너무 무리하게 확장하는 것도 과유불급이다. 건강을 위한다고 갑자기 과도하게 운동하는 것도 과유불급이다. 선물을 너무 과도하게 하면 선물 받는 사람에게 심리적 부담감을 주게 된다. 목욕할 때 본전 찾는다고 지나치게 때를 미는 것은 피부를 상하게 한다. 부하를 꾸짖을 때도 단호하게 잘못된 점을 지적하고 시정했으면 그것으로 족한 것이다. 그런데 부하의 잘못을 두고두고 거듭 거론한다면 오히려 부하의 반발과 저항을 초래하게 된다.

부모의 과잉 사랑이 오히려 귀한 자식에게 독(毒)이 될 수 있다. 그만했으면 공부를 잘하는 편에 속하는 아이를 계속 다그쳐서 결국은 아이가 극단을 선택하는 경우도 벌어지고 있다. 유치원에서 시작하여 대학에 이르기까지 과잉보호를 하고 심지어 군대, 직장, 결혼까지 챙겨 주다 보니 과잉 관리가 되었다. 과잉 관리된 아이는 성인이 된 뒤에도 주체적으로 삶을 헤쳐 나가는 동력이 부족하게 된다.

인간 만사 중용이 필요하다. 중용은 조화를 의미한다. 삶을 살아가는 데는 적당한 선에서 정도에 맞게 생활해 나가는 것이 현명하다.